Jeb Blount

Gekauft!

Jeb Blount

Gekauft!

**Was der Verkäufer machen muss,
um den Kunden zum
Abschluss zu bewegen**

Aus dem Englischen von Ursula Bischoff

WILEY-VCH GmbH

Das englische Original erschien 2020 unter dem Titel
Inked. The Ultimate Guide to Powerful Closing and Sales Negotiation Tactics that Unlock YES and Seal the Deal bei John Wiley & Sons, Inc.

Copyright © 2020 by Jeb Blount.

All Rights Reserved. This translation published under license with the original publisher John Wiley & Sons, Inc.

Alle Bücher von Wiley-VCH werden sorgfältig erarbeitet. Dennoch übernehmen Autoren, Herausgeber und Verlag in keinem Fall, einschließlich des vorliegenden Werkes, für die Richtigkeit von Angaben, Hinweisen und Ratschlägen sowie für eventuelle Druckfehler irgendeine Haftung

© 2021 WILEY-VCH GmbH, Boschstr. 12, 69469 Weinheim, Germany

Alle Rechte, insbesondere die der Übersetzung in andere Sprachen, vorbehalten. Kein Teil dieses Buches darf ohne schriftliche Genehmigung des Verlages in irgendeiner Form – durch Photokopie, Mikroverfilmung oder irgendein anderes
Verfahren – reproduziert oder in eine von Maschinen, insbesondere von Datenverarbeitungsmaschinen, verwendbare Sprache übertragen oder übersetzt werden. Die Wiedergabe von Warenbezeichnungen, Handelsnamen oder sonstigen Kennzeichen in diesem Buch berechtigt nicht zu der Annahme, dass diese von jedermann frei benutzt werden dürfen. Vielmehr kann es sich auch dann um eingetragene Warenzeichen oder sonstige gesetzlich geschützte Kennzeichen handeln, wenn sie nicht eigens als solche markiert sind.

Bibliografische Information der Deutschen Nationalbibliothek

Die Deutsche Nationalbibliothek verzeichnet diese Publikation in der Deutschen Nationalbibliografie; detaillierte bibliografische Daten sind im Internet über <http://dnb.d-nb.de> abrufbar.

Print ISBN: 978-3-527-51048-1
ePub ISBN: 978-3-527-83349-8

Umschlaggestaltung auf Basis des Entwurfs des englischen Originals Torge Stoffers, Leipzig
Satz SPi Global, Chennai, India
Druck und Bindung CPI books GmbH, Leck

Gedruckt auf säurefreiem Papier.

10 9 8 7 6 5 4 3 2 1

Für Jeb Blount Jr. Ich bin so stolz auf dich. Setz die Sonnenbrille auf, mein Sohn. Du hast eine strahlende Zukunft vor dir!

Inhalt

Vorwort 11

Teil 1   Einführung in die Kunst der Verkaufsverhandlung

1. Verkaufsverhandlungen als Disziplin 15
2. Die Verhandlungsphase: Ein Stresstest für Verkaufsmitarbeiter 19
3. Der Teufel ist ein Pfennigfuchser 25
4. Verhandlungskompetenz ist keine Einheitsgröße 31

Teil 2   Auf der Erfolgsspur

5. Verhandlungsziel: Ein Gewinn für das eigene Team 37
6. Regel Nummer eins: Erst gewinnen, dann verhandeln .. 45
7. Das richtige Timing: Der Umgang mit Finten und Einwänden 51
8. Die vier Ebenen der Verkaufsverhandlung 55

Teil 3   Verhandlungsstrategie: Motivation, Leverage und Powerposition (MLP)

9. Die MLP-Strategie 63
10. Motivation 65
11. Leverage 79
12. Powerposition 91
13. Situationsanalyse: Der Aufbau einer lückenlosen Argumentationskette 105
14. Leadqualifizierung 113

Teil 4   Emotionale Disziplin

15. Die sieben disruptiven Emotionen 125
16. Die Entwicklung emotionaler Selbstkontrolle 129
17. Entspanntes, souveränes Selbstvertrauen 135

18. Emotionale Ansteckung: Gefühlsübertragung 139

19. Vorbereitung und Probedurchlauf 143

20. Die Plateautechnik 147

21. Die Grenzen der Willenskraft und emotionalen Disziplin 151

22. Die Pipeline als Lebenselixier: Das wahre Geheimnis
emotionaler Disziplin 155

Teil 5 Verhandlungsplanung

23. Verhandlungsvorbereitung 159

24. Befugnisse und nicht verhandelbare Positionen 163

25. Verhandlungsprofil der Stakeholder, Verhandlungsliste,
BATNA-Ranking 169

26. Entwicklung der Geben-Nehmen-Playlist 175

Teil 6 Verhandlungskommunikation

27. Die sieben Regeln einer effektiven
Verhandlungskommunikation 187

28. ACED: Navigation durch die vier primären Kommunikationsstile
der Stakeholder 193

29. Empathie und Ergebnisorientierung: Der duale
Prozessansatz 201

30. Die sieben Schlüsselelemente des aufmerksamen
Zuhörens 207

31. Die Aktivierung der Selbstoffenbarungsschleife 211

Teil 7 Der DEAL-Verhandlungsgesprächsrahmen

32. Ein Platz am Verhandlungstisch 217

33. Durchführung der Situationsanalyse 221

34. Erläuterung Ihrer Position 235

35. Ausgleich der jeweiligen Interessen 245

36. Legitimieren der Vereinbarungen und Vertragsabschluss 261

37. Das nächste Kapitel und das Wettrennen um Relevanz 265

Danksagung 273

Trainings, Workshops und Vorträge 275

Der Autor 277

Stichwortverzeichnis 279

Vorwort

Irgendjemand hat einmal gesagt, das ganze Leben besteht aus Verhandlungen, ein Ausspruch, der nirgendwo zutreffender ist als im Verkauf! Angesichts dessen ist es verwunderlich, dass so wenige von uns ein fundiertes Training auf dem Gebiet der Verhandlungsführung erhalten haben.

Mit diesem brillanten, längst fälligen Buch hat uns Jeb Blount *den* ultimativen Leitfaden für Verkaufsverhandlungen geliefert. Er dient nicht nur als Wegweiser zur Liga der Top-Verhandler, sondern hält auch das Versprechen, dass Sie damit mehr Deals unter Dach und Fach bringen – zu günstigeren Bedingungen und mit höheren Gewinnmargen.

Viele Verkaufsteams und Verkaufsprofis werden von den heutigen Käufern lediglich als Lieferanten oder Verkäufer von Allerweltsprodukten wahrgenommen und entsprechend behandelt. Sie machen sich den Verkaufsprozess weder zu eigen, noch heben sie sich als Wertschaffende von der Konkurrenz ab; diese Unfähigkeit führt dazu, dass sie in die »Beschaffungsfalle« tappen, in der sie gezwungen sind, die vom Käufer diktierten Verfahrensweisen und Bedingungen stillschweigend zu akzeptieren oder dafür zu sorgen, dass der Preis bei der Kaufentscheidung den Ausschlag gibt. Sie sind unfähig, sich selbst und ihre Problemlösungsoptionen zu differenzieren, und verspielen infolgedessen auch ihre Chance, ein (gewinnträchtiges) Geschäft abzuschließen.

Ich gehöre seit dreißig Jahren zur ersten Liga der Verkaufsprofis und habe dutzende Fachbücher gelesen, aber *Gekauft!* bietet mehr Erkenntnisse und Schlüssellektionen für erfolgreiche Verhandlungen als alle anderen zusammen, und ich bin sicher, Sie werden zu der gleichen Schlussfolgerung gelangen! Das liegt daran, dass dieses Buch von einem der meistgefragten Verkaufstrainer speziell für Verkaufs- und Vertriebsmitarbeiter geschrieben wurde.

Gekauft! ist in der Realität verankert, wirkmächtig und mit Konzepten angefüllt, die Sie bei Ihren nächsten Abschlussverhandlungen problemlos umsetzen können. Wenn Sie bestrebt sind, mehr Deals unter Dach und Fach zu bringen, höhere Provisionen zu erzielen, die Verkaufsquoten plattzuwalzen und sich für den Top-Club zu qualifizieren, dessen Mitglieder ein signifikantes Wachstum in ihrem Geschäftsfeld erzielt haben, dann ist dieses Buch genau das richtige für Sie.

Dass Jeb Blount so hoch im Kurs steht, ständig unterwegs ist und unermüdlich arbeitet, liegt vor allem daran, dass seine Lektionen dazu beitragen, auch Sie auf die Erfolgsspur zu bringen. Eines der Hauptthemen, das sich wie ein roter Faden durch das Buch zieht, ist die Tatsache, dass Verkaufsverhandlungen nicht separat erfolgen, sondern in den Verkaufsprozess eingewoben sind. Jeb Blount zeigt auf anschauliche Weise, dass der Verhandlungserfolg weder eine einmalige »Sache« ist, noch auf einem Trick oder einer simplen Technik beruht. Er erfordert eine meisterhafte Steuerung des

Verkaufsprozesses, die richtige Einstellung, sorgfältige Planung, Taktiken, Techniken und emotionale Intelligenz.

Stellen Sie sich daher auf eine ebenso herausfordernde wie kurzweilige Lektüre ein. Legen Sie Ihren Schutzpanzer ab und seien Sie offen für Neues. *Gekauft!* deckt unliebsame Fakten auf. Eine der aufschlussreichsten (und persönlich schwer verdaulichen) Wahrheiten ist, dass effektive Verhandlungen mit emotionaler Disziplin beginnen und enden und dass wir unsere Position schwächen, wenn wir nicht über die disruptiven Gefühle und Empfindungen hinauswachsen, die während der Verhandlungen auftauchen können. Wenn es Ihnen wie mir ergeht und Verhandlungen durch Ihre emotionalen Reaktionen oft aus dem Ruder zu laufen drohen, werden Sie das nachhaltige Coaching zu schätzen wissen, das Ihnen zeigt, wie Sie diesen emotionalen Störfaktor ausschalten und auf die vor Ihnen liegende Aufgabe fokussiert bleiben.

Es war nie unerlässlicher für Verkaufsprofis, ihre Verhandlungskompetenz zu optimieren. Die heutigen Käufer und Beschaffungsexperten werden umfassend darin geschult, »das Spielfeld zu ebnen« und den Kaufprozess engmaschig zu kontrollieren. Mit Hilfe der Konzepte, die in diesem Buch beschrieben sind, können Sie die Konkurrenz abhängen und vermeiden, als Verkäufer von »Allerweltsprodukten« unter »ferner liefen« eingeordnet zu werden.

Dieses Buch ist typisch für Jeb Blount – es ist reich an praktischen Tipps und Beispielen, spart aber mit wohlfeilen Worten und Werbetricks. Setzen Sie die Konzepte um und Sie werden sich als Top-Verhandler profilieren.

Viel Spaß beim Lesen (oder Hören)!

Mike Weinberg,
Autor von New Sales. Simplified.

Teil I
Einführung in die Kunst der Verkaufsverhandlung

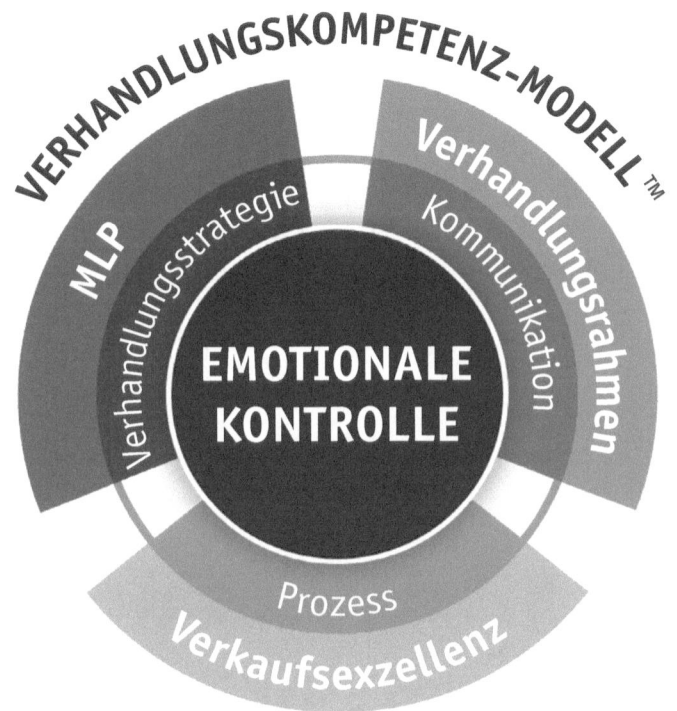

1 Verkaufsverhandlungen als Disziplin

Es war eine rabenschwarze Nacht. Keine Sterne am Himmel. Dunkelheit. Kälte. Es schneite. Wir konnten mit dem bewaffneten Mann in dem kleinen Wohnwagen nur über das Handy in Verbindung treten. Er hatte drei Geiseln in seiner Gewalt und drohte, sie umzubringen.

Zu einem früheren Zeitpunkt des Tages hatte er die Beherrschung verloren und in einem Wutanfall seine Frau erschossen. Als die Polizei, über Notruf alarmiert, vor Ort eintraf, hatte er ihre Eltern und seine Stieftochter als Geiseln genommen.

Ein weiterer trauriger Fall von häuslicher Gewalt. Jeder Versuch, auf dem Verhandlungsweg eine friedliche Lösung herbeizuführen, war vom Täter abgeblockt worden.

Als ich hinzugerufen wurde, war die Lage hoffnungslos. Der Geiselnehmer war extrem erregt und hatte mehrere Schüsse auf das SWAT-Team abgegeben, eine taktische Spezialeinheit der Polizei, die in dem verschneiten Wald Stellung bezogen hatte. Er war umstellt, es gab keinen Ausweg für ihn. Ein gewalttätiger Mann, der nichts mehr zu verlieren hatte.

Meine Aufgabe bestand darin, ihn zu überzeugen, dass es besser war, aufzugeben und die Geiseln freizulassen. Eine Verhandlungssituation, in der ich mich schon etliche Male vorher befunden hatte …

Realitätscheck

Okay, stopp! Diese Geschichte ist totaler Blödsinn. Ich bin Verkaufsprofi und kein Unterhändler der Polizei, der das Leben von Geiseln zu retten versucht. Niemand, der noch ganz bei Sinnen ist, würde mir gestatten, in einer solchen Situation das Kommando zu übernehmen. Damit wir uns nicht falsch verstehen: Ich führe jeden Tag Verhandlungen, damit verdiene ich meinen Lebensunterhalt. Aber nicht auf diese Weise. Im Verkaufsmetier geht es nie um Leben oder Tod (obwohl es sich manchmal so anfühlt).

Und genau mit solchen Szenarien beginnen viele Bücher zum Thema Verhandlungen. Die spannungsgeladenen Erzählungen schließen epische Verhandlungen in den Vorstandsetagen, beim Umgang mit Terroristen, bei der Kommunikation mit Geiselnehmern, der Realisierung bahnbrechender Unternehmensfusionen, der Beilegung massiver Rechtsstreitigkeiten oder der Bewältigung internationaler diplomatischer Krisen ein. Typischerweise vollbringt der Autor des Buches, als Held dargestellt, stets wahre Wunder auf dem Verhandlungsweg.

Diese Geschichten mit all ihren Dramen und Spannungsmomenten stellen eine fesselnde Lektüre dar. Der Fokus liegt dabei auf der Kunst des Verhandelns. Wir stellen uns gerne vor, wie wir solche Situationen handhaben, cool bleiben, Einfluss ausüben, überzeugen und das Blatt mit durchdachten Formulierungen zu unseren Gunsten wenden, die Lage retten.

Doch wie romantisch oder unwiderstehlich diese Narrative auch sein mögen, sie haben nichts mit der Realität im Verkauf zu tun. Die Geschichten, Beispiele und Techniken, die in solchen Büchern zur Sprache kommen, konzentrieren sich im Allgemeinen auf:

- komplexe Verhandlungen mit hohem Einsatz, bei denen jede Partei über zahlreiche Alternativen zum ausgehandelten Deal verfügt und die Devise »Powerplay« lautet,
- Situationen, in denen es um Leben oder Tod geht und keine Partei es sich leisten kann, aus den Verhandlungen auszusteigen,
- Einsätze im Gesetzesvollzug und militärische Operationen mit fatalen Konsequenzen, falls die Verhandlungen scheitern,
- Beziehungen auf Regierungs-, diplomatischer oder internationaler Ebene, bei denen das Schicksal ganzer Nationen auf dem Spiel steht,
- Unternehmenszusammenschlüsse und Immobilientransaktionen,
- juristische Vereinbarungen, einschließlich Markenzeichen, geistiges Eigentum und Sammelklagen,
- Lösung von Konflikten und Meinungsverschiedenheiten, beispielsweise häusliche Streitigkeiten, Beziehungsprobleme im privaten oder beruflichen Bereich, Vertragsunstimmigkeiten,
- Karriereentwicklung und Gehaltsverhandlungen sowie
- Verhandlungsoptionen, wenn *Sie* der Käufer sind.

Es gibt jede Menge Lektüre über Verhandlungen im persönlichen, beruflichen, diplomatischen, juristischen und Gesetzesvollzugsbereich. Einige dieser Bücher sind Klassiker geworden. Viele gehören zu den Bestsellern. Die Lektionen, die sie enthalten (und die damit einhergehenden Trainingsprogramme), sind durchaus nützlich.

Abgesehen von einem Problem. Diese Bücher und Trainingsprogramme sind nicht auf das Sperrfeuer der spezifischen Verhandlungen zugeschnitten, denen sich 99 Prozent der Verkaufsprofis heute Tag für Tag gegenübersehen.

Verkaufstrainer bieten keine Schulungen zum Thema Verkaufsverhandlungen an

Es gibt kaum echtes verkaufsspezifisches Informationsmaterial zum Thema Verhandlungen. Dieser Mangel ist weitgehend der falschen (und vielleicht überheblichen) Annahme geschuldet, Verkaufsverhandlungen ließen sich mit allen anderen Verhandlungsarten über einen Kamm scheren. Das heißt, man geht davon aus, dass die Fähigkeiten, Taktiken, Techniken, Ablaufmuster und Situationen grundlegend die gleichen sind. Verkaufsverhandlungen werden daher oft mit Absprachen auf diplomatischer Ebene und den Verbalgefechten der Anwälte bei Sammelklagen in einen Topf geworfen. Aber sie sind keineswegs vergleichbar.

Dazu kommt, dass die Anzahl der echten Experten und Autoren, die über verkaufsspezifische Verhandlungen schreiben, äußerst beschränkt ist. Patrick Tinneys Klassiker *Unlocking Yes: Sales Negotiation Tactics & Strategy* gehört zu den wenigen Ausnahmen.

Ehrlich gesagt, viele Verkaufsexperten und Verkaufstrainer schrecken vor dem Thema zurück, weil sie sich schon bei dem Gedanken daran unwohl fühlen und Verhandlungen grauenvoll finden. Da das Verhandlungsgeschick vieler Verkaufstrainer zu wünschen übrig lässt, findet man vermutlich eher utopischen BM (= Bockmist) als ein handfestes Trainingsprogramm mit spezifischem Bezug zu den Herausforderungen, denen sie sich am Verhandlungstisch tatsächlich gegenübersehen.

Verkaufsverhandlungen sind unspektakulär

Darüber hinaus sind Verkaufsverhandlungen unspektakulär. Wenn sich die Juristenteams von Tech-Giganten wie Apple an einen Tisch setzen und Rechtsstreitigkeiten im Hinblick auf Patente oder Lizenzgebühren klären oder wenn chinesische und amerikanische Diplomaten über ein Handelsabkommen sprechen, ist mit erheblich mehr Drama zu rechnen. Solche Verhandlungen schaffen es auf die Titelseite des *Wall Street Journal*.

Doch wenn ...

Maria, Großkundenbetreuerin eines SaaS-Unternehmens in San Francisco, über die Kosten ihrer Software pro Arbeitsplatz mit einer mittelständischen Firma aus Waco, Texas, verhandelt;

Joey mit einem Farmer im Herzen von Pennsylvania einen Deal ausarbeitet;

Jessica mit dem Chef einer kleinen Logistikfirma aus Des Moines das Leasing von 22 gewerblichen LKW über die Bühne zu bringen versucht;

Praveen mit einem großen Konzern in Neu-Dehli einen Vertrag über den Kauf von Büroeinrichtungen zustande bringen möchte;

Kendra mit einer Klinik in Singapur bezüglich einer langfristigen Gebäudemanagement-Vereinbarung im Gespräch ist;

Colton sich in einem Produktionsbetrieb in Gran Rapids um die Unterzeichnung eines Vertrags mit einer Laufzeit von drei Jahren bemüht, um für 32 Mitarbeiter Schutzkleidung auf Mietbasis zu liefern;

Robin aus meinem Verkaufsteam eine Vereinbarung ausarbeitet, um neue Mitarbeiter für eine Lohn- und Gehaltsabrechnungsfirma in Dallas zu schulen;

... dann interessiert das niemanden.

Natürlich mit Ausnahme der Verkaufsprofis, deren Vergütung vom Verhandlungsergebnis abhängt, und der Firmen, die von eben jenen Verkaufsprofis abhängig sind, die ihre Gewinne sichern.

Jeden Tag finden weltweit Millionen von Verkaufsverhandlungen statt. Nur wenige sorgen jemals für Schlagzeilen.

Ja, es gibt Ausnahmen. Mit Sicherheit verhandeln einige global tätige Account Manager Vertragsverlängerungen, die weitreichende Auswirkungen auf ihre Unternehmen haben. Es gibt Start-ups, die an riesigen Geschäftschancen arbeiten und eine Flut von Risikokapital-Investitionen auslösen können, wenn ihre Bemühungen von Erfolg gekrönt sind. Doch im Großen und Ganzen sind solche Situationen eher selten, verglichen mit den Routine-Verkaufsverhandlungen, die in unserem Metier vorherrschen.

Ja, bei diesen Routine- und profanen Verkaufsverhandlungen wechseln einige Milliarden Dollar, Rupien, Euro, Pfund, Pesos, Yuan oder Yen (oder andere Währungen) den Besitzer. Der kumulative Effekt dieser Verkaufsverhandlungen wirkt sich unmittelbar auf die Ertragskraft, die Börsenbewertung, die Kundenbindung und die langfristige Wettbewerbsfähigkeit der Unternehmen aus, in deren Auftrag die Verkaufsprofis verhandeln.

Anmerkung des Autors

Ich verwende in diesem Buch verschiedene Begriffe, um Menschen, Unternehmen und Situationen zu beschreiben:

- **Verhandlungstisch**: Eine symbolische Plattform für Verkaufsverhandlungen, die Begegnungen, Telefonate oder Videogespräche, E-Mails oder Textnachrichten umfassen.
- **Stakeholder**: Eine Einzelperson im Unternehmen eines potenziellen oder aktuellen Kunden, mit dem Sie als Verkäufer in einer Wechselbeziehung stehen. Der Stakeholder kann eine Vielzahl von Rollen im Kaufvorgang, als Influencer bei Entscheidungen oder als Verhandlungspartner einnehmen.
- **Stakeholder-Gruppen**: Diejenigen Personen in einem Deal, die für die Ernennung zum Anbieter der Wahl verantwortlich sind.
- **Käufer**: Der Stakeholder, der die Führung am Verhandlungstisch übernimmt.
- **Potenzieller Kunde, Klient, Kunde**: Diese Begriffe beziehen sich auf Wirtschaftsbetriebe, Unternehmen oder Organisationen, denen die Stakeholder angehören.

Ich wechsle regelmäßig die Begriffe, um meine Leser nicht mit Wiederholungen zu langweilen. Zu beachten ist auch, dass viele meiner Beispiele zwar Verhandlungen mit potenziellen Neukunden beschreiben, die verwendeten Techniken in Verhandlungen mit Bestandskunden aber gleichermaßen umsetzbar sind.

2 Die Verhandlungsphase: Ein Stresstest für Verkaufsmitarbeiter

Bevor wir fortfahren, möchte ich als Beweis eine »Verhandlung« mit einer Kundenbetreuerin schildern, die einen meiner Lieferanten repräsentiert. Die gesamte Kommunikation fand via E-Mail statt.

Hier ein paar Hintergrundinformationen vorab:

- Ich hatte bereits mehrere Verträge für verschiedene Dienstleitungen mit diesem Anbieter abgeschlossen und wir hatten eine gute Arbeitsbeziehung entwickelt.
- Es war kein Konkurrenzunternehmen im Spiel und ich hatte bereits beschlossen, den Auftrag an diesen Anbieter zu vergeben, weil ich darauf vertrauen konnte, dass er ihn zu meiner Zufriedenheit erledigen würde.
- Ich hatte keine brauchbare Alternative.
- Ich hatte mich in der Woche vor diesem E-Mail-Austausch mit der Kundenbetreuerin und ihrem Team getroffen, um das Projekt in groben Zügen zu skizzieren. Ich hatte ein Budget von maximal 22 000 US-Dollar veranschlagt und sie gebeten, mir den Vertrag zuzuschicken.

Donnerstagmorgen, zehn Uhr – eine Woche später. Ich erhielt eine E-Mail von der Kundenbetreuerin, in der sie vorschlug, vorher noch einmal miteinander zu telefonieren. Ich schrieb zurück, dass ich gerade ein Training bei einem Klienten durchführte und erst in der kommenden Woche wieder telefonisch erreichbar sei. Ich bat sie um Zusendung des Vertrags. Sie reagierte darauf, indem sie ihre Bitte um ein Telefonat wiederholte. Ich erklärte ihr ein weiteres Mal, dass ich beschäftigt sei und erst in der nächsten Woche einen Gesprächstermin einplanen könne.

Und so ging die E-Mail-Korrespondenz weiter:

Die Kundenbetreuerin eröffnet die Verhandlungsphase via E-Mail (Donnerstag, 14:54 Uhr): Sie antwortete mit einer E-Mail, in der es hieß, sie habe mit ihrem Team »die Rahmenbedingungen nochmals überprüft und festgestellt, dass wir nicht in der Lage sind, das Projekt für weniger als 35 000 US-Dollar zu übernehmen«. Mit ihren Worten: »Selbst zu diesem Preis können wir kaum die Kosten decken.«

Meine Antwort: »Ich verstehe, aber das liegt weit über unserem Budget. Bitte schicken Sie uns eine detaillierte Leistungsbeschreibung zu, damit ich gemeinsam mit meinem Team überlegen kann, auf welche Teile des Projekts wir verzichten könnten, um innerhalb unserer Budgetparamater zu bleiben.«

Kundenbetreuerin (17:21 Uhr): »Wie wäre es, wenn wir morgen früh um neun telefonieren, um das Ganze noch einmal durchzusprechen?«

Meine Antwort: »Nein, das geht nicht. Wie ich bereits zwei Mal erklärt habe, halte ich derzeit im Unternehmen eines Klienten ein Trainingsprogramm ab und stehe erst nächste Woche wieder für einen Gesprächstermin zur Verfügung. Bitte lassen Sie mir die detaillierte Leistungsbeschreibung zukommen, damit wir einige Anpassungen vornehmen können. Ich bin sicher, dass es uns gelingen wird, bei diesem Projekt im Rahmen des Budgets zu bleiben und unsere Ziele trotzdem zu erreichen.«

Kundenbetreuerin (18:10 Uhr): »Ich habe noch einmal alles durchgerechnet. Könnten Sie uns entgegenkommen und Ihr Budget vielleicht auf 32 000 US-Dollar erhöhen? Das ist unser absoluter Tiefstpreis.«

Ich: Ich ersparte mir die Antwort. Stattdessen ging ich ins Fitnesscenter, aß zu Abend, las ein Buch und ging früh zu Bett.

Kundenbetreuerin (Freitagmorgen neun Uhr): »Jeb, ich habe mir das Ganze noch einmal angeschaut und denke, wir können auf 29 000 US-Dollar runtergehen. Aber mehr ist nicht drin und das auch nur, weil Sie ein so guter Kunde sind.« Anmerkung: Sie hatte mir die detaillierte Leistungsbeschreibung, um die ich sie gebeten hatte, immer noch nicht zugeschickt.

Ich: Ich antwortete nicht, weil ich mich im Schulungsraum meines Klienten befand, wo ich eine Gruppe Vertriebsmitarbeiter trainierte, und mein Handy ausgeschaltet hatte.

Kundenbetreuerin (12:11 Uhr): »Hallo Jeb, ich wollte mich nur kurz erkundigen, ob Sie meine letzte Mail mit der Mitteilung erhalten haben, dass wir das gesamte Projekt für 29 000 US-Dollar durchführen würden. Soll ich Ihnen den Vertrag zuschicken?«

Ich (12:51 Uhr): Auf dem Rückweg vom Mittagessen warf ich einen raschen Blick auf mein Handy und entdeckte ihre E-Mail. Ich musste das Training abschließen und anschließend sofort zum Flughafen. Ich markierte die E-Mail der Kundenbetreuerin und speicherte sie ab, um später darauf zu antworten.

Kundenbetreuerin (Freitag, 16:00 Uhr): »Jeb, gute Neuigkeiten! Das Team hat sich noch einmal zusammengesetzt und entschieden, dass wir das Projekt für 23 000 US-Dollar übernehmen können, weil wir Sie als Kunde schätzen. Wir legen Wert auf eine gute Zusammenarbeit mit Ihnen und Ihren Mitarbeitern. Ich weiß, der Preis liegt ein wenig über Ihrem Budget. Wäre das machbar für Sie?«

Ich (16:59 Uhr, in der Warteschlange vor dem Flugsteig): »Das geht in Ordnung. Schicken Sie mir bitte die Leistungsbeschreibung und den Vertrag zur Unterschrift zu.«

Und so hatte die Kundenbetreuerin, einfach so, auf 12 000 US-Dollar (ein Nachlass von 34 Prozent von der ursprünglichen Preisstellung) verzichtet, ohne die geringste Anstrengung meinerseits. Und ganz nebenbei hatte sie auch noch ihre Glaubwürdigkeit zerstört.

Vielleicht denken Sie jetzt: »Das ist doch an den Haaren herbeigezogen – oder eine Ausnahme von der Regel. In Wirklichkeit passiert so etwas nicht oft.«

Wenn Sie das glauben, befinden Sie sich auf dem Holzweg. Ein solches Verhalten ist sogar weit verbreitet. Es kommt jeden Tag vor, überall auf der Welt. Und leider nehmen die Fehler, die bei Verkaufsverhandlungen begangen werden, noch zu, häufen sich an und werden am Ende des Monats, Quartals oder Jahres besonders schmerzlich spürbar.

Ich habe oft erlebt, dass die Verkaufsmitarbeiter meiner Klienten ihren Rabattspielraum maximal ausschöpfen, ohne dass der potenzielle Kunde das Thema Preisnachlass überhaupt zur Sprache gebracht hat. Sie sind gleichermaßen schnell bereit, wenn es gilt, die Liefer- und Zahlungsbedingungen zurechtzubiegen und Zusatzleistungen anzubieten, ohne einen Gegenwert zu verlangen. Das zeugt davon, dass sie weder emotionale Kontrolle noch Disziplin besitzen. Sie haben das Gefühl, dass sie sich in einer schwachen Position befinden, deshalb setzen sie Rabatte und Preiszugeständnisse als Differenzierungsmerkmal im Wettbewerb ein.

Die Autoren der meisten Bücher über die Kunst der Verhandlungen beeilen sich, darauf hinzuweisen, dass im Geschäfts- wie im Privatleben alles verhandelbar ist und wir Menschen darauf gepolt sind, im Alltag ständig Verhandlungen zu führen, um auf einen Nenner zu kommen. Doch trotz dieses offenkundigen Sachverhalts und der Tatsache, dass Verkäufer Verhandlungen führen müssen, weil das Teil ihrer Tätigkeit ist, lässt sich nicht leugnen, dass sie für die meisten mit Stress ohne Ende behaftet sind.

Es gibt mehrere Gründe dafür, dass die Nerven der Verkäufer blank liegen, wenn potenzielle Kunden im Verkaufsprozess zu verhandeln beginnen.

Mangelnde emotionale Disziplin

Das A und O effektiver Verhandlungen ist emotionale Disziplin. Wenn Verkäufer am Verhandlungstisch verlieren – wie im zuvor genannten Beispiel –, ist die Ursache zu 90 Prozent die Unfähigkeit, sich über die disruptiven Emotionen hinwegzusetzen, die in bestimmten Situationen auftauchen. Angst, Unsicherheit, Wut, Starrsinn, blinder Eifer, Verzweiflung und dergleichen mehr schmieden ein Komplott, um die Fähigkeit zu untergraben, klar zu denken und Gelassenheit zu bewahren.

Unzureichendes Training

Topmanager und Führungskräfte setzen ihre Verkaufsorganisationen oft unter ungeheuren Druck, die Sollvorgaben zu erfüllen, um sich nachträglich bitter zu beklagen, dass ihre Mitarbeiter nicht hart genug verhandelt haben. Immer wieder hört man, dass sie »zu viel Geld auf dem Tisch liegen lassen«.

Kein Wunder, denn sie investieren sehr wenig Geld in ein Verhandlungstraining für ihre Verkaufsrepräsentanten. Und sie schulen ihre Führungskräfte im Verkauf nicht darin, Verhandlungskompetenz zu modellieren, zu lehren oder zu stärken. Allem Anschein nach geht man davon aus, dass Verkäufer mit der Fähigkeit geboren werden, effektiv zu verhandeln.

Falls Unternehmen überhaupt Schulungen in diesem Bereich anbieten, haben Trainingsinhalt und Lehrplan oft keinen spezifischen Bezug zum Verkaufsprozess. Verkaufsverhandlungen werden häufig nicht als Teil eines integrierten geschlossenen Systems, sondern als getrennte Disziplin betrachtet.

Und schlimmer noch, oft wird diese Aufgabe Schulungsfirmen überantwortet, die darauf spezialisiert sind, Verhandlungstaktiken zu vermitteln – aber *keine verkaufsspezifischen Verhandlungsfähigkeiten*. Da die Trainer, die für diese Anbieter arbeiten, wenig Erfahrung mit dem Verkauf haben, sind sie außerstande, die Verbindung zwischen Verkaufsprozess und Verkaufsverhandlung herzustellen.

Während meiner gesamten beruflichen Laufbahn im Verkauf und Verkaufsmanagement, die mehr als zwanzig Jahre umfasst, wurde mir nur eine einzige Trainingseinheit zum Thema Verhandlungen angeboten. Bei dieser Gelegenheit setzte mein Verkaufsleiter sein persönliches Budget ein, um eine Firma zu engagieren, die Schulungen durchführte. Dabei lernte ich hauptsächlich, wie man als *Käufer* verhandelt, was sich als nützlich erwies, weil ich noch im gleichen Jahr mein erstes eigenes Haus kaufte. Nach Abschluss der Schulung ließen wir es dabei bewenden und kehrten in unseren Alltag zurück. Das Informationsmaterial nahmen wir nie wieder zur Hand.

Diese Aus-und-Vorbei-Trainingsveranstaltungen mögen ein gutes Gefühl vermitteln, haben aber langfristig kaum Auswirkungen. Führungskräfte und Verkaufstrainingsprofis haben nicht begriffen, dass Verhandlungsfähigkeiten im Verkauf kurzlebig sind und im Lauf der Zeit nachlassen. Deshalb sollten sich Unternehmen, die sich von ihren Verkaufsmitarbeitern Verhandlungskompetenz auf einem höheren Niveau wünschen, nicht nur einem einmaligen, sondern auch einem fortlaufenden Training verpflichtet fühlen.

Meine Botschaft an Führungskräfte: Wenn Sie verhindern möchten, dass Ihre Verkaufsmitarbeiter Geld liegen lassen, gilt es, ihre Kernkompetenzen, ihre Fähigkeiten, ihre Techniken und ihre emotionale Intelligenz zu stärken, damit sie bei *Verkaufs*verhandlungen erfolgreich sind. Andernfalls lassen *Sie* Geld auf dem Tisch liegen.

Fehlende Selbstinvestition

Verhandlungen sind ein grundlegendes Element der Verkaufstätigkeit. Ungeachtet dessen, wer Sie sind und was Sie verkaufen, Sie müssen mit den Käufern verhandeln.

Das Verhandlungstraining der Unternehmen, für die ich gearbeitet habe, war äußerst dürftig, doch da mein Einkommen auf dem Spiel stand, wurde mir klar, dass ich es war, der den Tribut zahlen musste, wenn sich mein Verhandlungstalent nicht verbesserte. Deshalb beschloss ich, in mich selbst zu investieren und meine Fähigkeiten auf diesem Gebiet in eigener Regie aufzubauen. Ich las alles zum Thema Verhandlungen, was mir in die Hände geriet, zahlte die Teilnahme an Verhandlungsseminaren aus meiner eigenen Tasche und suchte mir Mentoren, die mir dabei halfen, meine Verhandlungskompetenz, Strategien, Taktiken und Techniken weiterzuentwickeln.

Im Verkauf gilt eine einfache Formel: Mehr Wissen = mehr Verdienst. Um ein Elite-Athlet im Verkauf zu werden, sollten Sie dafür sorgen, dass Ihre Fähigkeiten und Fertigkeiten immer aktuell und exzellent sind; um ein Top-Verhandler im Verkauf zu werden, sollten Sie bereit sein, Ihr Geld, Zeit und Mühe in Informationsmaterial, Hörbücher, Workshops und Online-Lernprogramme zu investieren. Abonnieren Sie Newsletter, Podcasts, Fachzeitschriften, Branchenpublikationen, Blogs und Verkaufspublikationen, um sich in Ihrer Branche und im Verkaufsmetier generell auf dem Laufenden zu halten.

Versuchen Sie, Ihre Fahrtzeiten klug zu nutzen. Bei einem Verkäufer im Innendienst beläuft sich die Zeit, die er im Durchschnitt unterwegs verbringt, auf eine oder zwei Stunden am Tag. Ein Verkäufer im Außendienst sitzt jeden Tag zwischen vier und fünf Stunden im Auto. Verwandeln Sie Ihren Wagen, den Zug, das Taxi, den Bus oder das Flugzeug in eine *mobile Universität*.

Investieren Sie diese Zeit in die Erweiterung Ihrer Kenntnisse statt in Musik oder Talkradio-Sendungen. Wenn Sie sich während der Fahrt Audioprogramme anhören, die der Fortbildung oder persönlichen Entwicklung dienen, haben Sie mehrmals die Chance, ein hohes Bildungsniveau zu erreichen.

Denken Sie an die Geschichte, die ich erlebt habe. Wie viel Provision mag die Kundenbetreuerin im Verlauf eines Jahres eingebüßt haben, weil sie Verhandlungen als Stress ohne Ende empfindet? Verzichten Sie darauf, ihrem Beispiel zu folgen.

Käufer sind besser aufgestellt

Käufer haben am Verhandlungstisch im Allgemeinen mehr Macht und handeln bessere Ergebnisse aus als die Verkäufer. Das hat mehrere Gründe:

- **Training.** Käufer – vor allem Einkaufsprofis, die in den Beschaffungsabteilungen arbeiten – werden normalerweise darauf gedrillt, mit Verkäufern zu verhandeln und zu gewinnen. Folglich finden sich Verkäufer oft in einem Wettbewerb zwischen Amateuren und Experten wieder. Das ist so, als würden die Mitglieder der örtlichen Clubmannschaft gegen Profisportler antreten. Dass die Profis im Vorteil sind, liegt auf der Hand.
- **Informationen und Wissen.** Käufer verfügen in Verhandlungen meistens über mehr Informationen als der Verkäufer. Sie haben Präsentationen anberaumt und Angebote von mehreren Lieferanten eingeholt. Ihnen liegen Angaben über technische Daten, Preise und Produkt- und Servicevergleiche vor. Im Allgemeinen führen die Käufer wesentlich mehr Recherchen über die miteinander konkurrierenden Firmen und die Marktbedingungen durch als die Verkäufer, mit denen sie in

Verhandlung treten. Diese Informationen geben ihnen einen Hebel an die Hand und verleihen ihnen Verhandlungsmacht, wenn sie mit Verkäufern zu tun haben, denen dieses Wissen fehlt.
- **Alternativen.** Käufer haben in der Regel mehr Alternativen als Verkäufer. Das stärkt ihre Machtposition und ermöglicht ihnen, am Verhandlungstisch emotionale Kontrolle auszuüben.

Leere Pipeline

Der Hauptgrund dafür, dass sich Verkäufer am Verhandlungstisch in einer schwachen Position befinden und unter einem Mangel an emotionaler Disziplin leiden, ist eine leere Verkaufspipeline. Wenn man aktuell keine einzige echte Verkaufschance in petto hat, ist man einer Verzweiflung nahe. Und wenn man verzweifelt ist, neigt man dazu, dem *universellen Gesetz des Bedürfnisses* bedrohlich nahezukommen und es persönlich zu nehmen:

1. Je größer das Bedürfnis, den Deal unter Dach und Fach zu bringen, desto größer die Bereitschaft, Zugeständnisse zu machen.

2. Je größer das Bedürfnis, den Deal unter Dach und Fach zu bringen, desto geringer die Wahrscheinlichkeit, ihn erfolgreich abzuschließen.

Ein effektives Prospecting, sprich die Identifizierung und Gewinnung von Neukunden, und eine volle Pipeline verwandeln Verkäufer auf Anhieb in bessere Verhandler. Eine gut gefüllte Verkaufspipeline verleiht Ihnen emotionale Kontrolle, ein entspanntes, souveränes Selbstvertrauen und die Fähigkeit, so zu verhandeln, als wären Sie nicht auf den Geschäftsabschluss angewiesen.

3 Der Teufel ist ein Pfennigfuchser

Verkäufer haben bis zum Abwinken gelernt, nicht den Preis, sondern den Nutzen oder Mehrwert in den Mittelpunkt ihrer Verkaufsgespräche zu stellen. Ich bezweifle nicht, dass Ihnen Parolen wie »Nutzen verkaufen« und »Mehrwert aufzeigen« von Führungskräften und Verkaufstrainern eingebläut wurden.

Das Zusammentragen von Belegen, die den Nutzen messbarer Geschäftsergebnisse für Sie und Ihr Unternehmen aufzeigen, ist sowohl für die Differenzierung im Wettbewerb als auch für die Stärkung Ihrer Position am Verhandlungstisch von ausschlaggebender Bedeutung.

Abgesehen von der Demonstration des Nutzens oder Mehrwerts fällt es den Stakeholdern in Wettbewerbssituationen leichter, Äpfel mit Äpfeln und nicht mit Birnen zu vergleichen, wenn man sie motiviert, über den Preis hinauszublicken und die *Gesamtkosten des Betriebs* (TCO), sprich nicht nur die Anschaffungskosten, sondern auch alle späteren Kosten der Nutzung, beispielsweise Energie-, Reparatur- oder Wartungskosten, in Betracht zu ziehen.

Doch wenn wir real bleiben, fällt der Preis allemal ins Gewicht. Er ist die Eintrittskarte für das Spiel. So sehr die Verkaufstrainer seine Rolle auch kleinreden möchten, die Verkäufer an vorderster Front wissen, dass er zählt.

- Der Preis ist das Element im Verkaufsprozess, auf das sich die Käufer als Erstes fixieren.
- Der Preis und die damit verbundenen Liefer- und Zahlungsbedingungen entscheiden vermutlich über die Höhe Ihrer Provision oder Ihren Bonus für den erfolgreichen Abschluss.
- Der Preis und die damit verbundenen Liefer- und Zahlungsbedingungen haben direkte Auswirkung auf die Gewinnspanne Ihres Unternehmens.
- Der Preis ist Gegenstand der Verhandlungen und Vereinbarungen vor dem Geschäftsabschluss.
- Der Preis ist der Punkt, bei dem Sie vermutlich am meisten Abstriche machen, um den Deal über die Bühne zu bringen.

Sie werden Rabatte einräumen, keine Frage. In der realen Welt müssen Sie Zugeständnisse machen, um Geschäfte erfolgreich abzuschließen. Das Problem ist, dass die meisten Verkäufer mehr Preisabstriche machen, als nötig wäre, um den Deal perfekt zu machen, weil sie Verhandlungen als Stress ohne Ende empfinden.

Der Weg des geringsten Widerstands

Verkäufer haben die bedauerliche Neigung, den Weg des geringsten Widerstands zu gehen, um ihre Provision zu verdienen. Dabei lassen sie eine Menge Geld auf dem Tisch liegen, sowohl für sich selbst als auch für ihren Arbeitgeber.

Ich weiß das, weil ich keinen Deut besser war, was sowohl mein Tattoo als auch ein T-Shirt belegen. Man wünscht sich nichts sehnlicher, als den Auftrag hereinzuholen, versucht verzweifelt, die Verkaufsquote zu erreichen oder den Weg freizuschaufeln, um den Vertrag zu besiegeln. In diesen Augenblick fühlt es sich einfacher und sicherer an, alles Mögliche zu verschenken, um zum Abschluss zu gelangen, als das Risiko einzugehen, zu verhandeln und am Ende mit leeren Händen dazustehen.

Zu Beginn meiner beruflichen Laufbahn zitierte mich mein Verkaufsleiter in sein Büro. Auf seinem Schreibtisch lag eine Kalkulationstabelle, die eine Geschichte über ein seltsames Muster in meinen Abschlüssen erzählte. Er wies mich darauf hin, dass ich mich zu einem weit besseren Verhandler entwickelt hatte, sobald meine Verkaufsquoten in trockenen Tüchern waren.

Das war im Januar, zu Beginn eines neuen Verkaufsjahres. Er ging mit mir meine durchschnittlichen Rabatte von unseren Listenpreisen vor und nach der Realisierung meiner Verkaufsziele im Vorjahr durch.

Vor der dritten Woche im September lag mein durchschnittlicher Nachlass bei 22,7 Prozent vom Listenpreis, womit ich den Verhandlungsspielraum, den man mir ohne grünes Licht seitens der Verkaufsleitung zugestand, voll ausgeschöpft hatte. Dazu kamen weitere Rabatte, von denen ich mein Führungsteam überzeugt hatte, um einige meiner größeren Deals erfolgreich zum Abschluss zu bringen.

Die Entwicklung meiner Preisnachlässe nach Erreichen meiner Verkaufsvorgaben für das Jahr haute mich um. Mein Chef zeigte mir, dass sie auf 9 Prozent zurückgegangen waren, während sich die durchschnittliche Anzahl der Abschlüsse, die ich pro Monat getätigt hatte, *erhöht* hatte.

Als ich den Beweis schwarz auf weiß vor Augen hatte, ging mir ein Licht auf. Wenn ich nicht mehr gewinnen *musste*, veränderte sich mein Verhalten gegenüber den Stakeholdern. Ich begann, den Abschluss selbstbewusst anzusteuern und genau das zu *fordern*, was ich mir vorgestellt hatte.

Die Stakeholder beugten sich meinem Willen. Ich verkaufte zu höheren Preisen an Neukunden. Ich verlangte beherzt die vollen Preise und die Gebühren für zusätzliche Leistungen, die wir normalerweise abschrieben, um den Auftrag zu erhalten. Und ich konnte Verträge mit längerer Laufzeit und besseren Liefer- und Zahlungsbedingungen abschließen.

Bevor ich mein Soll erfüllt hatte, fürchtete ich, von Mitbewerbern abgehängt zu werden, wenn meine Rabatte nicht groß genug waren. Die Daten bewiesen, dass meine Abschlusskennziffern den entgegengesetzten Verlauf nahmen. Sie schnellten in die Höhe, obwohl ich aufhörte, mit Preisnachlässen wie mit »Kamellen« um mich zu werfen. Ich tätigte einen Abschluss nach dem anderen, trotz höherer Preise, und meine Provisionen stiegen, weil unser Vergütungsplan Geschäftsabschlüsse mit hoher Gewinnspanne für das Unternehmen entsprechend belohnte.

Mit dieser Beobachtung meines eigenen Verhaltens begann die Faszination, die das Thema Verkaufsverhandlungen seither auf mich ausübt. Ich begann, die Verhandlungstaktiken im Verkauf zu studieren, weiterzuentwickeln und zu meistern, um das Bedürfnis zu verringern, über Preisnachlässe zum Abschluss zu kommen. Dank meines wachsenden Einkommens konnte ich mehr Geld sparen und investieren. Ich war in der Lage, meinen 401k-Plan maximal auszuschöpfen, ein vom Arbeitgeber mitfinanziertes Modell der Altersvorsorge, und ein Haus zu kaufen statt zu mieten. Und ich legte mir ein paar heiß begehrte »Spielsachen« für die Garagenauffahrt zu. Wenn ich mich umsah, verdiente ich erheblich mehr als meine Altersgenossen und Freunde.

Dieses Erweckungserlebnis hatte ich mit Zwanzig plus. Dank der magischen Wirkung von Zinseszinsen ist das Geld, das ich von meinen höheren Provisionen zurücklegen konnte, exponentiell angewachsen. Diese Investitionen boten mir finanzielle Freiheit, ermöglichten mir die Gründung meiner eigenen Firma, Sales Gravy, und versorgen meine Familie, wenn ich in den Ruhestand gehe.

Wenn Sie Preisnachlässe gewähren, reduzieren Sie damit nicht nur Ihre derzeitigen Einkünfte, sondern auch Ihre Ersparnisse und künftigen Einnahmen. Im Internet finden Sie Dutzende Kalkulationstabellen, die Ihnen den künftigen Wert des Geldes aufzeigen, das Sie heute verdienen und sparen.

Angenommen, dass Sie durch eine Verbesserung Ihrer Verhandlungskompetenz in diesem Jahr zusätzlich 10 000 Dollar verdienen, nach konservativer Schätzung, und das Geld anlegen. In dreißig Jahren könnten daraus bei einer bescheidenen Kapitalverzinsung in Höhe von 5 Prozent sage und schreibe 44 677 Dollar geworden sein. Das ist eine Menge Geld und ein Ziel, das sich durchaus in Ihrer Reichweite befindet. Sie müssen lediglich Ihre Verhandlungsfähigkeiten so lange optimieren, bis Sie imstande sind, in der Topliga mitzuspielen.

Übung #1: Die Kosten der Rabattpolitik

1. Listen Sie alle Abschlüsse auf, die Sie innerhalb der letzten zwölf Monate getätigt haben.
2. Rechnen Sie aus, wie hoch in jedem einzelnen Fall der Rabatt (als Prozentsatz) vom Standardpreis war.
3. Addieren Sie die Rabatte und teilen Sie die Summe durch die Anzahl der Abschlüsse. Das ist Ihr durchschnittlicher Rabatt-Prozentsatz.
4. Rechnen Sie nun aus, wie hoch die Provisionen, Prämien und Boni in Verbindung mit diesen Verkaufsabschlüssen waren.
5. Und nun legen Sie Ihren Taschenrechner und Provisionsplan bereit. Rechnen Sie aus, wie viel mehr Sie verdient haben könnten, wenn Sie Ihren durchschnittlichen Rabatt-Prozentsatz um fünf Prozent, zehn Prozent, 15 Prozent, 20 Prozent usw. reduziert hätten.

Ode an den Maximalrabatt

Verkäufer haben die schreckliche Angewohnheit, ihren Maximalrabatt zu verschenken, statt ihn als »As im Ärmel« zu betrachten, sprich als Verhandlungshebel einzusetzen. Wenn es ihnen freisteht, einen Preisnachlass von 20 Prozent zu gewähren, um den Deal über die Bühne zu bringen, steigen sie damit in die Verhandlung ein. Ungeachtet dessen, ob es sich um eine bewusste oder unbewusste Entscheidung handelt: Sie versuchen, Verhandlungen zu vermeiden, ein schnelles Ja zu erzielen, den Abschluss zu bewerkstelligen und sich der nächsten Verkaufschance zu widmen.

Diese schlechte Angewohnheit spiegelt sich auch in der Rabattstaffelung wider, die hohe prozentuale Zuwächse aufweist: jeweils fünf, zehn und 20 Prozent.

Ich konnte dieses Verhalten unlängst während meiner Arbeit mit einer Verkaufsmannschaft in San Francisco beobachten. Der durchschnittliche Rabatt in der Eröffnungsphase betrug zehn Prozent. Damit stieg fast jeder Verkäufer in den Verhandlungsprozess ein, ausnahmslos. Danach folgten weitere Steigerungen in Höhe von zehn Prozent.

Die Verkäufer waren befugt, Nachlässe bis zu 30 Prozent zu gewähren, bevor sie die Genehmigung ihres Verkaufsleiters einholen mussten. Der durchschnittliche Rabatt bei allen Neukundengeschäften lag bei 25 Prozent.

Unser Ziel bei diesem Klienten bestand darin, den durchschnittlichen Rabatt von 25 Prozent auf 20 Prozent (um bescheidene fünf Prozent) zu senken, ohne die Anzahl der Neukunden zu reduzieren oder das Verhandlungslimit der Verkaufsmitarbeiter zu ändern. In Zusammenarbeit mit dem Verkaufsleitungsteam legten wir drei neue Regeln für Rabatte fest:

Den Einstiegsrabatt reduzieren: Er sollte künftig nicht höher als fünf Prozent sein. Die Verkäufer waren verblüfft, wie viele potenzielle Kunden auf diesen erheblich niedrigeren Eröffnungsschachzug mit einem Ja reagierten.

Muster durchbrechen: Wir führten unvorhersehbare Rabattabstufungen ein. Statt den gewohnten Rabattrhythmus von fünf Prozent, weiteren fünf Prozent und nochmals fünf Prozent usw. beizubehalten, gingen wir zu 4,7 Prozent, danach zu weiteren 3,1 Prozent und zum Schluss zu einem Nachlass von zusätzlichen 2,4 Prozent über. Damit wurde das Rabattmuster durchbrochen, das die Käufer erwarteten und forderten, um sich auf den Verkaufsprozess einzulassen. Außerdem signalisierte die Verringerung des Rabattprozentsatzes bei jedem Schritt, dass man sich dem absoluten Tiefstpreis näherte.

Den Hebeleffekt präziser Zahlen nutzen: Für das menschliche Gehirn sind präzise Zahlen wie 4,7 Prozent oder 47 Dollar zulässiger als fünf Prozent oder 50 Dollar. Deshalb wird der Käufer wahrscheinlich eher bereit sein, ein präzises Preiszugeständnis zu akzeptieren, aber er wird weiterverhandeln, wenn es sich um eine gerade Zahl handelt.

Am Ende der ersten Woche nach Einführung der neuen Regeln fiel der durchschnittliche Preisnachlass bei den Verkaufsabschlüssen von 25 Prozent auf 17 Prozent. Was alle jedoch verblüffte, war, dass die Anzahl der Abschlüsse zunahm!

Als das Verkaufsleitungsteam nachrechnete, summierte sich die Rabattreduzierung in Höhe von acht Prozent im Verlauf eines Jahres auf Neukunden-Verkaufserlöse von mehr als 30 Millionen Dollar – ohne zusätzliche Mitarbeiter einzustellen oder Geld für Marketingkampagnen oder Leadgenerierung, sprich qualifizierte Kontakte mit Interessenten, auszugeben.

Der CLV (Customer Lifetime Value) – der Wert, den ein Neukunde im Lauf der Jahre für ein Unternehmen hat oder haben wird – belief sich auf der Grundlage dieser monatlich wiederkehrenden Einnahmen (MRR = Monthly Recurring Revenue) auf mehr als 200 Millionen Dollar. Diese Entwicklungen hatten unter dem Strich eine höhere Marktbewertung, Gewinne, die in Wachstumsinitiativen reinvestiert werden konnten, und eine brillante Geschichte für die Investoren zur Folge.

> **Übung #2: Die Kosten der Rabattpolitik**
>
> Wenn Sie Führungskraft, Topmanager oder Firmeninhaber sind, sollten Sie sich einen Moment Zeit nehmen und analysieren, wie sich eine Reduzierung der Rabatte für Ihr gesamtes Verkaufsteam auswirken könnte. Dabei gehen Sie folgendermaßen vor:
>
> 1. Stellen Sie eine Liste aller Abschlüsse zusammen, die Ihre Verkaufsmitarbeiter im Verlauf der letzten zwölf Monate getätigt haben.
> 2. Rechnen Sie als Erstes für jeden Abschluss den Gesamtrabatt von Ihrem Standardpreis aus.
> 3. Addieren Sie alle Rabatte und dividieren Sie diese durch die Gesamtzahl der Verkaufsabschlüsse. Das ist der Durchschnittsrabatt, den Ihre Verkaufsmannschaft eingeräumt hat.
> 4. Errechnen Sie nun die zusätzlichen Umsatzerlöse und damit verbundenen höchsten Gewinne, die Ihr Unternehmen erzielt hätte, wenn der Durchschnittsrabatt um fünf Prozent, zehn Prozent, 15 Prozent, 20 Prozent usw. bis zur Untergrenze gesenkt worden wäre.
> 5. Und zum Schluss errechnen Sie den CLV Ihrer Neukunden auf der Grundlage dieser reduzierten Rabatte.

Für die meisten Unternehmen sind diese Zahlen ein Schock, genau wie bei meinem Klienten. Und es geht nicht nur um Rabatte. Bei einem der Unternehmen, die wir beraten, hatten die Verkaufsmitarbeiter die Anweisung, mit den Kunden nach Vertragsunterzeichnung ein Zahlungsziel von 24 Stunden anstelle von fünf Tagen auszuhandeln, was unter dem Strich für weitere Gewinneinbußen von 1,7 Millionen Dollar verantwortlich war.

Ich empfehle Ihnen, sich mit Ihren Führungskräften und Finanzexperten zusammenzusetzen und diese Übung in allen Einzelheiten durchzuführen. Ziehen Sie in Betracht, welche Veränderungen die zusätzlichen Umsatzerlöse und Gewinne aus Neukundengeschäften für Ihr Unternehmen nach sich ziehen und wie Sie jedem Verkäufer klarmachen könnten, wie viel Geld er auf dem Verhandlungstisch liegen lässt.

Arbeiten Sie danach gemeinsam klare langfristige Ziele und vernünftige Zwischenziele für die Rabattreduzierung mit Hilfe effektiver Verhandlungsstrategien und Taktiken aus. Achten Sie gleichwohl darauf, nicht so drastisch vorzugehen, dass sich die Anzahl der Abschlüsse als unbeabsichtigte Folge Ihrer Maßnahmen verringert. Denken Sie daran: Hier sollte die Ausgewogenheit im Fokus stehen.

Der einfachste und schnellste Weg zur Beschleunigung des Umsatzwachstums bei gleichzeitig verstärkter Gewinnorientierung, ohne groß in die Aufstockung des Verkaufspersonalbestands oder in die Erhöhung der Werbe- und Marketingausgaben zu investieren, ist die Reduzierung der Rabatte. Und der schnellste Weg zur Reduzierung der Rabatte besteht darin, die Verhandlungsfähigkeiten Ihrer Verkaufsmitarbeiter, Großkundenbetreuer und Customer-Success-Teams – die dafür sorgen, dass Ihre Kunden nicht nur zufriedener, sondern auch erfolgreicher werden – zu verbessern.

4 Verhandlungskompetenz ist keine Einheitsgröße

Mein Ziel besteht darin, Ihnen ein Arbeitsbuch und praktische Anleitungen für die Optimierung Ihrer Verhandlungsfähigkeiten an die Hand zu geben. Obwohl sich das Buch in erster Linie auf Verkaufsverhandlungen im Business-to-Business-Bereich (B2B) bezieht, lässt sich das Konzept problemlos auf Business-to-Consumer-Verkaufssituationen (B2C) übertragen.

Im Verkauf gibt es jedoch nur wenige Lösungen, die immer und überall gelten, und Verhandlungen stellen in dieser Hinsicht keine Ausnahme dar. Im Verkauf zählt der Kontext. Schwarz-weiß-Konstellationen kommen äußerst selten vor.

Ausführliche Anleitungen für den Umgang mit jedem nur erdenklichen Verhandlungssetting zu liefern, würde den Rahmen des Buches sprengen. Vielleicht sind nicht alle Tipps und Empfehlungen für Sie gleichermaßen relevant. Es ist wichtig, sich vor Beginn unserer gemeinsamen Reise vor Augen zu halten, dass jede Verhandlungssituation spezifische Merkmale aufweist:

- Die Komplexität von Verhandlungen verändert sich mit der jeweiligen Situation. Verhandlungen auf Unternehmensebene und bei langen, vielschichtigen Verkaufszyklen unterscheiden sich erheblich vom »Feilschen« während eines transaktionalen Verkaufsvorgangs, bei dem die Auftragserteilung oft schon im Verlauf des ersten Verkaufsgesprächs erfolgt.
- Mit einem Stakeholder zu verhandeln, der für ein Unternehmen *tätig* ist, unterscheidet sich von Verhandlungen, die unmittelbar mit einem Firmen*inhaber* geführt werden.
- Verhandlungen mit Topmanagern und Vorstandsmitgliedern unterscheiden sich merklich von der Ausarbeitung eines Deals mit Führungskräften der mittleren Leitungsebene.
- Verhandlungen mit professionellen Einkäufern unterscheiden sich in hohem Maß von Verhandlungen mit einem engagierten Stakeholder.
- B2B-Verhandlungen unterscheiden sich von Verhandlungen mit individuellen Verbrauchern im B2C-Bereich.
- Verhandlungen über physische Produkte unterscheiden sich von Verhandlungen über Dienstleistungen und Software.

Als Verkaufsprofi haben Sie jedoch die Aufgabe, Ihr Verhandlungsgeschick ungeachtet der Besonderheiten einer Situation unter Beweis zu stellen. Bleiben Sie also offen und entscheiden Sie selbst, welche Ideen, Strategien, Techniken und Taktiken in Ihrer spezifischen Situation umsetzbar und erfolgversprechend sind.

Die sieben Regeln der Verkaufsverhandlungen

Es gibt jedoch *sieben Regeln*, die in allen Verkaufssituationen relevant sind und Ihnen auf dem Weg zum Ausbau Ihrer Verhandlungskompetenz als Orientierungshilfe dienen können. Diese Regeln bilden das Fundament der Lektionen in diesem Buch.

Ich verspreche Ihnen: Wenn Sie diese Regeln verinnerlichen und befolgen, werden Sie effektiver verhandeln, gewinnträchtigere Kunden für Ihr Unternehmen gewinnen und das Wachstum Ihres eigenen Einkommens ankurbeln.

Erst gewinnen, dann verhandeln

So lautet die *Regel Nummer eins* in Verkaufsverhandlungen. Eine Regel, die von den meisten Verkaufsmitarbeitern durchweg ignoriert wird. Sie schätzen den Zeitpunkt für die Eröffnung der Verhandlungen falsch ein, was dazu führt, dass Hebel zu früh und ohne entsprechende Gegenleistung aus der Hand gegeben werden. Verhandeln Sie erst dann, wenn Ihre Stakeholder bestätigt haben, ausdrücklich oder indirekt, dass Sie der Anbieter der Wahl sind (VOC= vendor of choice).

Bevor diese Wegmarke erreicht ist, sollten Sie sich nicht auf Verhandlungen einlassen, welcher Art auch immer. Auch wenn es gilt, sich mit Preiseinwänden auseinanderzusetzen, sich im Bieterwettbewerb gegen die Konkurrenz zu behaupten, Preiszugeständnisse als Differenzierungsmerkmal zu nutzen oder etwas mit sich selbst auszuhandeln: Verhandlungsgespräche mit dem Käufer sind für den Augenblick tabu.

Spielen, um zu gewinnen

Vergessen Sie »Win-win-Ergebnisse« und spielen Sie in Zukunft mit dem festen Vorsatz, einen Sieg zu erringen. Ihre Aufgabe als Verkäufer besteht darin, für Ihr Team zu gewinnen. Um als Verhandler in die Topliga aufzusteigen, müssen Sie nicht nur in der Lage sein, sich ein klares Bild von Ihrem Verhandlungsschachbrett zu verschaffen, bevor Sie sich auf das Spiel einlassen, sondern sich auch wohlfühlen bei dem Gedanken, Ihrer Mannschaft zum Erfolg zu verhelfen.

Kundenbeziehungen schützen

Abgesehen von den meisten transaktionalen Verkaufsvorgängen fallen Kundenbeziehungen ins Gewicht. Sie sollten auf hartgesottene Taktiken und fragwürdige Verhandlungstricks verzichten, wenn Sie Ihre Kunden langfristig behalten möchten. Deshalb sollten Sie bestrebt sein, für Ihr Team zu gewinnen *und gleichzeitig* die Beziehungen zu den Stakeholdern zu schützen. Diese beiden Ziele schließen sich nicht gegenseitig aus. Um sie zu erreichen, sind ein hoher Verkaufs-EQ (emotionale Intelligenz) und ein *dualer Kommunikationsprozesses* unabdingbar – mit einem Fokus auf Empathie und Ergebnis.

Emotionale Disziplin beweisen

Am Verhandlungstisch hat diejenige Person, die über ein Höchstmaß an emotionaler Kontrolle verfügt, die besten Chancen, das gewünschte Ergebnis zu erzielen. Die

Fähigkeit, Verhandlungen effektiv zu steuern, beginnt und endet mit der Fähigkeit, die eigenen disruptiven Emotionen effektiv zu steuern.

Den Verkaufsprozess und die Verkaufsverhandlungen effektiv steuern

Das wahre Geheimnis hinter einer effektiven Steuerung der Verkaufsverhandlungen ist eine effektive Steuerung des Verkaufsprozesses. Es gibt keine Verhandlungstechnik, keinen Schachzug, kein Spiel, keine Taktik, die Sie vor dem Scheitern bewahrt, wenn Sie nicht jede Phase des Verkaufsprozesses mit Bedacht in die Wege leiten und aktiv gestalten.

Als Verkaufsprofi, der zielsicher auf die Auftragserteilung zusteuert, überzeugende Argumente für eine Veränderung des Status quo vorbringt, verbale Munition sammelt, um Einwände auszuräumen, den Hebeleffekt nutzt, um effektiv zu verhandeln, und fest entschlossen ist, für sein Team zu gewinnen, ist Exzellenz während des gesamten Verkaufsprozesses – Schritt für Schritt für Schritt für Schritt – unabdingbar.

Niemals einen Hebel ohne Gegenleistung aus der Hand geben

Wenn Sie über etwas verfügen, das andere gerne haben möchten, sitzen Sie am längeren Hebel. Sie können diesen Hebel als Mittel benutzen, um Menschen zu motivieren, ihr Verhalten zu ändern, ihren Zeitrahmen anzupassen, sich auf Ihre Verhandlungsposition zuzubewegen oder Zugeständnisse einzugehen. Deshalb gleicht der Hebel, im Finanzsektor auch Leverage genannt, einer Währung und sollte als solche verwendet werden. Er hat einen bestimmten Wert oder Nutzen und sollte nur getauscht werden, wenn Sie dafür einen entsprechenden Gegenwert erhalten. Bei effektiven Verkaufsverhandlungen wird kein Hebel verschenkt, ohne dafür im Gegenzug etwas von gleichem oder höherem Wert zu erhalten.

Alternativen eliminieren und neutralisieren

Käufer leiten am Verhandlungstisch Macht aus den Alternativen zum Ergebnis her, das sie mit Ihnen aushandeln. Je größer die Anzahl der Optionen, auf die sie zugreifen könnten, desto größer ist ihre Verhandlungsmacht und desto schwächer ist Ihre eigene Machtposition. Deshalb sollten Sie Ihren Fokus während des gesamten Verkaufsprozesses in erster Linie auf die Verbesserung Ihrer Verhandlungsposition und Ihrer Gewinnchancen richten, indem Sie die verfügbaren Alternativen des Käufers zu einem Geschäftsabschluss mit Ihnen eliminieren oder neutralisieren.

Bleiben Sie realistisch

Wer mich kennt, weiß, dass ich ausgeklügelte, trickreiche Taktiken meide, die in der realen Welt selten funktionieren und lediglich dazu dienen, die eigene Glaubwürdigkeit zu zerstören. Ich konzentriere mich lieber auf die wesentlichen und grundlegenden Elemente – auch wenn diese weder spektakulär noch glamourös, neu oder sexy sind.

Ich sage es unumwunden: Ich betrachte es als meine Mission, Ihnen bei der Verbesserung Ihrer Verhandlungskompetenz zu helfen, damit Sie mehr Geld verdienen, für Ihr Unternehmen und für sich selbst. Schönfärberei trägt nicht dazu bei, dieses Ziel zu erreichen. Auch wenn es rüde klingt, Fakt ist, dass Sie sich nicht mit Hilfe eines Zaubertranks oder auf Knopfdruck in einen Meister der Verhandlungskunst verwandeln. Es gibt keine Zugmöglichkeit, die Ihre Verhandlungspartner schachmatt setzt und Ihnen die Macht verleiht, Geschäfte stets zu Ihren Konditionen abzuschließen.

Positive Verhandlungsergebnisse hängen in hohem Maß von Ihrer Fähigkeit ab, souverän durch den Verkaufsprozess zu navigieren und ihn effektiv zu handhaben. Die wesentlichen und grundlegenden Elemente – Identifizierung und Gewinnung von Neukunden, aktive Gestaltung des Verkaufsprozesses, emotionale Kontrolle, soziale Kompetenz und menschliche Einflussnahme – sind immer Teil des Spiels.

Verkaufsverhandlungen finden oft unter Zeitdruck, von einem Moment auf den anderen und über mehrere Kommunikationskanäle statt. Es ist keineswegs ungewöhnlich, dass Sie via Telefon, E-Mail, Textnachrichten, Direktnachricht, Videokonferenz, Webchat oder von Angesicht zu Angesicht verhandeln.

Es kommt nur selten vor, dass vorab ein formaler Verhandlungstermin anberaumt wird, der allen Teilnehmern die Möglichkeit bietet, sich vorzubereiten und ihre Strategie zu entwickeln. Sie sind in der Regel nicht für das Setting verantwortlich, indem Sie beispielsweise den Raum zur Verfügung stellen, und können sich auch nicht über Monate mit Ihrem Team in der Einsatzzentrale verschanzen, um einen komplexen strategischen Plan auszutüfteln.

Verkaufsverhandlungen sind meistens in den Verkaufsprozess eingewoben statt von ihm getrennt. Das bedeutet natürlich nicht, dass Besprechungen entfallen, die sich speziell auf den Geschäftsabschluss und die Ausarbeitung der Einzelheiten beziehen. Einige Käufer legen Wert darauf, Ihr Angebot im Vorfeld gründlich zu prüfen und erst danach einen Gesprächstermin mit Ihnen zu vereinbaren, um zu verhandeln und den Deal zu besiegeln.

In der heutigen Zeit ist es jedoch wahrscheinlicher, dass Sie nicht in einem Konferenzraum sitzen und mit den Käufern hin und her verhandeln, sondern auf einen spontanen Anruf oder eine E-Mail reagieren müssen. Der »Verhandlungstisch« in solchen Verkaufsprozessen ist, wie so viele andere Dinge, in die Cloud verlagert worden.

In einem solchen Umfeld müssen Sie anpassungsfähig, flexibel, agil und darauf vorbereitet sein, zu jeder Zeit, an jedem Ort und über jeden Kommunikationskanal zu verhandeln.

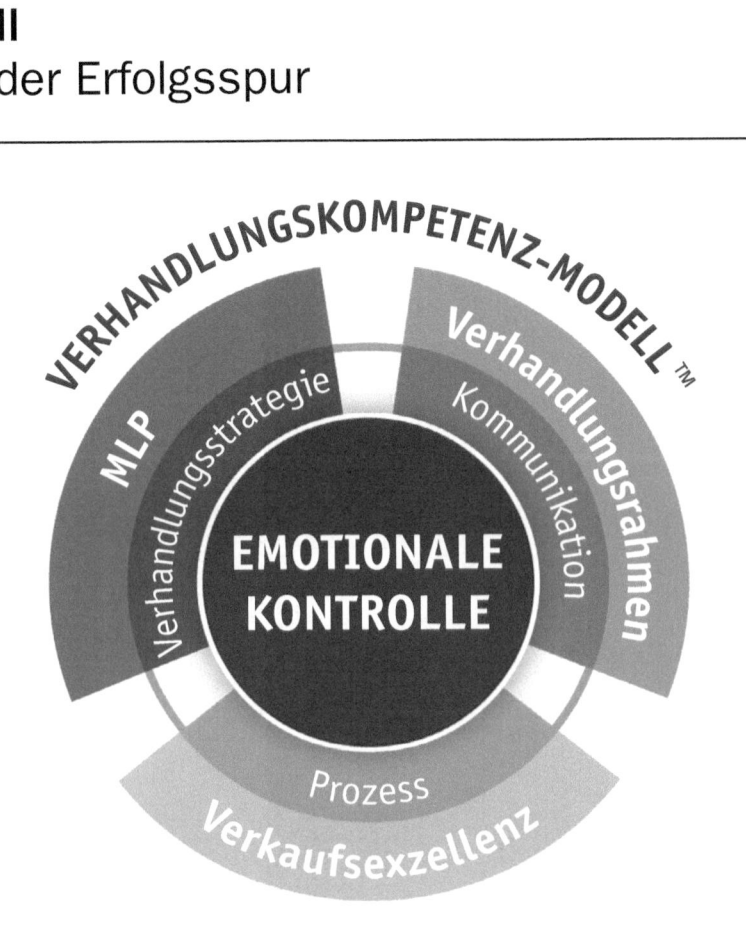

Teil II
Auf der Erfolgsspur

VERHANDLUNGSKOMPETENZ-MODELL™

- MLP
- Verhandlungsstrategie
- Verhandlungsrahmen
- Kommunikation
- EMOTIONALE KONTROLLE
- Prozess
- Verkaufsexzellenz

5 Verhandlungsziel: Ein Gewinn für das eigene Team

Viele Leute, vor allem Verkäufer und Verkaufsleiter, benutzen oft die Begriffe »Win-win« und »Verhandlungen« im gleichen Atemzug. Das Konzept, Win-win-Ergebnisse auszuhandeln, ist zweifellos sinnvoll auf dem diplomatischen Parkett, bei Schiedsverfahren und bei der Suche nach Konfliktlösungen.

»Win-win« ist ein hochlöbliches Konzept. Es ist schön, wenn jeder gewinnt. Wenn beide Seiten als Sieger aus einem Wettbewerb hervorgehen können, ist das zweifellos eine gute Sache. Aber diese Doppelsieg-Strategie sollte bei Verkaufsverhandlungen nicht Ihr vorrangiges Ziel sein, denn als Verkaufsprofi liegt es in Ihrem Interesse, *für Ihr Team zu gewinnen*.

Verkaufsprofis machen sich selbst etwas vor, wenn sie sich einreden, dass alle Beteiligten und Betroffenen gewinnen sollten und die ausgehandelte Übereinkunft »fair und gerecht« sein muss. »Win-win« macht Sinn. Die Devise »Fair und gerecht« ist ein verlockendes Konzept auf der Kopf- und Gefühlsebene. Doch es stellt nur eine weitere Strophe der »Verkaufslitanei« dar, von der man sich wahre Wunder verspricht.

Für viele Verkaufsmitarbeiter ist die Fixierung auf Win-win jedoch ein Vorwand, um unliebsamen Konflikten aus dem Weg zu gehen, die naturgemäß in jeder Verhandlungssituation auftauchen. Es ist ein Ausweichmanöver – eine bequeme Möglichkeit, zu rechtfertigen, warum man der anderen Seite gerade kampflos den Maximalrabatt überlassen hat.

Diese schonungslose Wahrheit sollten Sie verinnerlichen. »Win-win« ist ein Kokon der Selbsttäuschung, in den Sie Ihre Provision und die Gewinne Ihres Unternehmens einspinnen, auf Nimmerwiedersehen. »Win-win« als Ziel in Verkaufsverhandlungen anzustreben, ist totaler BM (Sie wissen schon, Bockmist). Wenn Sie auf »Win-win« fokussiert sind, haben Sie gute Chancen, als Verlierer zu enden. Bei Verkaufsverhandlungen geht es darum, das bestmögliche Ergebnis *für Ihr Team* zu erreichen. Punkt.

Verkäufer, die sich mit einer »Win-win«-Einstellung an den Verhandlungstisch setzen, werden in Grund und Boden gestampft (glauben Sie mir, ich weiß, wovon ich rede), weil ihre Käufer nicht die Absicht haben, mit ihnen über einen Doppelsieg zu debattieren. Sie verhandeln, *um für ihr eigenes Team zu gewinnen*. Gewiefte Käufer wissen genau, wie sie die Hebelwirkung des *Win-win-fair-und-gerecht-* Mantras nutzen, um den Verkäufer aus einer Position der Stärke in eine Position der Schwäche zu manövrieren und ihm dann gekonnt die Taschen zu leeren.

Wenn sich Verkäufer in Verkaufsverhandlungen auf ein »Win-win«-Ergebnis konzentrieren, besteht das wahrscheinlichste Ergebnis darin, dass sie alles versuchen, um den Käufer glücklich zu machen – wobei sie Glück fälschlicherweise mit Gewinn gleichsetzen – und die Stimme der Vernunft zum Schweigen zu bringen, eine Strategie, mit der sie Haus und Hof verspielen.

Beziehungen zählen

Ja, Verkaufsverhandlungen sind im Geflecht langfristiger Beziehungen verwoben, das Sie mit der Stakeholder-Gruppe Ihres Kunden aufgebaut haben oder aufzubauen hoffen. Abgesehen von einem rein transaktionalen Verkauf, bei dem langfristige Beziehungen unwichtig sind, verhandeln Sie nicht, um in einem Vakuum zu gewinnen.

Bei Verkaufsverhandlungen sollten Sie den CLV einer Beziehung, die Sie entwickelt und gepflegt haben, nicht aus den Augen verlieren. Mit anderen Worten: Beziehungen zählen und müssen geschützt werden.

Ihre Aufgabe besteht darin, für Ihr Team zu gewinnen. Doch selbst wenn Sie sich in einer starken Verhandlungsposition befinden und einen Hebel haben, mit dem Sie Ihre Ziele knallhart durchboxen, kann ein Sieg auf Kosten Ihres Käufers oder ein Verhandlungsverlauf, bei dem er das Gesicht verliert, Unmut erzeugen, der Sie auf Ihrem weiteren Weg teuer zu stehen kommt. Gewinnen, nur um zu gewinnen, ist auf lange Sicht eine schlechte Strategie.

Deshalb sind Verkaufsverhandlungen oft paradox – ein *dualer Prozess*, der von Empathie *und* Ergebnisfokussierung geprägt sein sollte; ein Prozess, der erfordert, dass Sie für Ihr Team gewinnen *und* die Beziehung schützen.

Unmut abbauen

Unmut ist ein Schreckgespenst, das Beziehungen zersetzt und zerstört. Unmut kann auf beiden Seiten des Verhandlungstischs entstehen. Wenn Stakeholder das Gefühl haben, dass Sie sich ihre schwache Position oder Informationslücken zunutze gemacht haben, kann dadurch die Zukunft Ihrer Beziehung nachhaltig beeinträchtigt werden. Wenn Sie andererseits zu viel anbieten und im Anschluss heimlichen Groll empfinden, weil Sie das Gefühl haben, übervorteilt worden zu sein, kann das negative Folgen für die Wertschätzung, die Serviceleistungen und die Interaktionen mit Ihren Kunden haben.

Ich spreche aus eigener Erfahrung und habe Narben davongetragen, die davon zeugen. Ich habe aus einer Position der Schwäche heraus schlecht verhandelt und am Ende meine Kunden dafür gehasst. Die stille Verachtung, die ich im Nachhinein für sie empfand, führte dazu, dass sich die Geschäftsbeziehung auflöste. Das war nicht die Schuld meiner Kunden (sie waren nur bestrebt, für ihr Team zu gewinnen). Ich war allein dafür verantwortlich, weil ich zuließ, dass es zu diesem Verhandlungsergebnis kam, und die unbeabsichtigten Folgen des schlechten Geschäftsabschlusses nicht bedacht hatte.

Einige Käufer haben die Botschaft verstanden. Sie sind gute Verhandlungspartner, denen bewusst ist, welche negativen Auswirkungen heimlicher Groll und die daraus resultierende stille Verachtung auf die Geschäftsbeziehung haben können. Sie fokussieren sich darauf, den besten Deal für ihr Unternehmen auszuhandeln, während sie sich gleichzeitig vor Augen halten, dass Sie einen Gewinn erzielen müssen, um ihnen die erwartete Service- und Kundenerfahrung bieten zu können.

Doch weit häufiger sind Käufer entweder zu kurzsichtig, um das Konzept zu begreifen, oder es interessiert sie einfach nicht. Das ist fast immer der Fall, wenn Sie es mit professionellen Einkäufern zu tun haben.

Mitarbeiter aus dem Bereich Einkauf und Beschaffung (von Produkten, Dienstleistungen und Materialien) sind mit einer einzigen Aufgabe betraut: Ihr oberstes Ziel besteht darin, beim Kauf die besten Bedingungen für ihre Organisation und den maximalen Rabatt aus Ihnen herauszuholen. Es interessiert sie nicht, ob Sie Ihre Brötchen verdienen oder die ausgehandelten Konditionen eine Zwangsjacke darstellen, die Ihnen die Einhaltung der Vereinbarungen erschwert. Wenn sich der Staub legt, den sie aufgewirbelt haben, sind sie von der Bildfläche verschwunden. Sie übergeben Sie wieder an die Stakeholder, die für die Abwicklung des Geschäfts verantwortlich sind, und waschen ihre Hände in Unschuld.

Aber es ist nicht Aufgabe des Käufers, im Voraus die unbeabsichtigten Folgen eines ungleichgewichtigen Deals und die Unstimmigkeiten zu bedenken, die dadurch auf beiden Seiten entstehen können. Es fällt in *Ihre* Zuständigkeit, langfristig zu denken und den CLV zu berücksichtigen, den Deckungsbeitrag, den ein Kunde während seines »Kundenlebens« realisiert. Es gibt Situationen, in denen:

- Sie der Erwachsene im Raum sein müssen. Sie sollten rational und logisch die besten Interessen beider Parteien in Ihre Überlegungen einbeziehen. Sie sollten gewillt sein, die richtigen Entscheidungen zu treffen und notfalls einen kurzfristigen Gewinn einer langfristig einträglichen Partnerschaft zu opfern.
- der Käufer Ihnen seine entblößte Kehle präsentiert, so dass Sie ihn leicht »erledigen« könnten; doch Sie sollten klug reagieren, indem Sie Ihre Beißhemmung bezwingen, sich auf ein langes Spiel einlassen und ihm erlauben, sein Gesicht zu wahren.
- Sie dem Verhandlungspartner transparent und aufrichtig die negativen Folgen für die Service- und Kundenerfahrung erklären sollten, wenn der Deal keinen Gewinn mehr beinhaltet oder die Konditionen nicht mit der Realität übereinstimmen.
- Sie von einem schlechten Deal Abstand nehmen sollten. Statt die langfristige Beziehung zu Ihren Stakeholdern (und Ihre Reputation) aufs Spiel zu setzen, überlassen Sie es der Konkurrenz, sich an der harten Nuss die Zähne auszubeißen, damit Sie überleben und sich neuen Herausforderungen stellen können.

Einmal arbeitete ich zusammen mit meinem Team an einem Monsterdeal mit einer großen regionalen Lebensmittelhandelskette. Das Unternehmen galt als Premium-Marke. Die Filialen waren makellos und die Kunden gehörten laut Statistik zur oberen Einkommensklasse.

Wir hatten gewissenhaft und methodisch zwei Jahre lang an dieser Chance gearbeitet. Schließlich ernannte uns die Stakeholder-Gruppe zum Anbieter der Wahl (VOC= vendor of choice). Daraufhin wurden wir an die Beschaffungsabteilung weitergereicht, um die Einzelheiten eines Multimillionen-Dollar-Vertrags mit fünfjähriger Laufzeit auszuhandeln, bei dem es um wöchentliche Dienstleistungen für mehr als 200 Filialen ging. Wir feierten!

Die Stakeholder-Gruppe entschied sich für meine Firma, weil wir uns einem Prozess der Qualitätskontrolle und Servicebereitstellung verpflichtet fühlten, der mit ihrem Wertesystem und ihren übergeordneten Zielsetzungen übereinstimmte. Unser Angebot wies einen höheren Einzelpreis aus als das Angebot anderer Mitbewerber, aber wir hatten erfolgreich nachgewiesen, dass sich die Gesamtkosten des Betriebs (TCO) im Verlauf des Vertrages verringern würden.

Am Verhandlungstisch schien das jedoch nicht länger ins Gewicht zu fallen. Aufgrund seiner Größe besaß das Unternehmen eine ungeheure Kaufkraft und Hebelwirkung. Das Beschaffungsteam war daran gewöhnt, diese Macht auszuspielen, mit der Wucht eines Vorschlaghammers. Lieferanten, die mit ihnen ins Geschäft kommen wollten, kapitulierten schon nach kürzester Zeit.

Wir wurden unverzüglich mit den niedrigeren Einzelpreisen konfrontiert, die unsere Mitbewerber zu bieten hatten. Diese Schnäppchenpreise beinhalteten übrigens nicht die Gewinnmargen, die erforderlich waren, um den Service- und Qualitätserwartungen der Stakeholder-Gruppe zu entsprechen. Abgesehen davon, dass sie uns auf der Preisebene fertigmachen wollten, führten sie auch stringente einseitige Konditionen ein, die schwere Strafen selbst für die kleinsten Probleme vorsahen – und keine Regressansprüche zuließen, wenn sich herausstellte, dass der Fehler ihnen und nicht uns anzulasten war.

Wir fühlten uns hin- und hergerissen. Der Deal war so gut wie perfekt ... wenn wir uns mit ihren Bedingungen einverstanden erklärten. Wir hätten einen Megakunden gewonnen und uns eine erstklassige Einkunftsquelle erschlossen, die wir dringend brauchten. Unsere Mannschaft hatte im Vergleich zum Rest des Unternehmens ein Leistungsdefizit und wir standen unter enormem Druck, das Ruder herumzureißen. Sich auf diese Konditionen einzulassen, hätte aber auch bedeutet, dass es schwer sein würde, einen Gewinn zu erzielen oder den hohen Erwartungen des Kunden gerecht zu werden.

Wir hatten lange und hart für den Deal gearbeitet und wir wünschten uns verzweifelt einen erfolgreichen Abschluss. Am Ende stiegen wir jedoch aus den Verhandlungen aus. Das war für uns die beste Alternative.

Die Entscheidung war dennoch qualvoll und herzzerreißend. Dieses Gefühl werde ich nie vergessen. Die andere Partei rückte keinen Millimeter von ihren Forderungen ab und es gelang uns nicht, sie auch nur zu den geringsten Zugeständnissen zu bewegen. Sie vergab den Auftrag an den Mitbewerber mit dem niedrigsten Preis.

Achtzehn Monate später läutete mein Telefon. Der Leiter der operativen Unternehmensplanung war am Apparat. Er erklärte, dass unser Konkurrent außerstande sei, an allen Fronten zu liefern, und ein Anbieterwechsel ins Haus stünde. Er wollte wissen, ob wir interessiert wären, uns noch einmal einzubringen.

Kurz danach handelten wir einen Vertrag mit erheblich besseren Konditionen aus. Das war vor siebzehn Jahren. Obwohl ich nicht mehr in der Firma tätig bin, arbeitet sie nach wie vor mit der Lebensmittelkette zusammen, und die Beziehung ist stärker als jemals zuvor.

Zufriedenheit und Wohlbehagen

Denken Sie mal einen Augenblick darüber nach, was Menschen in Wirklichkeit anstreben, wenn sie verhandeln. Es geht dabei nicht ausschließlich um Geld, Liefer- und Zahlungsbedingungen, Einsparungen, Risikominderung, Kapitalrendite, messbare Geschäftsergebnisse oder andere logische Aspekte, von denen wir glauben, dass sie auf dem Verhandlungstisch liegen. Verstehen Sie mich bitte nicht falsch. Diese Aspekte sind zweifellos wichtig, aber nicht das, worauf Menschen bei Verhandlungen eigentlich Wert legen.

Sie erhoffen sich von Verhandlungen in erster Linie Zufriedenheit und Wohlbehagen. Sie möchten:

- Wertschätzung erfahren, sich bedeutungsvoll fühlen,
- das Gefühl haben, gut verhandeln zu können,
- Stolz in Bezug auf die geleistete Arbeit empfinden,
- die Erwartungen ihrer Vorgesetzten erfüllen,
- die innere Zufriedenheit verspüren, die mit dem Erfolg einhergeht,
- das Gefühl haben, für ihr Team gewonnen zu haben,
- das Gesicht wahren und ihre Selbstachtung schützen.

Übrigens, Sie wünschen sich das Gleiche. Selbst die »Roboter« im Beschaffungswesen, die keinen emotionalen Bezug zu Ihnen oder den gekauften Produkten und Dienstleistungen entwickeln, möchten das Gefühl haben, eine lohnenswerte Arbeit zu verrichten, wenn sie Ihnen Zugeständnisse abringen. Auch bei ihnen ist Zufriedenheit ein Bedürfnis.

Dass Verkaufsverhandlungen mit Emotionen beginnen und enden, ist eine allseits bekannte Tatsache, die von den Neurowissenschaften nachgewiesen wurde[1]: Zuerst kommt das Gefühl, dann die Logik.

Und genau deshalb haben in jeder Verkaufsverhandlung die Beteiligten mit der größten emotionalen Disziplin die besten Chancen, das gewünschte Ergebnis zu erzielen. (Dieses Thema wird auf den Seiten dieses Buches wie ein Mantra regelmäßig wiederholt.)

---

1 Antonio Damasio, *Descartes' Error: Emotion, Reason, and the Human Brain* (New York: Putnam, 1994; überarbeitete Auflage, Penguin, 2005).

Folglich können wir Emotionen und Verhandlungen nicht voneinander trennen. Wir sollten uns daher bewusst machen, welche Rolle die Gefühle und Empfindungen spielen, die in der Hitze des Gefechts auftauchen, und in welchem Ausmaß sie die kurz- und langfristigen Ergebnisse prägen. Wir sollten uns Techniken aneignen, die uns ermöglichen, unsere disruptiven Gefühle zu steuern, über sie hinauszuwachsen und uns der Aufgabe zu widmen, die Gefühle und Verhaltensweisen anderer positiv zu beeinflussen.

In einem der nachfolgenden Kapitel tauchen wir tiefer in das Thema emotionale Disziplin ein. Lassen Sie uns zuerst noch einmal auf das Problem des heimlichen Grolls und der stillen Verachtung zurückkommen.

Heimlicher Groll und Verachtung

Was ist das Gegenteil von Zufriedenheit und Wohlbehagen? Richtig, Unzufriedenheit, heimlicher Groll. Und heimlicher Groll ist ein Nährboden, auf dem Verachtung gedeiht.

Heimlicher Groll und Verachtung sind die Fäulnisbakterien in einer Beziehung; sie entfalten ihre Wirkung unter der Oberfläche, oft unausgesprochen, lassen Bindungen, die Menschen schmieden, nach und nach verrotten, bis sie zerstört sind.

Heimlicher Groll kann Verbitterung, Verärgerung, Irritation, Unmut, Widerwillen, Verstimmung, Unzufriedenheit, Ressentiments, Missvergnügen, ungute Gefühle, negative Empfindungen, böses Blut, Entrüstung, Bosheit, Animositäten, Feindseligkeit, Neid, Antipathie, Gegnerschaft, Feindschaft und Hass[2] beinhalten. (Eine geballte Ladung Negativität.)

Verachtung wird als das Gefühl beschrieben, mit dem jemand alles betrachtet, was in seinen Augen boshaft, schäbig, niederträchtig oder wertlos ist oder mit Geringschätzung und Spott einhergeht.[3] Es handelt sich um einen Mangel an Respekt, begleitet von einem Gefühl intensiver Abneigung.[4]

Das sind sie beiden stärksten negativen Emotionen im Pantheon menschlicher Gefühle und Empfindungen.

Heimlicher Groll ist ein vielschichtiges, komplexes Gefühl, das wir in den meisten Fällen immer wieder in unserem Kopf abspulen und nachvollziehen, was letztendlich zu einem Gefühl der Verachtung führt. Groll wird häufig durch eine Kränkung oder emotionale Verletzung hervorgerufen, beispielsweise Zurückweisung, Erniedrigung, Gesichtsverlust (vor allem in Gegenwart anderer), eine vermeintliche Ungerechtigkeit, das Gefühl, ausgenutzt oder übervorteilt zu werden, Beschämung, Herabsetzung oder

---

[2] Google Dictionary
[3] Dictionary.com
[4] Vocabulary.com

Geringschätzung – vor allem, wenn der soziale Status und das persönliche Ansehen angegriffen werden.

Heimlicher Groll kann emotional so vereinnahmend sein, dass kein rationaler Zugang mehr zu demjenigen möglich ist, der sich in diesem Zustand befindet und von seinen Gefühlen besessen ist. Er löst schwelende Wut- und Hassgefühle aus, die sich unter Umständen sogar in einer Gefühlsexplosion entladen. Und schlimmer noch, er erzeugt Zynismus, Paranoia und Misstrauen. Er kann sich in eine Bestätigungsneigung verwandeln – die Neigung, Informationen als relevanter zu erachten, die eine bereits vorhandene Meinung unterstützen –, sodass man jegliches Verhalten der Person, gegen die man einen heimlichen Groll hegt, als Angriff deutet.

In einer Verkaufsverhandlung geht es nicht darum, »Win-win«-Ergebnisse zu schaffen, sondern für das eigene Team zu gewinnen. Sie sollte gleichwohl als dualer Prozess betrachtet werden, in dem es einen Ausgleich zwischen dem Sieg im Verhandlungspoker und dem Erhalt der Beziehung herzustellen gilt. Dieser Balanceakt erfordert Achtsamkeit, Empathie und Taktgefühl.

Am Verhandlungstisch sollte man niemals die langfristigen Folgen des erzielten Ergebnisses aus den Augen verlieren. Manchmal muss man aufstehen und der Erwachsene im Raum sein, um zu verhindern, dass sich künftig auf beiden Seiten heimlicher Groll breitmacht.

Deshalb ist es von entscheidender Bedeutung, dass Sie und Ihr Team verstehen, wie und warum am Verhandlungstisch Ressentiments entstehen. Sobald diese negativen Gefühle ausgelöst wurden, erschweren sie Kommunikation und Kooperation und setzen eine Abwärtsspirale in Gang, die sich nicht ohne Weiteres umkehren lässt. In dieser unhaltbaren Situation, die von Misstrauen und mangelnder Transparenz gekennzeichnet ist, lässt sich die Beziehung nicht mehr retten.

6 Regel Nummer eins: Erst gewinnen, dann verhandeln

Die erste und wichtigste Regel bei Verkaufsverhandlungen lautet: *Erst gewinnen, dann verhandeln.* Mit anderen Worten: Vermeiden Sie, über den Preis und die Konditionen zu verhandeln, bevor der Käufer oder die Stakeholder-Gruppe bestätigt, dass Sie der Anbieter der Wahl (VOC) sind.

Bis zu diesem Zeitpunkt lassen Sie sich nicht auf Verhandlungen ein. Sie müssen sich vielleicht mit Einwänden auseinandersetzen, einen Bieterkrieg mit Ihren Konkurrenten ausfechten, alle Hebel ohne Gegenleistung aus der Hand geben oder einseitige Zugeständnisse machen – ein Handel, den Sie aber nur mit sich selbst ausmachen. Verhandlungen mit Ihrem potenziellen Kunden müssen warten.

Sie beginnen erst *nach* Beendigung des Verkaufsprozesses und werden eröffnet, wenn Sie vom Käufer oder der Stakeholder-Gruppe als VOC bestätigt wurden.

Diese Wahl verändert die Motivationskurve Ihrer Gesprächspartner auf spektakuläre Weise. Sie reißt emotionale Mauern nieder und macht Undurchsichtiges transparent. Sie erleichtert die Realisierung einer Übereinkunft bei diesem Deal. Und besonders wichtig: Sie vertieft das Engagement der Stakeholder, dem Verkaufsvorgang zu einem guten Ergebnis zu verhelfen – womit sich die Wahrscheinlichkeit verringert, dass er in Ihrer Pipeline steckenbleibt.

Die Maxime »Erst gewinnen« trägt dazu bei, die emotionale Kontrolle zu bewahren, entspannt, souverän und selbstbewusst Ihre Interessen zu vertreten, Ihre Ziele zu erreichen und einen erfolgreichen Abschluss zu erzielen.

Rope-a-Dope: Eine klassische Ermüdungstaktik

Am Montagmorgen stellte Jason sein Angebot für die Vertragserneuerung der Leiterin des Bereichs Operative Planung und ihrem Team vor. Er hatte den Kunden während der letzten vier Jahre als Account Manager betreut.

Diesen wichtigen Großkunden an die Konkurrenz zu verlieren, würde verheerende Auswirkungen auf seine Provisionen und auf sein Verkaufsgebiet nach sich ziehen. Für ihn stand eine Menge auf dem Spiel.

Jason hatte sich bei der Betreuung dieses Kunden ein Bein ausgerissen und konnte handfeste Daten vorweisen, die den Mehrwert belegten, den sein Unternehmen geliefert hatte. Er war zweimal zum Lieferanten des Jahres gewählt worden. Er hatte innerhalb des Kundenunternehmens ein tiefgreifendes und weitverzweigtes Beziehungsnetzwerk geknüpft, aber er wusste, dass dieser Schlüsselkunde auch für andere Wettbewerber ein lohnenswertes Ziel darstellte, die sich alle Mühe gaben, ihn auszubooten.

Nach seiner Abschlusspräsentation hatte die Bereichsleiterin gesagt: »Jason, vielen Dank für Ihr Lösungskonzept. Es war gut durchdacht. Ihr Unternehmen und Sie haben uns im Lauf der Jahre immer gute Dienste geleistet. Aber wir stehen unter Druck, müssen bis zum Beginn des neuen Steuerjahres unsere Kosten senken. Deshalb haben wir auch von Ihren Konkurrenten Preisinformationen eingeholt. Aufgrund der Angebote, die bei uns eingegangen sind, muss ich Sie bitten, Ihren Preis noch einmal zu überdenken.«

»Das bedeutet, Sie haben vor, den Vertrag mit uns zu erneuern, und wir müssen uns nur noch auf den Preis einigen?«, hakte Jason zuversichtlich nach.

»Die Entscheidung ist noch nicht gefallen. Die Auftragsvergabe ist für Freitag geplant. Aber Sie haben bisher so gute Arbeit geleistet, dass wir Ihnen die Chance geben möchten, Ihre Preisgestaltung nachzubessern«, erklärte sie und deutete auf die Seite mit den Preisangaben.

Jason blieb fest. »Das weiß ich zu schätzen. Dennoch, ich stehe zu unserer Preisstellung. Sie ist wettbewerbsfähig und gewährleistet, dass wir Ihnen auch weiterhin das erwartete Dienstleistungsniveau bieten können.«

Damit endete die Besprechung. Als Jason auf den Parkplatz seiner Firma einbog, war er nervös. Aber er wusste, dass seine Preise marktkonsistent waren und sein Kunde bei einem Anbieterwechsel mit erheblichen Kosten und Problemen rechnen musste. Er hatte außerdem Fürsprecher im Kundenunternehmen, die auf seiner Seite standen und sich für ihn einsetzen würden.

Mittwochmorgen erhielt er einen Anruf von der Bereichsleiterin: »Jason, am Freitag fällt die Entscheidung wegen des Vertrags. Aufgrund unserer freundschaftlichen Beziehung möchte ich Ihnen noch einmal die Möglichkeit geben, am Preis zu arbeiten.«

Jason wiederholte noch einmal höflich, dass er sein Angebot angemessen fand.

Freitagmorgen läutete sein Telefon. Es war abermals die Bereichsleiterin. Sie machte erneut Druck. »Jason, wir werden heute Vormittag sämtliche Angebote noch einmal überprüfen, bevor wir eine endgültige Entscheidung treffen. Ich möchte Ihnen die letzte Gelegenheit geben, sich die Preise noch einmal anzuschauen. Ich empfehle es Ihnen dringend, unter uns gesagt.«

Jason lehnte freundlich ab und nahm sich die Zeit, um einmal mehr auf den Wert und die Vorteile einer kontinuierlichen, guten Geschäftsbeziehung hinzuweisen.

Um Punkt 13 Uhr rief ihn die Bereichsleiterin erneut an und erteilte ihm den Auftrag. Jason bedankte sich bei ihr und erklärte, dass er sich über die fortgesetzte Zusammenarbeit freue. Außerdem war er neugierig und erkundigte sich, warum man ihm den Vorzug vor seinen preiswerteren Konkurrenten gegeben hatte.

»Alle Mitbewerber nannten in etwa die gleichen Preise wie Sie, mit einer Ausnahme. Bei ihm lagen die Preise deutlich unter Ihren, aber wir hatten das Gefühl, uns nicht darauf verlassen zu können, dass er seine Zusagen einhalten würde. Es gab keinen zwingenden Grund, eines der anderen Angebote genauer unter die Lupe zu nehmen. Ich habe Sie nur auf die Probe gestellt, um zu sehen, ob Sie zu Preiszugeständnissen bereit sind.«

Das ist eine wahre Geschichte. Einkäufer, die mit allen Wassern gewaschen sind, lassen sich häufig auf solche Psychospielchen ein, um Angst bei den Verkäufern zu schüren und sie zu Preisnachlässen zu bewegen. Für die meisten Verkaufsmitarbeiter geht das Kräftemessen nicht so aus wie in diesem Fall. Sie sind unfähig, emotionale Disziplin zu wahren und hart zu bleiben. Unter Druck gehen sie mit sich selbst einen Handel ein und machen Zugeständnisse. Diese klassische Ermüdungstaktik, Rope-a-Dope genannt, wird dem Ausnahmeboxer Muhammad Ali zugeschrieben, der seine Gegner dazu brachte, ihre gesamte Energie bei dem Versuch zu verschwenden, Treffer zu landen (indem er sich in Abwehrhaltung in die Seile hängte).

Käufer benutzen die unterschiedlichsten Rope-a-Dope-Taktiken, um Sie zu einem Kräftemessen zu verleiten und emotional auszulaugen, bevor Sie auch nur an den Verhandlungstisch gelangen. Sie bringen Sie dazu, einen Handel mit sich selbst einzugehen, sodass Sie sowohl Ihre Hebel als auch Ihre Energie einbüßen, bevor die Verhandlungsrunde überhaupt eingeläutet wird. In diesem geschwächten Zustand fällt es ihnen leicht, Sie auf die Bretter zu schicken und den Sieg für ihr Team zu holen.

Und woher weiß ich, dass ich gewonnen habe?

Wenn ich Verkaufsprofis in meinen Verhandlungskompetenztrainings dringend nahelege, erst zu gewinnen und dann zu verhandeln, bekomme ich immer wieder zu hören:

Das ergibt doch keinen Sinn. Woher soll ich denn wissen, dass ich gewonnen habe? Ich meine, wenn ich gewonnen habe, erübrigen sich doch die Verhandlungen, oder?

Dass mein Konzept »Erst gewinnen, dann verhandeln« Verkaufsprofis verwirrt, liegt vor allem daran, dass sie nie in dieser Lage waren. Sie haben keine Ahnung, wie es sich anfühlt, noch vor Verhandlungsbeginn als VOC bestätigt zu werden.

1. Sie sind stattdessen bestrebt, potenziellen Kunden ihre Produkte oder Dienstleistungen aufs Auge zu drücken.

2. Sie versuchen bei ihren Präsentationen, sie mit Funktionalitäten und Zusatzleistungen zu beharken, statt Fragen zu stellen und nachzuforschen, was sie wirklich brauchen.

3. Sie überspringen wichtige Schritte im Verkaufsprozess.

4. Sie überlassen die Kontrolle über das Verkaufsgespräch und den Verkaufsprozess den potenziellen Kunden.

5. Sie geben das typische Marketing-Gefasel von sich, statt maßgeschneiderte Lösungen und messbare Geschäftsergebnisse vorzulegen.

Da sie mit ihrem Ansatz in fast jeder Phase des Verkaufsprozesses zum Scheitern verurteilt sind, lassen sie sich von der ersten Besprechung an auf einen Preiskampf ein. Es kommt nicht selten vor, dass der Preis schon in den ersten Minuten der ersten Begegnung mit einem der Stakeholder gesenkt wird. Da sie keine einzigartigen Merkmale ihres Lösungskonzepts an den Verhandlungstisch mitbringen, können sie sich nur über den Preis von der Konkurrenz abheben. Und genau auf diesem Terrain werden sie von den Käufern vernichtend geschlagen.

Bedauerlicherweise sind solche Verkaufsmitarbeiter der Meinung, das sei das A und O beim Verhandeln. Aber sie verhandeln nicht mit dem Käufer, sondern mit sich selbst.

Damit haben sie sich in eine Lage manövriert, in der sie nur noch zwischen Pest und Cholera wählen können – zwischen Käufern, die Preiszugeständnisse verlangen, und ihren Vorgesetzten, die fordern, dass sie härter verhandeln. Das Ergebnis? Angeschlagenes Selbstvertrauen, trübselige einseitige Gespräche mit den Stakeholdern, Einkommenseinbußen und mangelnde Selbstachtung.

Meine Lieblingsaussage

Ich habe immer gesagt, dass ich nach der Vorlage meines endgültigen Angebots von den Käufern am liebsten zu hören bekomme: »*Wir würden wirklich gerne mit Ihnen ins Geschäft kommen, aber ...*« Diese Aussage gefällt mir deshalb so gut, weil sie darauf hindeutet, dass ich die erste Runde bereits gewonnen habe. Ich bin der VOC, der Anbieter der Wahl. Ich bin derjenige, dem meine potenziellen Kunden am ehesten zutrauen, eine Lösung ihrer Probleme zu finden und ihnen zu dem gewünschten Geschäftsergebnis zu verhelfen.

Das heißt, dass ich sie überzeugt habe. Ich habe meine Aufgaben im Verkaufsprozess erfüllt; jetzt müssen wir nur noch das *Aber* verhandeln. Es gilt, die *Wertekluft* zu überbrücken – den Raum zu füllen zwischen der Einschätzung des Lösungsszenarios und Angebots aus meiner Sicht und aus der Perspektive der Kunden.

Der Begriff *Angebot* ist in diesem Zusammenhang wichtig. Ich lehne es kategorisch ab, zu verhandeln, bevor ich ein formales Angebot vorgelegt habe. Bis zu diesem Punkt muss ich mich vielleicht mit knallharten Fragen, Einwänden oder Forderungen nach Preiszugeständnissen auseinandersetzen, um den Verkaufsprozess überhaupt in Gang zu bringen, aber ich bleibe standhaft, bis die Wahl auf mich gefallen ist. Ich verhandle nicht. Punkt.

Ein Angebot ist im Wesentlichen ein schriftlicher Kaufvorschlag – beispielsweise in Form einer Präsentation, eines Kostenvoranschlags, einer formalen Leistungsbeschreibung, einer Antwort auf eine Angebotsnachfrage oder eines Vertragsentwurfs, den Sie präsentieren. Bei einfachen transaktionalen Verkaufsvorgängen kann es sich auch um ein mündliches Angebot oder eine veröffentlichte Preisliste handeln.

Verhandlungen über den Preis und die Konditionen kann es erst geben, wenn ein Angebot vorliegt. Wenn Sie sich schon vorher auf Beschwichtigungstaktiken und Zugeständnisse einlassen, verhandeln Sie mit sich selbst, was die Position der anderen Seite stärkt und Ihre Position schwächt.

Direkte Wahl

In einigen Fällen erklären Ihre Stakeholder unumwunden, dass sie mit Ihnen ins Geschäft kommen möchten.

Das kann in Form einer mündlichen Zusage geschehen, die eindeutig darauf hinweist, dass Sie die erste Wahl sind, beispielsweise: »Wir würden gerne Ihnen den Auftrag erteilen.«

In anderen Fällen, vor allem bei komplexen Verkaufsprozessen, die über eine Angebotsanfrage oder Ausschreibung laufen, stellen Ihnen die potenziellen Kunden den Vertrag in Aussicht, jedoch mit der Einschränkung, dass bestimmte Positionen verhandelt werden müssen und Ihr Angebot den firmeninternen Auftragsvergabeprozess durchlaufen muss.

Indirekte Wahl

In anderen Fällen findet die Wahl indirekt statt. Das erfordert, dass Sie Ihre Intuition schärfen und genau hinhören. Sie achten darauf, wie die Stakeholder mit Ihnen interagieren, wie transparent die Antworten auf Ihre Fragen sind, was sie über Ihre Konkurrenten erwähnen und in welchem Maß sie bereit sind, den Kaufprozess auf Ihren Verkaufsprozess abzustimmen.

Bei größeren Geschäftsabschlüssen, zu denen Berater oder Unterstützer aus dem Topmanagement hinzugezogen werden, erhalten Sie vielleicht inoffiziell die Nachricht, dass man sich für Sie entschieden hat. In den meisten Fällen weiß ich dann, dass ich gewonnen habe.

Wenn Sie nach indirekten Hinweisen Ausschau halten, dass Sie die erste Runde gewonnen haben, sollten Sie Ihre Aufmerksamkeit auf fünf typische Merkmale richten:

- Das emotionale Engagement der Stakeholder-Gruppe, ihre Bereitschaft, sich im gleichen Maß wie Sie um eine Übereinkunft zu bemühen, und das fortgesetzte Bestreben, zeit- und handlungsspezifische Mikroverpflichtungen einzugehen und einzuhalten.
- Positive Signale von Unterstützern aus dem Topmanagement und Beratern, als würden sie Ihnen »ins Ohr flüstern«, dass Sie den Kunden gewonnen haben.
- Klare Anzeichen dafür, dass Ihre Mitbewerber aus dem Rennen sind.
- Das offensichtliche Fehlen einer brauchbaren Alternative.

- Engagement im Hinblick auf die künftige Implementierung der Vereinbarungen, Installation von Geräten, Umstellung von Arbeitsabläufen, Datenmigration oder Liefertermine.

Wenn Sie das Gefühl haben, dass vor Verhandlungsbeginn eine indirekte oder stillschweigende Wahl getroffen wurde, sollten Sie innehalten und auf eine direkte, ausdrückliche Wahl hinarbeiten.

Stakeholder: »Das sieht gut aus. Uns gefällt Ihre Plattform. Doch der Preis pro Arbeitsplatzlizenz übersteigt unser Budget. Wir müssten uns auf 50 Dollar pro Lizenz einigen, damit sich das Ganze für uns rechnet. Ihre Mitbewerber verlangen deutlich weniger. Was können wir machen?«

Verkaufsmitarbeiterin (im Abschlussmodus): »Okay. Eine Frage: Wenn es mir gelingt, Ihrem Wunsch zu entsprechen, können Sie die Vereinbarung dann noch heute absegnen lassen und den Vertrag unterschreiben?«

Stakeholder: »Ja. Wir sind bereit, den Auftrag an Sie zu vergeben.«

Verkaufsmitarbeiterin: »Wunderbar. Ich werde sehen, was ich tun kann. Können wir um 14 Uhr ein Abschlussgespräch mit allen Beteiligten anberaumen?«

Sie haben vielleicht bemerkt, dass die Verkaufsmitarbeiterin in diesem Beispieldialog ihren Hebel – die Möglichkeit eines niedrigeren Preises pro Arbeitsplatzlizenz für die Software as a Service Plattform (SaaS) – ins Spiel gebracht hat, um den Stakeholder zu motivieren, sich für ihr Unternehmen zu entscheiden. Aber sie hat nichts verschenkt und keine bindende Zusage gemacht, außer dass sie sich bemühen wird, seinen Budgetanforderungen zu entsprechen. Sie hat außerdem einen Termin für eine formale Abschlussbesprechung und Vertragsunterzeichnung erhalten und sich Zeit gelassen, um ihre Vorgehensweise zu planen.

Der erste Schritt zu Spitzenleistungen in Verkaufsverhandlungen besteht darin, Regel Nummer eins zu verinnerlichen: Erst *gewinnen, dann* verhandeln.

7 Das richtige Timing: Der Umgang mit Finten und Einwänden

Ein großes Problem von Verkaufsmitarbeitern ist die Neigung, schon zu Beginn der Verhandlungen auf Finten hereinzufallen und sich mit einseitigen Zugeständnissen Handschellen anzulegen.

Solche Finten dienen dazu, Sie von Ihrem Fokus abzubringen, Sie in die Irre zu führen oder Ihre Aufmerksamkeit vom Ziel Ihres Verkaufsgesprächs abzulenken. Wenn Ihnen die Stakeholder beispielsweise schon vor der ersten Besprechung, noch vor der Situationsanalyse erzählen, dass sie online recherchiert und festgestellt haben, dass die Preise Ihrer Mitbewerber wesentlich niedriger sind, wollen sie lediglich herausfinden, ob Sie bereit sind, gleichzuziehen.

Es ist leicht, sich in Situationen hineinmanövrieren zu lassen, in denen Sie auf diese Weise Ihre Preisgestaltung verteidigen müssen und sowohl die Kontrolle über das Gespräch als auch Ihren Verhandlungshebel verlieren. Deshalb sollten Sie um jeden Preis vermeiden, sich von solchen Finten ablenken zu lassen. Statt die Agenda zu steuern und den nächsten zielführenden Schritt einzuleiten, um den Verkaufsprozess voranzubringen und den Hebel in der Hand zu behalten, beginnen Sie, mit sich selbst zu verhandeln.

Ohne zu überlegen, verlieren Sie die emotionale Kontrolle und verschenken Konditionen und Rabatte. Oder Sie machen spezifische Zusagen, bevor Sie eine vollumfängliche Kundenqualifizierung durchgeführt, den potenziellen Kunden in die Situationsanalyse einbezogen, mehr Einblick in seine Wertvorstellungen, Probleme, Chancen, gewünschte Ergebnisse und Metriken, die zählen (MTM = Metrics that Matter) erhalten und eine lückenlose Argumentationskette aufgebaut haben, die für Sie als Anbieter der Wahl spricht.

Finten werden häufig beim Einstieg in Verkaufsbesprechungen, zu Beginn von Produkt- und Dienstleistungsdemos oder Präsentationen und bei Präsentationen vor Stakeholder-Gruppen eingesetzt. Sie wirken oft ganz unverfänglich – bestehen aus einfachen Aussagen oder Fragen:

- »Also, bevor wir weiterreden, muss ich sicher sein, dass Sie nicht zu teuer sind.«
- »Ihr Konkurrent hat uns diesen Preis genannt. Können Sie mithalten?«
- »Sie sollten wissen, dass wir keinen langfristigen Vertrag abschließen wollen.«
- »Ihr Konkurrent hat uns … … in Aussicht gestellt. Können Sie uns das Gleiche bieten?«
- »Das ist unser gesamtes Budget für dieses Projekt. Können Sie damit arbeiten?«
- »Wir haben bereits mit Ihrer Konkurrenz gesprochen, die einige verlockende Kaufanreize bietet. Erzählen Sie uns, was Sie für uns tun können, im Gegensatz zu den anderen Mitbewerbern?«

Fallen Sie nicht auf solche Finten herein! Andernfalls kapern die Stakeholder Ihre emotionale Kontrolle und legen Ihre Fähigkeit lahm, effektiv zu verhandeln. Wenn Sie diesen falschen Fährten folgen,

- geben Sie Ihren Hebel ohne Gegenleistung aus der Hand,
- lassen Sie sich von den Stakeholdern und möglicherweise auch von der Konkurrenz in die Karten schauen,
- überspringen Sie den Verkaufsprozess,
- schwächen Sie Ihre Machtposition und
- überlassen Sie die Kontrolle den Stakeholdern und werden zu ihrer Marionette.

Wenn Sie sich in einer Verhandlung einer Finte gegenübersehen, ist die emotionale Kontrolle das A und O. Auch wenn Ihr Gehirn Ihnen vorgaukelt, dass Sie den Verkaufsprozess abkürzen und in Nullkommanichts handelseinig werden können, sollten Sie diesem Impuls nicht nachgeben. Auch wenn Sie sich verpflichtet fühlen, Fangfragen zu beantworten, und sich bemüßigt fühlen, es dem Käufer recht zu machen, vergessen Sie's!

Halten Sie sich an den Verkaufsprozess. Er ermöglicht Ihnen, eine lückenlose Argumentationskette aufzubauen, die Ihre Verhandlungsmacht stärkt und Ihnen am Verhandlungstisch Hebel verschafft.

PAIS

Wenn Sie während der Verhandlungen mit einer Finte konfrontiert werden, sollten Sie Ihre Gefühle und Reaktionen im Griff haben. Impulskontrolle ist von elementarer Bedeutung. Geduld ist eine Tugend.

Sich an einer Finte vorbei zu manövrieren, erfordert enorme emotionale Disziplin, um mit entspanntem, souveränem Selbstvertrauen zu reagieren und die Unterhaltung in die richtigen Bahnen zu lenken. Dabei hilft Ihnen ein einfaches Rahmenwerk, das Ihnen die Kontrolle der emotionalen Impulse erleichtert, und das ist PAIS (Abbildung 7.1):

Pause

Aktiv zur Kenntnis nehmen

Ignorieren

Speichern

Pause: Wenn Ihr Stakeholder versucht, Sie schon am Anfang des Verkaufsprozesses in Verhandlungen zu verwickeln, bevor er bestätigt hat, dass Sie der Anbieter der Wahl sind, sollten Sie innehalten und Ihre Gefühle einfangen, bevor Sie darauf reagieren.

7 Das richtige Timing: Der Umgang mit Finten und Einwänden

P — Die **Pausetaste** drücken und die Gefühle einfangen

A — **Aktiv** zur Kenntnis nehmen. Die Stakeholder wissen lassen, dass Sie aufmerksam zugehört haben

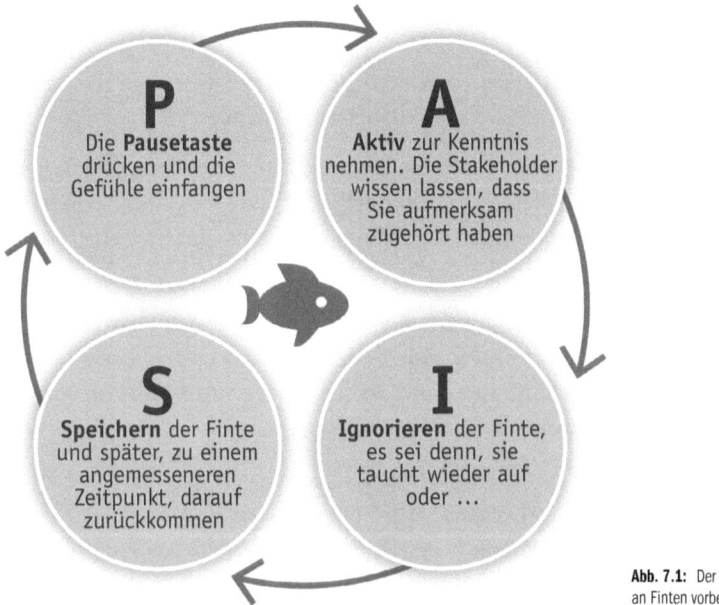

I — **Ignorieren** der Finte, es sei denn, sie taucht wieder auf oder …

S — **Speichern** der Finte und später, zu einem angemesseneren Zeitpunkt, darauf zurückkommen

Abb. 7.1: Der PAIS-Rahmen hilft Ihnen, sich an Finten vorbei zu manövrieren.

Aktiv zur Kenntnis nehmen: Lassen Sie die Stakeholder wissen, dass Sie aufmerksam zugehört haben. Sagen Sie beispielsweise: »Bevor wir zum Thema Preisstellung kommen, sollten wir uns vergewissern, dass unsere Lösung wirklich die richtige für Sie ist. Darf ich Ihnen ein paar Fragen stellen, um Ihre Situation und die Ihres Unternehmens besser zu verstehen?«

Meine bevorzugte Strategie, eine Finte aktiv zur Kenntnis zu nehmen, besteht darin, mir Notizen zu machen. Die Aussage schriftlich festzuhalten, vermittelt den Stakeholdern den Eindruck, dass dieser Punkt wichtig ist, ohne mich verleiten zu lassen, vorzeitig Zugeständnisse zu machen oder meine Hebel aus der Hand zu geben.

Ignorieren oder speichern: Wenn Sie eine Pause einlegen und die Aussage aktiv zur Kenntnis nehmen, schaffen Sie Raum zwischen der Finte und Ihrer Reaktion, sodass Sie eine bewusste Entscheidung über Ihren nächsten Schritt treffen können – gleich ob Sie die Finte völlig ignorieren, sie abspeichern und zu einem späteren Zeitpunkt der Unterhaltung ansprechen oder unverzüglich den Abschluss ansteuern, wie in *seltenen Fällen* bei transaktionalen Verkaufsvorgängen, sobald klare Kaufsignale vorliegen.

Meine Standardmethode besteht darin, die Finte zu ignorieren. Ich habe im Verlauf meiner lebenslangen Tätigkeit im Verkauf gelernt, dass die meisten anfänglichen Handlungsimpulse verblassen, sobald sich die Stakeholder auf ein Verkaufsgespräch einlassen. Ich nehme die Sorge oder den Verhandlungswunsch aktiv zur Kenntnis, indem ich eine offene Frage stelle, die inhaltlich in keinem Zusammenhang dazu steht, sie aber motiviert, zu antworten und ihre Geschichte zu erzählen.

Einwände versus Verhandlung

Verhandlungen sollten erst gegen Ende des Verkaufsprozesses eröffnet werden. Einwände tauchen in vielen Phasen des Verkaufsprozesses auf.

Einwände werden vorgebracht, bevor Sie die erste Runde gewonnen haben, bevor der Stakeholder bestätigt, dass Sie der Anbieter der Wahl sind. Einwände stehen für Fragen, Ängste, Sorgen, Risikoscheu und die Neigung, am Status quo festzuhalten. Sie stellen Hindernisse auf dem Weg zum Verkaufsabschluss dar.

Einwände sind keine Verhandlungsthemen, auch wenn es sich bisweilen so anfühlen mag. Es ist wichtig, sich den Unterschied vor Augen zu halten, denn das Versäumnis, diesen Signalen die gebührende Aufmerksamkeit zu widmen, kann dazu verleiten, zum falschen Zeitpunkt zu verhandeln.

Wenn Stakeholder erklären: »Sie sind zu teuer«, kann sich dahinter ein Einwand oder ein Verhandlungsversuch verbergen. An diesem Punkt müssen Sie einen Gang zurückschalten und klären, was damit gemeint ist; handelt es sich um einen Einwand, gilt es, herauszufinden, ob er die einzige Hürde auf dem Weg zum Ziel ist, und sie entweder weitestgehend minimieren oder sich die Zusage geben lassen, dass Sie der Anbieter der Wahl sind, wenn es Ihnen gelingt, diese Hürde aus der Welt zu schaffen. Und *danach* verhandeln Sie.

Wenn Stakeholder dagegen erklären: »Mir gefällt alles, was Sie anzubieten haben, und wir sind bereit, loszulegen, aber Sie müssten uns mit dem Preis entgegenkommen. Was können wir machen?«, haben Sie die erste Runde gewonnen und es ist an der Zeit, mit den Verhandlungen zu beginnen.

((In meinem Buch *Objections: The Ultimate Guide for Mastering the Art and Science of Getting Past No* finden Sie weitere Informationen über die vier Arten der Einwände, denen Sie sich im Verkauf gegenübersehen.))

8 Die vier Ebenen der Verkaufsverhandlung

Bei Verkaufsverhandlungen gibt es vier Ebenen, die Einfluss auf die Rahmenbedingungen haben, unter denen die Parteien verhandeln. Die Verhandlungsstrategie ändert sich, wenn die Komplexität und das Risiko des ausgehandelten Ergebnisses für die Verhandlungspartner wachsen.

Verhandlungen bei transaktionalen Verkaufsvorgängen

Bei transaktionalen Verkaufsverhandlungen steht grundlegend das Feilschen um den Preis im Vordergrund. Der Erhalt der Beziehung fällt weniger ins Gewicht als der Erhalt von Preis und Gewinnspanne. Verhandlungen auf dieser Ebene finden beispielsweise beim Kauf eines Autos oder einer Antiquität auf dem Flohmarkt statt.

Transaktionale Verkaufsverhandlungen gehen typischerweise schnell und vehement über die Bühne. Man steigt leichter aus den Verhandlungen aus, wenn der Wert des Verhandlungsgegenstands zu gering oder der geforderte Preis zu hoch ist. Beim Feilschen steht die emotionale Motivation, einen Abschluss zu erzielen, im Mittelpunkt. Die Partei, die am meisten daran interessiert ist, das Geschäft abzuwickeln, macht in der Regel die meisten Zugeständnisse.

1. Geringes Risiko.
2. Niedriges bis mittleres Transaktionsvolumen – in manchen Fällen, beispielsweise bei einem Verkauf von Gebrauchsgütern in großen Mengen, kann es sich um ein Geschäft mit hohem Volumen handeln.
3. Der Preis ist das Einzige, was zählt.
4. Der Erhalt der Kundenbeziehung ist zweitrangig; als Gewinner beim Tauziehen um den Preis hervorzugehen und die Auftragserteilung stehen an erster Stelle.
5. Ein Wettkampf auf dem Gebiet der emotionalen Willenskraft und Disziplin.

Verhandlungen bei mehrwertorientierten Verkaufsvorgängen

Mit einem mehrwertorientierten Verkaufsvorgang verändern Unternehmen die Wahrnehmung ihrer Produkte. Die Verhandlungen schließen sowohl den Preis als auch die Konditionen für bestimmte, genau definierte Dienstleistungen oder einen Zusatznutzen ein, beispielsweise Installation, Garantien, fortlaufende Wartung usw. Wenn Sie beispielsweise einen Ausrüstungsgegenstand verkaufen, bieten Sie vielleicht noch kostenlose Konfiguration und Tests als Teil des Gesamtpakets an.

Der Verkaufszyklus ist hier normalerweise kurz. In der Regel gibt es, abgesehen von Auftragserteilungen, Übereignungsurkunden oder Bestellformularen, keine formalen Verträge. Falls schriftliche Vereinbarungen getroffen werden, sind sie kurz und schmerzlos abgefasst und beinhalten die Standard-Geschäftsbedingungen, die keiner Verhandlung bedürfen oder nicht verhandelbar sind.

Der Preis steht auch bei mehrwertorientierten Verkaufsvorgängen im Mittelpunkt der Verhandlungen; Zahlungs- und Lieferbedingungen können als Hebel eingesetzt werden, um die Gewinnspanne zu sichern. Der Erhalt der Beziehung zählt jedoch, da Dienstleistungen als Zusatznutzen angeboten werden und der Customer Lifetime Value geschützt werden soll, womit sich die Wahrscheinlichkeit von Wiederholungskäufen erhöht.

1. Geringes Risiko.

2. Niedriges bis mittleres Transaktionsvolumen – in manchen Fällen, beispielsweise bei Investitionsgütern, kann es sich um ein Geschäft mit hohem Volumen handeln.

3. Der Preis hat hohe Priorität.

4. Die Konditionen fallen weniger ins Gewicht.

5. Die Konditionen werden oft als Hebel eingesetzt (wertorientierter Handel), um die Gewinnspanne zu sichern.

6. Der Erhalt einer langfristigen Beziehung wird berücksichtigt, um Wiederholungskäufe zu fördern.

Verhandlungen bei komplexen Verkaufsvorgängen

Komplexe Verkaufsvorgänge sind durch längere Verkaufszyklen gekennzeichnet und beziehen in vielen Fällen mehrere Stakeholder ein. Die Verträge enthalten meistens vielschichtige Konditionen. Aufgrund dessen werden Preis und Liefer- und Zahlungsbedingungen oftmals gleich gewichtet. Ein Servicevertrag, der sich auf fünf Jahre und 500 000 Dollar beläuft, könnte beispielsweise jährliche Preissteigerungen, Servicegrad-Garantien und eine automatische Verlängerungsklausel enthalten.

Der Preis wird oft zuerst ausgehandelt, dann folgen die allgemeinen Vertragsbedingungen. Die Preisverhandlungsphase ist in der Regel kurz, während sich die Verhandlungen über die Konditionen hinziehen können – vor allem, wenn Mitarbeiter der Rechts- oder Beschaffungsabteilung hinzugezogen werden.

Wenn Sie im Zuge eines komplexen Verkaufsvorgangs verhandeln, ist Ihre Effektivität in der Phase der Situationsanalyse der Schlüssel zum Erfolg Ihres Teams. Ihr Hebel leitet sich aus dem Verständnis der gewünschten Geschäftsergebnisse auf Seiten der

Stakeholder-Gruppe her, aus den Auswirkungen dieser Ergebnisse, den Folgen des Abwartens oder Nichtstuns, den Folgen eines gescheiterten Lösungsversuchs und aus den MTM (metrics that matter), den Kenngrößen oder Metriken, die für Ihr Unternehmen zählen.

Da solche Deals langfristige Konsequenzen für beide Parteien haben, enthalten sie ein erheblich größeres Risiko als transaktionale und mehrwertorientierte Verkaufsvorgänge. Hier spielen auch die langfristigen Beziehungen eine Rolle, und sie zu schützen, ist gleichermaßen wichtig.

1. Mittleres bis hohes Risiko.
2. Mehrere Stakeholder.
3. Mittleres bis hohes Transaktionsvolumen.
4. Preis und Konditionen gleichermaßen wichtig.
5. Lösungsszenario ist auf die Folgen des Geschäftsergebnisses und die MTM fokussiert.
6. Erhalt der langfristigen Beziehungen hat hohe Priorität.

Verhandlungen bei Verkaufsvorgängen auf Unternehmensebene

Verhandlungen auf Unternehmensebene bergen schwerwiegende Risiken für alle Beteiligten. Hier geht es um größere Deals, die durch zähe, lange Verkaufsprozesse und ein breit gefächertes Stakeholder-Spektrum gekennzeichnet sind und Ereignisse beinhalten können, die oft grundlegende Veränderungen für beide Unternehmen mit sich bringen. Sie beinhalten ausgeklügelte Verträge, komplexe Konditionen und potenziell negative Auswirkungen für den Fall, dass eine der beiden Verhandlungsparteien vertragsbrüchig werden sollte.

Aufgrund dessen stehen die Konditionen im Mittelpunkt, auf die sich der Fokus der Verkaufsverhandlungen richtet. Die ökonomischen Faktoren haben dennoch hohe Priorität – wenngleich sie nicht annähernd so wichtig sind wie die Einigung auf die Vertragsbedingungen. Häufig sind sie in die Vertragsbedingungen eingewoben und lassen sich nicht von ihnen trennen. Einen Beratervertrag für eine cloudbasierte digitale Transformation mit einem multinationalen Konzern auf den Weg zu bringen, erfordert unter Umständen jahrelange Arbeit von Dutzenden Personen, die sich tief in die geschäftlichen Aktivitäten des potenziellen Kunden hineinknien, und eine Preisstruktur, die sich an den Meilensteinen der Performance – dem Leistungsverhalten der Hard- und Software – und den messbaren Geschäftsergebnissen ausrichtet.

Der lange Verkaufs- und Kaufprozess beinhaltet eine Überprüfung zahlreicher Anbieter im Vorfeld – meistens über eine formale Angebotsanfrage. Der Wettbewerb ist relativ ausgewogen, was zu Preistransparenz führt, sodass der Einstiegspreis am Verhandlungstisch geringere Priorität hat. Stattdessen sind die Gesamtkosten des Betriebs (TCO), die messbaren Geschäftsergebnisse und die Kapitalrendite stärker gewichtet.

Die Ausarbeitung der Vertragsbedingungen kann mehrere Monate in Anspruch nehmen und ist oft Aufgabe der Rechts- oder Beschaffungsabteilung – oder beider.

Wenn Sie einen Deal auf Unternehmensebene aushandeln, sind Berater und/oder Unterstützer aus dem Topmanagement sowie gute Beziehungen zu anderen Stakeholdern in Schlüsselpositionen entscheidend für Ihre Fähigkeit, vorteilhafte Konditionen auszuhandeln. Sie verbessern Ihre Verhandlungsposition mit einem starken Fürsprecher auf einer der oberen Leitungsebenen an Ihrer Seite, der bereit ist, sich für Sie einzusetzen und die verfügbaren Alternativen der Beschaffungsabteilung auszuklammern, wenn Sie unter Hochdruck stehen.

1. Massives Risiko – Fehler können extreme Konsequenzen haben.

2. Extrem hohes Transaktionsvolumen.

3. Breit gefächertes Stakeholder-Spektrum.

4. Konditionen fallen stärker ins Gewicht als der Preis.

5. Eine starke Argumentationskette, ausgerichtet an den messbaren Geschäftsergebnissen (MBO= Measurable Business Outcomes), und eine tiefgreifende Beziehung zur Stakeholder-Gruppe festigen Ihre Machtposition.

6. Der Erhalt der Beziehung ist von essenzieller Bedeutung.

Sowohl bei komplexen als auch bei Verkaufsvorgängen auf Unternehmensebene ist der Schlüssel zum Gewinn Exzellenz während des gesamten Verkaufsprozesses. Sie müssen eine hieb- und stichfeste Argumentationskette aufbauen, die zeigt, warum Sie als einziger Anbieter die gewünschten Geschäftsergebnisse der Stakeholder-Gruppe und die erwartete Kapitalrendite liefern können.

Verhandlungsparameter

In einem der nächsten Kapitel werden wir detaillierter auf die Auswirkungen der Verhandlungsparameter im Verkaufsprozess eingehen. Wichtig ist an dieser Stelle, dass sie als Leitlinie für Ihre Strategien und Taktiken dienen sollten, wenn Sie auf die Verhandlungsphase zusteuern. Sie spielen auch eine wichtige Rolle auf dem Verhandlungsschachbrett, da beide Parteien um Hebel und Machtpositionen kämpfen.

8 Die vier Ebenen der Verkaufsverhandlung

Ihre Verhandlungsparameter	Gering	Mittel	Hoch	Kritisch	Verhandlungsparameter der Stakeholder	Gering	Mittel	Hoch	Kritisch
Risikoprofil					Risikoprofil				
Nutzen					Nutzen				
Preisstellung/ ökonomische Faktoren					Preisstellung/ ökonomische Faktoren				
Konditionen					Konditionen				
Beziehung					Beziehung				

Abb. 8.1: Parameter in Verkaufsverhandlungen

Teil III
Verhandlungsstrategie: Motivation, Leverage und Powerposition (MLP)

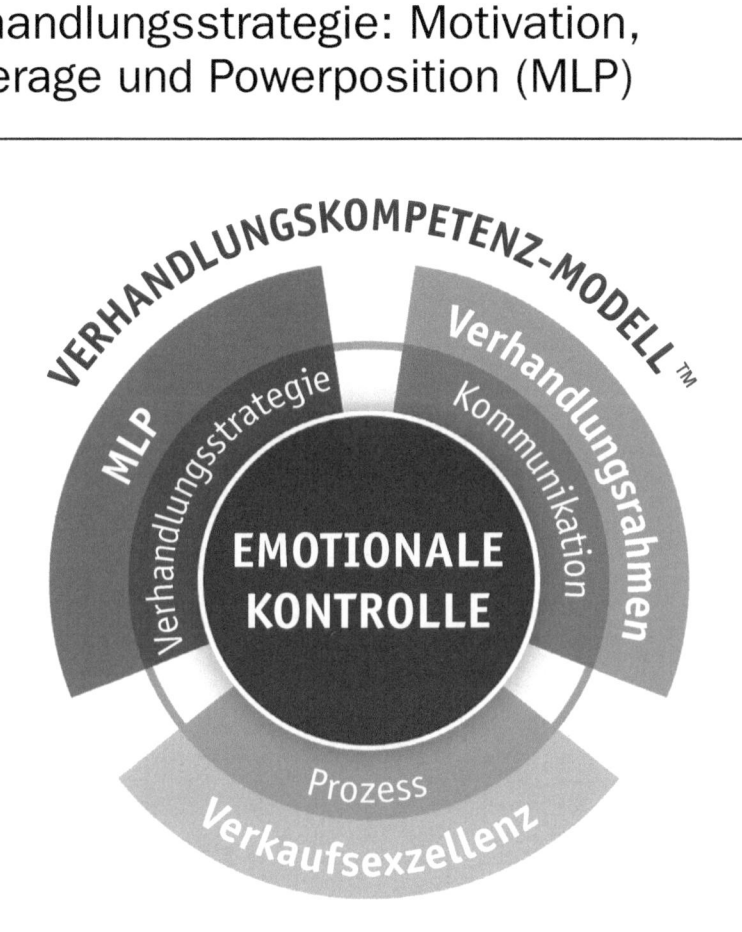

9 Die MLP-Strategie

Eine Verkaufsverhandlung ist zum Teil Schachspiel, zum Teil eine Pokerrunde und zum Teil Verkaufs-EQ, sprich emotionale Intelligenz. Sie ist strategisch und taktisch ausgerichtet.

Beide Parteien haben eine Liste mit den erwünschten Ergebnissen ausgearbeitet. Der Käufer tätigt einen Kauf, um eine Sorge zu beseitigen, ein Problem zu lösen, eine Chance zu nutzen und letztendlich ein messbares Geschäftsergebnis und eine Kapitalrendite zu erzielen. Der Verkäufer ist daran interessiert, einen Profit zu erzielen, Wachstum voranzutreiben, Provisionen und Boni zu verdienen und dem Käufer bei der Realisierung der angestrebten Ergebnisse zu helfen.

Ihre Aufgabe besteht darin, für Ihr Team zu gewinnen und gleichzeitig die guten Beziehungen aufrechtzuerhalten. Der Käufer ist darauf fokussiert, den bestmöglichen Preis und optimale Konditionen zu erhalten, oft ohne große Rücksicht auf die Beziehung.

In den meisten Situationen hat der Käufer eine Position inne, die mit mehr Macht und mehr Leverage, sprich Hebeln, einhergeht. Doch in vielen Fällen befinden Sie sich in einer Position der Stärke, haben mehr Hebel in der Hinterhand und genug Verkaufschancen in Ihrer Pipeline, um Ihren Impuls, sich auf Zugeständnisse einzulassen, zu dämpfen.

Motivation, Leverage (Hebelwirkung) und Powerposition (MLP) stellen das Schachbrett der Verkaufsverhandlungen dar. Von dem Augenblick an, in dem Sie einen potenziellen Kunden in den Verkaufsprozess einbinden können, bis zu dem Moment, in dem die sprichwörtliche Tinte auf dem Vertrag getrocknet ist, sollte Ihr oberstes Gebot darin bestehen, die MLP Ihrer Stakeholder-Gruppe zu analysieren, zu beeinflussen und aktiv zu gestalten. Im Gegenzug gilt es, Ihre eigene MLP im Blick zu behalten, aufrichtig zu beurteilen und die Lücken wahrzunehmen, die sich für Sie am Verhandlungstisch als Nachteil erweisen könnten. Und genau das ist der Punkt, an dem die Verhandlungsstrategie im Verkauf zum Einsatz kommt.

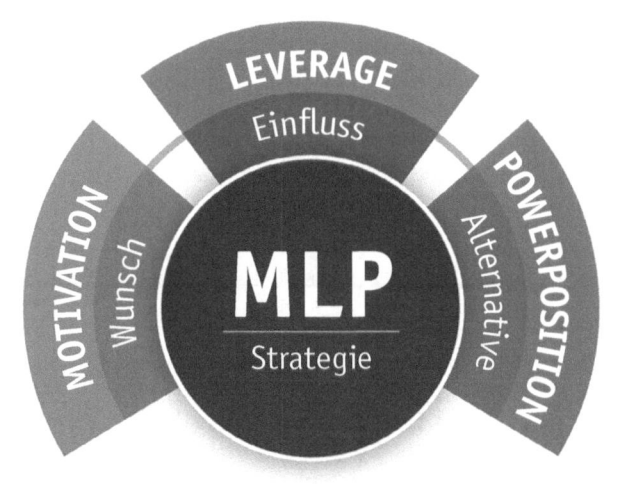

Abb. 9.1: MLP-Strategie

10 Motivation

Mein Klient engagierte uns für ein Beratungsprojekt, um dem Unternehmen beim Aufbau eines Account-Management-Prozesses für die wachsende Vertriebsmannschaft zu helfen. Der hochmotivierte Außendienst hatte rasch Marktanteile gewonnen und war an zweistellige Zuwächse gewöhnt.

Plötzlich war das Wachstum jedoch ins Stocken geraten und man nahm nur zögernd zur Kenntnis, dass es ein Problem gab. Die Verkaufsmitarbeiter hatten so viele Kunden dazugewonnen, dass man mit der Kundenpflege kaum noch nachkam und die aktive Jagd nach neuen Verkaufschancen weitgehend einstellte.

Wir legten einen festen Zeitrahmen für die Fertigstellung des Projekts fest. Dieser Zeitrahmen war mit der Einstellung und Aufstellung, dem Training und der Eingliederung eines Account-Management-Teams in das Unternehmen verbunden. Die Stakeholder-Gruppe hatte mein Unternehmen, Sales Gravy, als Anbieter der Wahl (VOC) bestätigt. Der Vertrag wurde an die Beschaffungsabteilung geschickt, um ihn zu glätten.

Von da an geriet der Prozess ins Stocken. Die Beschaffungsabteilung forderte Preiszugeständnisse. Wir lehnten ab, denn wir hatten den Preis so gestaltet, dass wir das Geschäftsergebnis liefern konnten, auf das wir uns mit der Stakeholder-Gruppe geeinigt hatten.

Die Beschaffungsabteilung setzte zu diesem Zeitpunkt auf die Taktik, die Kommunikation hinauszuzögern und auszubremsen. Sie erklärte mit Nachdruck, dass es andere Alternativen gäbe (ein Machtspiel). Sie rechnete damit, dass unsere Seite erpicht darauf war, den Auftrag an Land zu ziehen und den Einnahmenfluss in Gang zu setzen.

Einige Wochen vergingen. Aber wir hatten keine Eile. Unsere Pipeline war bis zum Bersten gefüllt und mehrere Projekte waren bereits angelaufen. Wir machten uns mehr Sorgen, wie wir dieses neue Projekt noch einbauen sollten, als über den Abschluss des Deals. Deshalb war uns die Hinhaltetaktik der Beschaffungsabteilung willkommen.

In der Zwischenzeit erhöhte sich der Druck auf die Stakeholder, eine Problemlösung zu finden. Sie wurden nervös und täglich rief jemand bei uns an, um herauszufinden, wann wir mit der Arbeit beginnen würden. Die Stakeholder waren hochmotiviert, das Geschäft endlich über die Bühne zu bringen. Sie erkundigten sich sogar, ob wir nicht schon anfangen könnten, während die Einzelheiten des Vertrags ausgearbeitet wurden.

Wir erklärten höflich, dass wir zwar liebend gerne anfangen würden, dazu aber einen niet- und nagelfesten Vertrag brauchten. »Wir warten nur darauf, dass uns die Beschaffungsabteilung den endgültigen Vertragsentwurf zuschickt – vermutlich hat sich dort viel Arbeit aufgestaut.«

Als der Stakeholder-Gruppe klar wurde, dass der Abschluss auf ihrer Seite hinausgezögert wurde, setzte sich unser Unterstützer im Topmanagement – ein

Senior Vice President – mit dem Beschaffungsteam in Verbindung und plötzlich hatten wir einen unterschriebenen Vertrag zu unseren Konditionen. Motivation ist ein Machtinstrument.

Je größer das Bedürfnis ...

Hier eine einfache, aber wirkmächtige Tatsache: Je größer das Bedürfnis einer Verhandlungspartei, ein Ergebnis zu erzielen, desto größer die Motivation, Zugeständnisse zu machen, um es zu erreichen. Für Sie bedeutet das: Je größer das Bedürfnis, den Abschluss zu erzielen, desto mehr geben Sie auf, um ihn in trockene Tücher zu bringen.

Motivation ist persönlich geprägt

Sie sollten sich stets daran erinnern, dass Motivation persönlich geprägt ist. Vor allem in B2B-Verkaufssituationen haben Sie es mit Stakeholdern zu tun, die ihre Probleme mit dem Geld anderer lösen. Jeder Stakeholder hat seine eigenen individuellen und persönlichen Erfolgskriterien – die oft von denjenigen der Gruppe oder ihrer Organisation abweichen.

Diese persönlichen Erfolgskriterien der Stakeholder und die Beziehung zu Ihnen (und anderen Mitgliedern Ihres Teams) haben prägenden Einfluss auf die Motivation, einen Abschluss zu realisieren.

Motivation und Macht stehen gewöhnlich in umgekehrter Beziehung zueinander. In Verkaufsverhandlungen ist Macht unmittelbar mit der Anzahl der Alternativen verbunden, die einer Verhandlungspartei zur Verfügung stehen.

Motivation ist emotional und bisweilen unlogisch. Deshalb kann sie als Hebel dienen, um den Nutzen anderer Lösungskonzepte zu neutralisieren und zu verringern. Wenn ein Unternehmen beispielsweise unbedingt mit *Ihnen* ins Geschäft kommen will, lässt es sich in seinen Entscheidungen von der Bestätigungsneigung leiten und tendiert dazu, andere Optionen zu ignorieren.

Je größer die Motivation einer Stakeholder-Gruppe, Ihnen den Auftrag zu erteilen, desto weniger attraktiv erscheinen die anderen verfügbaren Alternativen. Das führt zu einer Schwächung ihrer Machtposition. Wichtig ist, sich bewusst zu machen, dass sich die Macht (Alternativen) auf der Organisationsebene konzentriert, während die Motivation auf der individuellen Ebene der Stakeholder verortet ist.

Bei fast jedem Verkaufsvorgang befindet sich das Unternehmen, an das Sie verkaufen, in einer stärkeren Verhandlungsposition als Sie, weil es mehr Alternativen hat. Um die Machtposition am Verhandlungstisch zu schwächen und gleichzeitig Ihre Position zu stärken, müssen Sie bestrebt sein, die Motivation jedes einzelnen Stakeholders zu vergrößern, das Geschäft *mit Ihnen* abzuwickeln.

Die Steigerung der Stakeholder-Motivation bei gleichzeitiger Verringerung der verfügbaren Alternativen findet auf drei Ebenen statt:

1. Beziehung,
2. Individuelle Erfolgskriterien,
3. Social Proof.

(Unter Social Proof versteht man die Neigung, sich bei Entscheidungen an der Meinung anderer zu orientieren, beispielsweise bei der Bewertung von Produkten oder Websites.) Wenn es um die Entscheidung geht, Sie und Ihr Unternehmen als Anbieter der Wahl zu bestätigen, kann die kumulative Motivation der verschiedenen Stakeholder den Stellenwert der verfügbaren Alternativen erhöhen oder verringern.

Beziehung und Entscheidungsprozess

Im Verkauf finden drei Prozesse statt, die zu einem glücklichen Ausgang der Verhandlungen führen, wenn sie richtig ausgerichtet werden. Wenn der *Verkaufs-*, der *Kauf-* und der *Entscheidungs*prozess perfekt aufeinander abgestimmt sind, entfällt sogar oft die Notwendigkeit, zu verhandeln.

Der Verkaufsprozess (Sie) und der Kaufprozess (Ihr potenzieller Kunde) stellen lineare, rationale, auf Organisationsebene entwickelte Schritte dar. In Ihrem Unternehmen wird ein Verkaufsprozess und bei Ihren potenziellen Kunden ein Kaufprozess in Gang gesetzt.

Der Entscheidungsprozess ist im Gegensatz dazu individuell, emotional, nichtlinear und häufig irrational – im Wesentlichen handelt es sich dabei um die persönliche »Kaufreise« jedes einzelnen Stakeholders. Der Entscheidungsprozess sagt etwas darüber aus, in welchem Ausmaß sich Stakeholder für bestimmte Lieferanten, Produkte, Dienstleistungen, den nächsten Schritt im Prozess und, besonders wichtig, für den einen oder anderen Verkaufsrepräsentanten einsetzen. Hier entsteht die Motivation, das Geschäft mit *Ihnen* abzuschließen.

Die fünf Fragen, die am stärksten ins Gewicht fallen

In jedem Verkaufsgespräch, bei jeder Interaktion und während des gesamten Verkaufsprozesses stellen sich die Stakeholder fünf Fragen, die Ihre Person betreffen:

- Ist mir dieser Verkaufsrepräsentant sympathisch?
- Hört er mir aufmerksam zu?
- Gibt er mir das Gefühl, wertgeschätzt zu werden?
- Versteht er mich und mein Problem?
- Vertraue und glaube ich ihm?

Das sind die fünf wichtigsten Fragen im Verkauf. Sie werden von Ihren Stakeholdern bei allen Interaktionen mit Ihnen gestellt und beantwortet, bewusst und unbewusst.

Die Fragen sind emotional geprägt. Sie leiten sich aus Gefühlen her und werden auf der Gefühlsebene beantwortet.

Die Antworten auf diese Fragen vergrößern oder verringern die Motivation der Stakeholder, sich für Sie einzusetzen. Wenn alle fünf Fragen mit ja beantwortet werden, ist es so gut wie ausgeschlossen, dass Sie von Ihnen nicht zum Anbieter der Wahl ernannt werden.

Strategie trifft auf Taktik

Es gibt eine unbestreitbare Tatsache, die sich weder abwerten noch übersehen lässt. Der beständigste Indikator für das Ergebnis des Verkaufs- und Kaufprozesses ist, mehr noch als jede andere Variable, die emotionale Erfahrung der Stakeholder-Gruppe während der Zusammenarbeit mit Ihnen.

Anders ausgedrückt: Die greifbaren Eigenschaften eines Produkts oder einer Problemlösung haben weniger Einfluss auf die individuelle Motivation der Stakeholder, sich für Sie zu entscheiden, als ihre emotionale Erfahrung.

Im Entscheidungsprozess treffen Strategie und Taktik aufeinander. Eine aktive Gestaltung des Entscheidungsprozesses ermöglicht Ihnen, den Hebel in den Beziehungen der einzelnen Stakeholder zu Ihnen anzusetzen, um die Machtposition der Organisation am Verhandlungstisch zu schwächen. Das gelingt Ihnen, wenn Sie den Verkaufsprozess systematisch und methodisch so aufbauen, dass Sie zur richtigen Zeit und in der richtigen Situation mit den richtigen Beteiligten interagieren und sie überzeugen, mit Ihnen die richtige Wahl zu treffen.

Im Verlauf des Verkaufsprozesses müssen Sie daher bestrebt sein, jeden Stakeholder in das Geschehen einzubinden, und tiefer schürfen, um seine Motivation, Bestrebungen, Bedürfnisse, Wünsche, Ängste, Erwartungen und Probleme aufzudecken und zu verstehen. Sich in jeden Einzelnen hineinzuversetzen und eine emotionale Verbindung herzustellen, erfordert Empathie.

Top-Verhandler verstehen es meisterhaft, Verkaufs-, Kauf- und Entscheidungsprozess aufeinander abzustimmen. Sie vergessen nie, dass sie mit emotionalen, fehlbaren, irrationalen Menschen zu tun haben. Sie wissen, dass sie durch starke emotionale Verbindungen Fürsprecher entwickeln, die dazu beitragen, ihre Gewinnwahrscheinlichkeit in astronomische Höhen zu treiben, eine unangreifbare Differenzierung im Wettbewerb zu schaffen und verfügbare Alternativen auszuklammern.

BASIC: Stakeholder-Zuordnung

Sie verhandeln mit Menschen. Irrationalen Menschen, die ihre Entscheidungen auf der Grundlage ihrer Gefühle treffen. Ihre Stakeholder werden von dem Wunsch getrieben, Erfolg zu haben und Risiken zu vermeiden, aber auch von Bestätigungsneigungen, ihrem Ego, Ängsten und einer Vielzahl disruptiver Emotionen – *genau wie Sie.*

Es gibt fünf Stakeholder-Typen oder *Personas*: **B**uyer (Käufer), **A**mplifier (Verstärker), **S**eeker (Suchender), **I**nfluencer (Einflussnehmer) und **C**oach – **BASIC** (Abbildung 10.1), auf die wir im Folgenden noch genauer eingehen.

Abb. 10.1: BASIC: Die fünf Stakeholder-Typen

Bei Verkaufsvorgängen mit geringem Transaktionsvolumen haben Sie es vielleicht mit einem einzelnen Stakeholder oder einer kleinen Stakeholder-Gruppe zu tun, deren Mitglieder verschiedene Funktionen innehaben. Bei Verkaufsvorgängen, die komplex oder auf Unternehmensebene verortet sind, ist die Palette der Stakeholder breit aufgefächert. Ihr Umfang wächst mit

1. dem Risiko für die Organisation,

2. dem Risiko für die einzelnen Stakeholder,

3. der Komplexität des Produkts oder der Dienstleistung,

4. dem Wert des Deals,

5. der Länge des Verkaufsprozesses und

6. der Größe der Organisation.

Top-Verhandler überlassen nichts dem Zufall. Sie identifizieren und ordnen die Stakeholder den BASIS-Typen zu, in jeder Phase des Prozesses, angefangen bei der Identifizierung und Gewinnung von Neukunden bis hin zur Qualifizierung und Situationsanalyse.

Jeder Stakeholder hat ein ureigenes »Interesse« am Ergebnis des Verkaufsvorgangs – das sich aus persönlichen Wünschen und Bedürfnissen, individuellen Erfolgskriterien und Erfordernissen auf Unternehmensebene herleitet. Die einzelnen Stakeholder lassen Ihnen möglicherweise Informationen zukommen, die Ihre

Hebelkraft stärken oder etwas über ihre eigenen Interessen und die Interessen anderer Beteiligter am Zustandekommen eines Deals aussagen. Im Verlauf der Gespräche geben sie vielleicht etwas über die verfügbaren Alternativen ihres Unternehmens preis, womit sich Ihnen die Chance bietet, diese Optionen zu neutralisieren und Ihre Machtposition zu stärken.

Buyer

Buyer sind die wahren Entscheider – diejenigen Personen mit der ultimativen Befugnis, ja oder nein zu sagen. Es gibt zwei Buyer-Typen oder *Käuferpersonas*:

- **Der abschlussfokussierte Buyer** – diejenige Person, die grünes Licht für die Auftragserteilung gibt, den Vertrag abzeichnet und ja zu den Vereinbarungen sagt.
- **Der finanzfokussierte Buyer** – diejenige Person, die Zahlungen genehmigt, Bestellungen aufgibt und »Rechnungen begleicht«.

Manchmal, aber nicht immer, sind diese beiden Stakeholder-Typen ein und dieselbe Person. Zum Beispiel:

- Der Firmenchef genehmigt den Kauf einer neuen Software, aber der Vorgang ist erst dann abgeschlossen, wenn der Leiter des Finanzbereichs die Mittel bewilligt.
- Ein Angehöriger der zentralen Beschaffungsabteilung ist mit Ihren Konditionen einverstanden; die Filialleiter vor Ort müssen jedoch dem Budget zustimmen.
- Die Stakeholder-Gruppe kann Sie als Anbieter der Wahl bestätigen, aber die Beschaffungsabteilung muss ja zu Preis und Konditionen des Geschäftsabschlusses sagen.

Wenn Sie sich diese Unterschiede bewusst machen, ersparen Sie sich die Mühe und Frustration, mit Personen zu verhandeln, die nicht befugt sind, ja zu sagen oder einen Vertrag zu unterzeichnen, was zur Folge hat, dass Sie Ihre erhofften Einnahmen vergessen können.

In Best-Case-Szenarien würden Sie die Verhandlungen mit dem finanzfokussierten Buyer oder Käufer führen. In jedem Fall sollten Sie dafür sorgen, dass er in dieser Phase anwesend ist.

Sie möchten schließlich vermeiden, mit dem abschlussfokussierten Buyer oder einem Influencer zu verhandeln, nur um festzustellen, dass Sie seiner Entsprechung, der die Finanzen verwaltet, im Nachhinein weitere Zugeständnisse machen müssen. Wenn größere Konzessionen zur Debatte stehen, sollten Sie Ihre Hebel nutzen, um alle »Anwesenden im Raum« von Ihrem Angebot zu überzeugen.

Amplifier

Amplifier sind diejenigen Stakeholder, die ein Problem oder eine Lücke entdecken, die Ihr Produkt oder Ihre Dienstleistung füllen könnte. Meistens handelt es sich um Mitarbeiter, die auf einer der unteren Unternehmensebenen tätig sind und Ihr Produkt oder Ihre Dienstleistung entweder nutzen würden oder von der Umstellung betroffen wären. Wenn Sie diesen Hebel klug einsetzen, lassen sie sich als aktive Befürworter des Wandels gewinnen, die Ihre Botschaft, das Problem, die Sorge oder das Bedürfnis auf allen Organisationsebenen verkünden.

In den meisten Fällen haben sie nur indirekten Einfluss auf das Ergebnis des Verkaufsvorgangs. Top-Verhandler verstehen sich meisterhaft darauf, die Sorgen der Amplifier oder ihre Fürsprache als Hebel einzusetzen, um die Alternative, *nichts zu tun,* auszuräumen. Wenn es genügend dieser Aktivisten gibt, die ihrer Sorge Ausdruck verleihen, fällt es den anderen Stakeholdern schwer, Entscheidungen auf die lange Bank zu schieben.

Seeker

Seeker sind diejenigen Stakeholder, die schon zu Beginn des Kaufprozesses beauftragt werden, nach Informationen Ausschau zu halten. Sie laden E-Books herunter, besuchen Web-Seminare, durchforsten die Websites und füllen Web-Formulare aus. Diese Informationssammler verfügen selten über Kaufbefugnisse oder Einfluss, aber sie bauen eine Fassade der Autorität auf und blockieren oft den Zugang zu anderen Stakeholdern. Leider fallen viele Verkäufer auf dieses Blendwerk herein. Dabei programmieren sie den Misserfolg in der Verhandlungsphase geradezu vor, weil sie ihren Hebel zu früh und ohne Gegenleistung aus der Hand geben.

Influencer

Influencer sind diejenigen Stakeholder, die eine aktive Rolle im Kaufprozess spielen. Sie haben am Verhandlungstisch ein Wörtchen mitzureden. In Verkaufsvorgängen, die komplex oder auf Unternehmensebene verortet sind, verbringen Sie einen Großteil der Zeit mit diesen einflussreichen Akteuren. Sie kommen in drei »Varianten« daher:

- **Befürworter** sind auf Ihrer Seite. Sie sind motiviert, Sie zum Anbieter der Wahl zu ernennen. Starke Befürworter setzen sich für Sie ein, um potenzielle Alternativen auszuräumen und einem Abschluss mit Ihnen den Weg zu ebnen. Sie sollten sich nach Kräften bemühen, Befürworter zu gewinnen und zu halten, denn je größer ihre Anzahl, desto stärker Ihre Machtposition.
- **Agnostiker** lassen sich mit der Strömung treiben. Sie neigen zum Schwarmverhalten, weil sie auf Selbstschutz bedacht, uninteressiert oder nicht unmittelbar von der Entscheidung betroffen sind. Im Umgang mit Agnostikern lautet Ihr oberstes Gebot, tiefer zu graben, um ihre Motionsfaktoren und persönlichen Erfolgskriterien zutage zu fördern. Wenn der Selbstschutz für sie an erster Stelle steht, sollten Sie eine Möglichkeit finden, ihnen die nötige Rückendeckung zu verschaffen. Wenn sie der Meinung sind, dass der Verkaufsvorgang keine Auswirkung auf sie hat oder kein Interesse besteht, sollten Sie ihnen einen emotionalen oder beruflichen Grund geben, sich einzubringen. Agnostiker lassen sich jedoch leicht von den Neinsagern beeinflussen – eine unmittelbar drohende Gefahr, die Sie nie aus den Augen verlieren sollten.

- **Neinsager** sind gegen Sie, gegen Ihr Unternehmen oder gegen jede Form der Veränderung. Sie bringen Deals zu Fall, machen sich für Alternativen stark und arbeiten aktiv daran, Sie schachmatt zu setzen. Sie können Neinsager nicht davon überzeugen, dass sie sich irren. Wenn Sie Druck machen und sich auf eine Debatte einlassen, verschanzen sie sich hinter ihrem Standpunkt und geben sich noch größere Mühe, Ihre Position zu untergraben. Statt sich auf verbale Auseinandersetzungen einzulassen, sollten Sie Ihr Augenmerk darauf richten, sie zu neutralisieren. Das gelingt Ihnen mit Empathie, aufmerksamem Zuhören und der Investition in eine gute Arbeitsbeziehung zu ihnen. Darüber hinaus sollten Sie sich darauf fokussieren, die Verbindungen zu den Befürwortern auszubauen und zu festigen, die aufgrund ihrer Anzahl und aufrichtigen Überzeugung die Neinsager zum Schweigen bringen können.

Coach

Bei einem Coach, Champion oder Unterstützer aus dem Topmanagement handelt es sich um einflussreiche Mitarbeiter des potenziellen Kunden, die bereit sind, sich für Sie einzusetzen, Ihnen Insider-Informationen zukommen zu lassen und Hürden für die ausgehandelten Ergebnisse zu beseitigen.

Sie liefern Ihnen Informationen, mit deren Hilfe Sie Ihre Verhandlungsposition verbessern können, kooperieren mit Ihnen, um Neinsager zu neutralisieren, bringen die Stakeholder-Gruppen auf einen gemeinsamen Nenner, erleichtern die Kommunikation und lassen Sie wissen, wann die Stakeholder-Gruppe sich stillschweigend für Sie entschieden hat – und Sie die erste Runde gewonnen haben.

Unterstützer aus dem Topmanagement und Champions können Ihre Verhandlungsposition bei den finanzfokussierten Buyern verbessern (vor professionellen aus dem Beschaffungswesen), indem sie ihnen klarmachen, dass Sie die einzige annehmbare Alternative sind. In jedem komplexen Verkaufsvorgang erweist sich die Entwicklung eines Coaches und/oder eines Unterstützers aus dem Topmanagement als riesiger Vorteil am Verhandlungstisch.

Die Verhandlungsliste und Motivationsskala der Stakeholder

In jedem Verkaufsvorgang haben die Stakeholder eine Liste erstellt. Sie umfasst persönliche Erfolgskriterien, Hoffnungen, Wünsche, Bedürfnisse, angestrebte Ergebnisse, Metriken, die zählen, Must-haves, Dealbreaker und die grundlegenden Motivationsfaktoren. Wenn Sie die Verhandlungsliste der Stakeholder kennen, schützen Sie sich vor unliebsamen Überraschungen, während Sie gleichzeitig Ihre Hebel und Ihre Position am Verhandlungstisch stärken.

Top-Verhandler beginnen, schon zu Beginn des Verkaufsprozesses die potenzielle Verhandlungsliste der Beteiligten zusammenzustellen. Die einzelnen Punkte auf der Agenda ermitteln Sie vor allem während der Qualifizierungs- und

Situationsanalyse-Phase des Verkaufsprozesses. Beginnen Sie damit, fünf Fragen auf den Grund zu gehen:

1. Welche Erfolgskriterien fallen für die einzelnen Stakeholder, die eine Schlüsselposition einnehmen, ins Gewicht?
2. Welche spezifischen Wünsche und Bedürfnisse haben sie?
3. Welches Problem/welche Probleme versuchen sie zu lösen?
4. Welche emotionalen und messbaren Geschäftsergebnisse (Measurable Business Outcomes = MBO) erwarten sie von diesem Abschluss und wie werden sie gemessen?
5. Welche nicht verhandelbaren Positionen oder Dealbreaker gibt es für sie?

Die Aufstellung einer solchen Liste trägt dazu bei, zu klären, wo Lücken in Ihrem Wissen bestehen, woran Sie noch arbeiten müssen, um die Stakeholder zu überzeugen, welche potenziellen Konflikte entstehen könnten und wo es Gemeinsamkeiten gibt. Die Verhandlungsliste der Stakeholder stellt eine Orientierungshilfe beim Ausräumen der Alternativen dar, die den Käufern zur Verfügung stehen, aber nicht den Kriterien auf der Liste entsprechen, und sollte bei der Entwicklung Ihrer eigenen Geben-Nehmen-Playlist (siehe 26. Kapitel) richtungsweisend sein.

Bauen Sie die Verhandlungsliste der Stakeholder organisch auf, das heißt durch formale und informelle Gespräche mit der Stakeholder-Gruppe. Versetzen Sie sich in die Lage aller Beteiligten und versuchen Sie, die Situation aus ihrer Perspektive zu betrachten.

- Welche Motivationsfaktoren treiben sie an?
- Wie definieren sie Erfolg?
- Welche Probleme versuchen sie zu lösen?
- Welche persönlichen Risiken gehen sie ein, wenn sie sich für Sie entscheiden?
- Welches Risiko besteht, wenn sie sich nicht für Sie entscheiden?
- Warum könnten sie Ihr Lösungskonzept befürworten?
- Warum könnten sie nein sagen?
- Welche emotionalen Trigger können Sie bei ihnen identifizieren?
- Was verleiht ihnen das Gefühl, wertgeschätzt zu sein? Wie können Sie sich hier einklinken?
- Welche Befürchtungen haben sie?
- Welche Vereinbarungen und Beziehungen zu Ihrem Unternehmen wären für sie ideal?
- Welche Budgeteinschränkungen oder Konflikte könnten entstehen?
- Welche Konditionen sind ihnen wichtig?
- Welche Erwartungen haben sie an die Zusammenarbeit mit Ihrem Unternehmen und ähnlichen Anbietern?

Überwinden Sie Ihre Angst und sorgen Sie dafür, dass die Stakeholder ihre Karten frühzeitig auf den Tisch legen

Der Schlüssel besteht darin, einfühlsame, strategische Fragen als Hebel zu nutzen, um die Stakeholder zu motivieren, Ihnen Einblick in ihre Verhandlungsliste und nicht verhandelbaren Positionen zu gewähren. Auf diese Weise können Sie Alternativen und Dealbreaker ansprechen, umgehen oder neutralisieren, bevor Sie in die Verhandlungsphase eintreten.

Natürlich ist das leichter gesagt als getan. Es erfordert Taktgefühl und Gespür für die Schattierungen, um den Stakeholdern diese Informationen »aus der Nase zu ziehen«.

Die Herausforderung, der sich Verkäufer beim Aufdecken der Punkte auf der Agenda der Stakeholder gegenübersehen, ist jedoch nicht ihre mangelnde Bereitschaft, Fragen zu beantworten. Es sind vielmehr die eigenen disruptiven Gefühle, die sich als Hemmschuh erweisen.

Menschen reagieren empfindlich auf Konflikte und die Möglichkeit einer Zurückweisung. Wir sind bestrebt, Konflikte zu vermeiden, und deshalb zögern wir oder scheuen uns, Fragen zu stellen, die dazu beitragen, die Wahrheit ans Tageslicht zu bringen. Verkäufer verstecken sich hinter Rechtfertigungen, warum sie nicht um eine Offenlegung der Probleme gebeten haben. Sie wollten nicht »aufdringlich« sein oder »der Zeitpunkt war schlecht«. Es besteht immer die Gefahr, dass man Sie in Ihre Schranken weist, eine schmerzliche Erfahrung.

Doch Fragen aus dem Weg zu gehen, die Fakten aufdecken, ist eine völlig unsinnige Strategie in Verkaufsverhandlungen. Sie führt zu Täuschungsmanövern und im Verkauf kann man nicht irregeleitet und erfolgreich zugleich sein. Wenn man der Täuschung den Vorzug vor der Wahrnehmung der Realität gibt, trifft man die bewusste Entscheidung, sich nicht nur selbst zu belügen, sondern auch die eigene Fähigkeit einzuschränken, effektiv zu verhandeln und den Handel zu besiegeln.

Nichts ist gefährlicher, als unvorbereitet und uninformiert in eine Verkaufsverhandlung zu gehen, ohne einen klaren Blick auf die Verhandlungsliste der anderen Partei. Damit beeinträchtigen Sie Ihre Optionen, wenn ein Stakeholder Sie gegen Ende der Verhandlungsphase mit einer Forderung überrumpelt, von der Sie nicht wussten, dass sie sich unter der Oberfläche verbarg.

Das Problem mit den Stakeholdern

Natürlich ist es nicht leicht, Stakeholder zu veranlassen, Informationen über ihre Probleme, Sorgen, ihr Budget, ihre Handlungseinschränkungen, Forderungen und nicht verhandelbaren Positionen offen auf den Tisch zu legen. Stakeholder

- treffen emotional geprägte Entscheidungen,
- vermeiden Konflikte und sind daher bestrebt, Informationen zurückzuhalten, Verschleierungstaktiken und Ablenkungsmanöver anzuwenden, um ihre tatsächlichen Sorgen zu kaschieren,
- sind sich nicht immer ihrer wahren Wünsche und Bedürfnisse oder der Grenzen bewusst, die ihnen gesetzt sind,
- sind manchmal unfähig, ihre Probleme, Erfolgskriterien oder Vorstellungen von einer idealen Übereinkunft zum Ausdruck zu bringen,
- halten mit der Wahrheit hinter dem Berg, weil sie das Gefühl haben, ihre Position durch Transparenz zu schwächen.

Infolgedessen mutet die Ermittlung der Punkte, die auf der Verhandlungsliste der anderen Partei stehen könnten, wie ein Puzzlespiel an. Während des gesamten Verkaufsprozesses müssen Sie Fragen stellen, aufmerksam zuhören, auf die emotionalen Hinweise und Nuancen achten und die einzelnen Bausteine der Stakeholder-Verhandlungsliste Stück für Stück zusammenfügen. Das Ergebnis ist nicht perfekt und wird es niemals sein.

Entscheidungsfindung und Social Proof

Mit der Komplexität des Verkaufsvorgangs, der Länge des Verkaufszyklus und, wichtiger noch, mit dem Risiko für die Organisation und die einzelnen Beteiligten wächst auch die Anzahl der Stakeholder. Wenn mehr Stakeholder involviert sind, wird das Risiko für den Einzelnen gemindert, während sich Ihr Risiko erhöht.

Ist die Palette der Stakeholder, die verschiedene Rollen spielen (BASIC), breiter gefächert, neigen sie eher dazu, sich den Meinungen der Gruppe anzuschließen, statt sich für Ansichten einzusetzen, die richtig sein mögen, aber als unbeliebt wahrgenommen werden könnten. Dem einzelnen Stakeholder (meistens ein Neinsager) fällt es aber auch leichter, einen Deal zu Fall zu bringen, wenn die Stakeholder-Gruppe unentschlossen ist oder sich auf dem Holzweg befindet. Für die Gruppe ist es weniger bedrohlich, Vorsicht walten zu lassen und *nichts zu tun,* statt ein Risiko einzugehen und am Ende die falsche Entscheidung zu treffen.

Erfahrungsgemäß wissen wir über das menschliche Verhalten, dass wir Risiken nach Möglichkeit vermeiden und lieber der Menge hinterherlaufen. Wir sind geneigt und motiviert, das zu tun, was alle tun. Wenn sich bestimmte Verhaltensweisen großer Beliebtheit erfreuen und wir sie bei anderen beobachten, haben wir das Gefühl, dass wir sie unbeschadet übernehmen können.

Dieses Phänomen, Social Proof genannt, ist (vor allem in den Social Media) weit verbreitet. Je mehr Menschen bestimmte Aktivitäten, Überzeugungen oder Ansichten teilen, desto höher die Wahrscheinlichkeit, dass auch wir uns von diesen kollektiven Aktivitäten, Wünschen oder Überzeugungen angezogen fühlen.

Wir orientieren uns an den Bewertungen des Kollektivs, als Ersatz für ein eigenes Urteil. Das verringert die kognitive Last und erleichtert uns, Entscheidungen in einem komplexen Umfeld schneller zu treffen.

Bei komplexen Verkaufsvorgängen mit einer breit gefächerten Palette von Stakeholdern verbessern Sie Ihre Verhandlungsposition, wenn Sie den Social-Proof-Hebel einsetzen. Das A und O ist dabei die Mobilisierung der Amplifier und Befürworter, um die Neinsager zu neutralisieren und die Agnostiker auf Ihre Seite zu ziehen.

Stakeholder auf Ihre Linie einzuschwören, ist harte Arbeit. Sie erfordert

- Verkaufsprozess-Strategie und Umsetzung,
- Stakeholder-Zuordnung,
- disziplinierte Bemühungen, alle Stakeholder zu identifizieren und zu kontaktieren,
- bewusste Bestrebungen, Beziehung selbst zu den feindseligsten Beteiligten aufzubauen (es ist schwieriger, jemandem den Todesstoß zu versetzen, den man sympathisch findet),
- niemals davon auszugehen, dass Stakeholder Klartext miteinander reden oder die besten Freunde sind,
- eine aktive Rolle zu übernehmen, wenn es gilt, den Stakeholdern Vereinbarungen und Gemeinsamkeiten zu erklären und einen Konsens querbeet und auf allen Ebenen zu fördern.

Überlassen Sie nichts dem Zufall. Halten Sie sich immer vor Augen, dass vielleicht irgendwo ein Stakeholder auf der Lauer liegt und nur darauf wartet, Ihren Deal zum Platzen zu bringen. Sie sollten nicht davon ausgehen, dass die Kommunikation mit und zwischen den Stakeholdern mit einer Übereinkunft gleichzusetzen ist.

Das Social-Proof-Phänomen fällt vor allem dann ins Gewicht, wenn die Stakeholder im Begriff sind, sich für Sie als Anbieter ihrer Wahl zu entscheiden, sich vielleicht aber noch fragen, ob Sie die in Aussicht gestellten Ergebnisse auch tatsächlich liefern können oder ob die Umsetzung Ihres Lösungskonzepts ihre gewohnten Aktivitäten auf den Kopf stellt.

In dieser Situation tragen Fallstudien, Testimonials, Referenzen und referenzier- und messbare Geschäftsergebnisse (referenceable and measurable business outcomes = RMBOs) von anderen, ähnlichen Kunden zur Verringerung des wahrgenommenen Risikos bei, vereinfachen die Neutralisierung der Neinsager und bieten Befürwortern die Rückendeckung, die sie brauchen, um Ihrem Lösungskonzept zum Durchbruch zu verhelfen.

Wichtig ist jedoch, sich vor Augen zu halten, dass Social Proof kein Ammenmärchen ist. Der »soziale Nachweis« entsteht nicht wie von Zauberhand. Wenn Sie für ein großes Unternehmen arbeiten, wird die Marketingabteilung Sie bestimmt mit Fallstudien und Marketingmaterial ausrüsten, die Ihre Produkte oder Dienstleistungen positiv bewerten. Das Problem ist, dass es sich dabei normalerweise um die typischen »Lobeshymnen« handelt.

Mit Social Proof erzielt man die besten Ergebnisse, wenn er von Menschen oder Unternehmen stammt, die Ihrer Stakeholder-Gruppe ähnlich sind oder aus den gleichen Fachbereichen stammen. RMBOs von vergleichbaren Organisationen stellen ein machtvolles Instrument dar.

Ich habe früher einmal eine Serviceleistung verkauft, die von den meisten meiner potenziellen Kunden bereits genutzt wurde. Mein Fokus richtete sich daher in erster Linie darauf, den aktuellen Anbieter zu ersetzen. Die Angst, dass der Anbieterwechsel eingespielte Abläufe stören und eine Katastrophe heraufbeschwören könnte, war so groß, dass *Nichthandeln* den Stakeholdern als annehmbare Alternative erschien. Das war auch der Trumpf, den mein Konkurrent ausspielte, um meine Position zu schwächen.

Um diese Angst auszuräumen, legte ich Empfehlungsschreiben von meinen Kunden mit spezifischen RMBOs vor. Darin schilderten sie, wie reibungslos der Übergang vonstattengegangen war und wie schnell es ihnen gelungen sei, messbare Geschäftsergebnisse zu erzielen. Das war die Munition, die ich benötigte, um die Stakeholder-Gruppe zu motivieren, mich als VOC zu bestätigen.

Der Prozess, um besagte Testimonials zu erhalten, enthielt fünf einfache Schritte:

1. Ich übernahm die Verantwortung und vergewisserte mich, dass die Installation problemlos über die Bühne ging.

2. Ich erkundigte mich bei meinen zufriedenen Kunden, ob Sie bereit wären, mich weiterzuempfehlen – und die meisten stimmten auf Anhieb zu.

3. Ich setzte das Empfehlungsschreiben für sie auf. Das war der Schlüssel, um sie zum Handeln zu bewegen; andernfalls hätten sie die Sache auf die lange Bank geschoben und vergessen.

4. Ich schickte ihnen den Entwurf per E-Mail zu und bat um die Erlaubnis, das Empfehlungsschreiben mit ihrem Firmenlogo und/oder einem Foto von ihnen zu versehen.

5. Ich hakte nach, um sicherzugehen, dass ich die Aufgabe als erledigt betrachten konnte. Heute haben alle Leute viel zu tun und manchmal müssen sie an ihre Zusagen erinnert werden.

Das Ergebnis war ein Social-Proof-Instrument, das ich nutzte, um die Konkurrenz mattzusetzen und meine Position zu stärken.

Gehen Sie beherzt und systematisch vor, um Social-Proof-Tools aufzubauen und damit das Vertrauen der potenziellen Käufer in Ihre Fähigkeit zu stärken, Versprechen und Zusagen einzuhalten. Sie sollten gezielt um Testimonials und LinkedIn-Empfehlungen bitten, Fallstudien sammeln, die ein Profil der referenzier- und messbaren Geschäftsergebnisse enthalten, und bei Ihren zufriedenen Kunden die Werbetrommel für Bewertungen rühren. Warten Sie nicht darauf, dass Ihnen andere die Aufgabe abnehmen, und zögern Sie nicht, darum zu bitten. Wer bittet, dem wird gegeben, heißt es.

In komplexen Verkaufsvorgängen mit einer breitgefächerten Stakeholder-Palette werden effektive Verhandler zur Kommunikationsradnarbe, die alle Mitglieder der Gruppe miteinander verbindet. Damit gelangen Sie in den Besitz des Social-Proof-Materials, das den Stakeholdern ermöglicht, sich mit einem guten Gefühl für Sie einzusetzen.

Top-Verhandler richten ihre Aktivitäten auf der strategischen und taktischen Ebene während des gesamten Verkaufsprozesses darauf aus, die Motivation der Stakeholder zu beeinflussen und sie von ihrem Lösungskonzept zu überzeugen. Das gilt für *alle* Aktivitäten, ausnahmslos.

Das ist der wahre Schlüssel zur Stärkung Ihrer Position am Verhandlungstisch. Wenn Sie hier Abkürzungen nehmen, geraten Sie unter die Räder.

11 Leverage

Wenn Sie etwas haben, was jemand anders haben möchte, sitzen Sie am »längeren Hebel«. Diese Hebelwirkung, auch Leverage-Effekt genannt, können Sie nutzen, um andere zu motivieren,

- ihr Verhalten zu ändern,
- aktiv zu werden und sich zu engagieren,
- sich Ihrer Position anzunähern,
- Zugeständnisse zu machen sowie
- die Verhandlungsphase zu beenden und auf eine Übereinkunft hinzuarbeiten.

Halten Sie sich noch einmal eine grundlegende Wahrheit in Verkaufsverhandlungen vor Augen: In den meisten Fällen befinden sich die Stakeholder in einer stärkeren Verhandlungsposition als Sie – weil ihnen fast immer mehr Alternativen zur Verfügung stehen.

Die Partei mit mehr Macht ist in der Lage, mehr Kontrolle über den Kaufvorgang auszuüben und am Verhandlungstisch mehr Zugeständnisse herauszuholen. Manchmal weiß eine der Parteien, dass sie sich aufgrund ihrer ungleich stärkeren Verhandlungsposition nicht auf Konzessionen oder Kompromisse einlassen muss und daher hartnäckig sein kann: »Entweder Sie akzeptieren meine Bedingungen oder wir lassen das Ganze!«

Hebel verleihen jedem der Verhandlungspartner, ungeachtet seiner Verhandlungsposition, die Fähigkeit, eine Verhaltensänderung der anderen Seite zu forcieren. Für den Partner in der schwächeren Position – mit weniger Alternativen – hat der Erhalt seiner Hebel folglich strategische Bedeutung. Es ist im besten Interesse des schwächeren Verhandlungspartners, sie so lange unter Verschluss zu halten, bis der richtige Augenblick gekommen ist, um die stärkere Partei zum Einlenken zu bewegen.

Hebel sind wie Zahlungsmittel und sollten als solche behandelt werden. Sie stellen einen Wert dar und sollten nur gegen einen entsprechenden Gegenwert eingetauscht werden. Top-Verhandler geben niemals einen Hebel aus der Hand, ohne im Gegenzug etwas von gleichem oder größerem Wert zu erhalten. Während des gesamten Verkaufsvorgangs – vom ersten Kundenkontakt bis hin zur Unterschrift auf dem Vertrag – gilt es, darauf zu achten, dass Sie diesen Hebel nicht verspielen oder verschenken. Effektive Hebel sind zum Beispiel:

- Informationen,
- Liefer- und Zahlungsbedingungen,
- Preisgestaltung,
- Aufdeckung der Versunkene-Kosten-Falle,
- kognitive Dissonanz,
- das menschliche Bedürfnis nach Wertschätzung,
- Seltenheit, Knappheit des Produkts/der Dienstleistung,
- Vertrauen,

- Motivation,
- Zeit,
- Dringlichkeit,
- Erhalt der Beziehung,
- messbare Geschäftsergebnisse,
- die Angst, eine Chance zu verpassen,
- Gratisproben, Werbegeschenke und
- zusätzliche Dienstleistungen.

Bei der Zusammenarbeit mit Stakeholdern können Sie diese Hebel auf zwei verschiedene Arten einsetzen:

1. um am Verhandlungstisch den Weg für eine Übereinkunft zu ebnen oder

2. um den Kaufprozess auf Ihren Verkaufsprozess abzustimmen und die Kontrolle zu gewinnen, damit Sie Alternativen ausschalten oder neutralisieren können.

Hebel nutzen, um eine Übereinkunft zu erzielen und das Geschäft zu besiegeln

Beim Hin und Her am Verhandlungstisch wird der Hebel vor allem bei mehrwertorientierten Verkaufsvorgängen eingesetzt, um einen Abschluss herbeizuführen und die Gewinnspannen und damit auch Ihre Provision zu sichern.

Das bedeutet natürlich, dass Sie wissen und verstehen müssen, welche Hebel den Gewinn für Ihr Unternehmen treiben und wie und warum sie funktionieren. Zu den Gewinntreibern gehören

- bestimmte Produkte und Dienstleistungen mit hoher Gewinnspanne,
- Produkte und Dienstleistungen als Zugabe und ergänzende Produkte,
- Vertragslaufzeit,
- Vertragsbedingungen,
- Zahlungsvereinbarungen,
- künftige Preissteigerungen,
- Mindestmengen,
- standardisierte Produktmerkmale,
- standardisierte Serviceanforderungen,
- der geografische Bereich, in dem Serviceleistungen angeboten werden,
- Auflagen bezüglich der Regelkonformität und
- Garantien.

Das ist nur eine Teilliste und jede Organisation ist anders geartet. Es ist Ihre Aufgabe, die Gewinntreiber Ihres Unternehmens zu identifizieren und genauer unter die Lupe zu nehmen. Außerdem sollten Sie sich bewusst machen, wie sich die Gewinnhebel auf Ihr Einkommen auswirken.

Ein Beispiel: Ein Unternehmen, für das ich früher einmal im Verkauf tätig war, zahlte mir zehnmal mehr für den Abschluss eines Vertrags mit einer Laufzeit von fünf Jahren statt zwei Jahren, weil die Gewinnspannen nach dem zweiten Jahr exponentiell stiegen. Verträge mit einer Laufzeit von drei, vier oder fünf Jahren machten daher einen erheblichen Unterschied in meiner Provision aus, die sich entweder auf 10 000 Dollar oder 1000 Dollar belief. Ich bat bei Verhandlungsbeginn daher immer um eine Vertragsdauer von fünf Jahren und war bereit, im Austausch gegen eine längere Laufzeit Zugeständnisse bei weniger gewinnträchtigen Leistungsangeboten zu machen, beispielsweise den Kosten für die Umrüstung.

Hier geht es um einen Wert und der Wert liegt natürlich im Auge des Betrachters. Das A und O besteht darin, auf das zu achten, worauf sich die Stakeholder fokussieren und was sie als wertig oder nützlich erachten (siehe 10. Kapitel: Die Verhandlungsliste und Motivationsskala der Stakeholder).

Wenn die andere Seite am Verhandlungstisch ein bestimmtes Zugeständnis fordert – Ihren Hebel –, sollten Sie stets eine Gegenleistung verlangen. Wenn der potenzielle Käufer beispielsweise sagt, dass er die branchenüblichen Servicekosten nicht zahlen will, könnten Sie sich beispielsweise darauf einigen, die Kosten zu streichen, wenn die Vertragsdauer um ein Jahr verlängert wird, »damit der Kunde mehr Zeit hat, den Service in eigener Regie aufzubauen«.

Das ist ein einfacher Wertetausch. Wenn Sie einen Hebel weggeben, sollten Sie dafür als Gegenleistung einen gleich großen oder größeren Wert erhalten.

Es ist wichtig zu verstehen, dass etwas, was für Ihren Stakeholder von großem Wert ist, für Sie vielleicht einen geringeren Stellenwert besitzt. Doch das ändert nichts am Wert des Hebels als Instrument, um Zugeständnisse zu erzielen oder den Käufer zu veranlassen, die Verhandlungsrunde zu beenden, zu einer Einigung zu gelangen und das Geschäft zu besiegeln.

Beispielsweise könnte es Ihrem potenziellen Kunden wichtig sein, dass Ihre Putzkolonne die Büroräume am Mittwoch reinigt, während der Wochentag bei Ihnen keine Rolle spielt. Damit haben Sie in Verhandlungen einen Hebel zur Hand. Wenn Ihnen daran liegt, bei bestimmten vertraglichen Bestimmungen eine Übereinkunft zu erzielen, könnten Sie eine »Reinigungsgarantie am Mittwoch« dafür eintauschen.

Deshalb sollten Sie Hebel wie hart verdientes Geld behandeln. Sie sind kostbar und ein knappes Gut, das Sie aufsparen und schützen sollten, damit es Ihnen zur Verfügung steht, wenn Sie den Verhandlungspartner dazu bringen möchten, von seiner Position abzurücken und sich Ihrer anzunähern. Im 26. Kapitel erfahren Sie, wie Sie ein Leverage-Verzeichnis anlegen und eine Geben-Nehmen-Playlist (GNP) entwickeln.

Hebel nutzen, um den Kaufprozess auf Ihren Verkaufsprozess abzustimmen

Irgendwann im Frühjahr erwischte ich eine meiner Verkaufsmitarbeiterinnen dabei, als sie gerade einen wirkmächtigen Hebel ohne Gegenwert aus der Hand geben wollte. Wir befanden uns in der frühen Phase eines möglicherweise Mega-Trainingsdeals.

Der potenzielle Kunde war ein Fortune-50-Unternehmen, das einen Schulungspartner suchte, um die Identifizierung und Gewinnung von Neukunden sowie die Strategien an der Spitze des Verkaufstrichters zu optimieren. Das firmeninterne Verkaufsschulungsteam engagierte uns, weil man vom Erfolg unseres Trainingslagers, Fanatical Prospecting Boot Camp, gehört hatte.

Nach der zweiten Situationsanalyse-Besprechung wurden wir um eine Präsentation unserer Schulungsmethoden und eine Übersicht über unseren Lehrplan gebeten, bevor man uns an eine Führungskraft auf höherer Leitungsebene weiterreichen wollte, die für die endgültige Entscheidung zuständig war. Ein klassischer Schachzug von Influencern, die ihre Macht erhalten möchten. Obwohl diese Vorgehensweise für uns nicht ideal war, beugten wir uns dem Willen des firmeninternen Schulungsteams, weil ihr Hebel – ein Meeting mit dem Entscheider – stärker war als unserer. Wir hatten keine andere Wahl, wenn wir daran interessiert waren, den Verkaufsvorgang fortzusetzen.

Meine Verkäuferin und ihre Teamleiterin verbrachten drei Tage damit, die Präsentation aufzubauen und auf den Kundenbedarf zuzuschneiden. Ich schaute bei meiner Mitarbeiterin vorbei, um mich bei ihr zu erkundigen, wie es lief. Sie antwortete: »Morgen früh können wir die Unterlagen per E-Mail abschicken.«

»Ups«, erwiderte ich. In meinem Kopf schrillten die Alarmglocken. »Einen Hebel geben wir aber nicht ohne Gegenleistung aus der Hand.«

Zuerst kapierte sie nicht, was ich meinte. Für sie schien es völlig normal zu sein, der Bitte des Stakeholders zu entsprechen und ihm die Präsentation per E-Mail zukommen zu lassen.

»Was passiert, nachdem Sie die Präsentationsunterlagen abgeschickt haben?«, half ich ihr auf die Sprünge.

Schweigen, überlegen, Antwort suchen. Aber es gab keine. Sie kannte die Wahrheit. Nachdem sie die E-Mail mit unserer Präsentation (unserem Hebel) abgeschickt und der Stakeholder das Gewünschte erhalten hatte, würde der Verkaufsvorgang mit hoher Wahrscheinlichkeit ins Stocken geraten und danach zum Stillstand kommen.

»Wie viele Stunden haben Sie in die Ausarbeitung dieser Präsentation investiert?«

»Zehn? Mindestens«, murmelte sie.

»So viel Zeit und Mühe! Und nun wollen Sie die Präsentation ohne Gegenleistung weggeben?« Ich schüttelte missbilligend den Kopf. »Sollten Sie nicht um etwas bitten?«

Ich blickte sie einen Moment lang ungläubig an, bevor sie den Fehler bemerkte, der ihr um ein Haar unterlaufen wäre. Darauf bedacht zu sein, es netten Stakeholdern recht zu machen, ist eine disruptive Emotion. Diese Beflissenheit verleitet dazu, in die eigene Tasche zu greifen und alles, was von Wert ist, zu verschenken.

»Ich sollte um einen Besprechungstermin bitten, um das Angebot gemeinsam durchzugehen und ihn als Trittstein für den Kontakt zum Entscheider auf höherer Leitungsebene benutzen.«

»Genau!«, erwiderte ich. »Sie haben einen Hebel in der Hand. Nutzen Sie ihn, um den Kaufprozess des potenziellen Kunden auf unseren Verkaufsprozess abzustimmen. Nutzen Sie ihn, um zu testen, wie groß sein Engagement wirklich ist. Nutzen Sie ihn, um Mikrozusagen zu erhalten. Nutzen Sie ihn, um zu bewirken, dass er sich im gleichen Maß um einen erfolgreichen Abschluss bemüht wie Sie.«

Meine Verkaufsmitarbeiterin rief den potenziellen Kunden an und bat um einen Termin, um die Präsentation und den Lehrplan gemeinsam zu besprechen. Man kam ihrer Bitte nach.

Die Präsentation war der Einstieg für ein tragfähiges Verkaufsgespräch. Wir erfuhren, dass das Unternehmen Schulungen dieser Art nicht firmenintern durchführen wollte (womit eine Alternative ausgeräumt war) und unser Lehrplan weit eher ihren Vorstellungen entsprach als derjenige eines Mitbewerbers, den man in Betracht zog (womit eine weitere Alternative ad acta gelegt war).

Die Stakeholder-Gruppe war dermaßen beeindruckt, dass sie sich einverstanden erklärte, einen Präsentationstermin mit dem Entscheider auszumachen – eine Mikrozusage, die den Verkaufsvorgang voranbrachte.

Den Kaufprozess skizzieren

Die meisten großen Unternehmen haben einen formal definierten Kaufprozess. In kleineren Organisationen gibt es zumindest einen informellen Kaufprozess. Er beinhaltet üblicherweise verschiedene Kontrollmechanismen, um sicherzugehen, dass die Stakeholder gute Entscheidungen treffen, wenn es um die Investition von Firmengeldern geht.

Je komplexer der Verkaufsvorgang, desto formaler und präziser ist der Kaufvorgang normalerweise definiert. In Situationen mit kurzem Verkaufsprozess, geringer Komplexität und geringem Risiko ist oft nur eine einzelne Person involviert (vielleicht der Firmeninhaber), der eine einfache Ja-/Nein-Entscheidung oder die formlose Aussage trifft: »Bevor wir weitermachen, müssen wir das Ganze noch einmal mit X oder Y durchgehen.«

Bei komplexen Verkaufsvorgängen und Deals auf Unternehmensebene ist es absolut unerlässlich, den formalen Kaufprozess der Organisation zu verstehen. Sie müssen die einzelnen Schritte, die er beinhaltet, und die Erwartungen und Zeitplanung der Stakeholder kennen, um die erforderlichen Schritte in die Wege leiten zu können. Den Kaufprozess zu konkretisieren und zu skizzieren, ist weder leicht noch eine Aufgabe, die sich nach Schema F erledigen lässt.

- Stakeholder können den Prozess verschleiern, weil sie das Gefühl haben, dadurch im Besitz eines Verhandlungsvorteils zu sein.
- Manchmal haben Stakeholder keinen Zugang zum übergeordneten Bild und Sie entdecken nur vereinzelte Bruchstücke des Kaufprozesses, während essenzielle Bausteine fehlen.

- In anderen Situationen fällt es den Stakeholdern schwer, Sie durch ihren Kaufprozess zu führen, weil sie keinen Prozess darin sehen.
- Bisweilen entwickeln sie den Kaufprozess spontan, wie es sich gerade ergibt.

Es ist wichtig, dass Sie durch entsprechende Fragen mehr über die Beschaffenheit des Kaufprozesses herausfinden und nicht lockerlassen. Sobald Sie verstanden haben, wie er in einem bestimmten Unternehmen gehandhabt wird, haben Sie einen Hebel, um diesen Kaufvorgang auf Ihren Verkaufsvorgang *abzustimmen*. Das ist der erste Schritt, um die Kontrolle zu gewinnen und einen systematischen, schrittweisen Prozess in die Wege zu leiten, der Ihnen ermöglicht, Ihre Machtposition zu stärken.

Eine der wirkungsvollsten Taktiken, um Kauf- und Verkaufsprozess auf einen Nenner zu bringen, besteht darin, während des ersten Verkaufsgesprächs einen Konsens und eine Vereinbarung bezüglich der Schritte zu erzielen, die beide Parteien durchlaufen müssen, um ein maßgeschneidertes Lösungskonzept zu entwickeln.

Dieses Lösungskonzept enthält Ihre lückenlose Argumentationskette und Ihr Preisangebot – das formale Angebot an den Käufer, das als Obergrenzen-Anker in den Verkaufsverhandlungen dient. Er ist außerdem Ihr mächtigster Hebel im Verkaufsprozess, weil er die Informationen enthält, die Stakeholder am dringendsten benötigen. Sie haben im Verlauf des Verkaufsvorgangs Zeit in Sie investiert und das Lösungskonzept ist ihre Belohnung. Sie sollten diesen Hebel ungestraft einsetzen, um potenzielle Käufer zu motivieren, ihren Kaufvorgang auf Ihren Verkaufsvorgang abzustimmen.

Keine Lösungskonzepte per E-Mail verschicken

Lösungskonzepte werden *niemals* per E-Mail vorgelegt. Wenn die Stakeholder an Ihren Informationen interessiert sind, sollten sie eine formale Besprechung anberaumen, um in den Besitz zu gelangen. Wenn ich sehe, dass Verkäufer gegen diese Regel verstoßen, stehen mir die Haare zu Berge.

Schicken Sie nie, nie, nie ein Lösungskonzept per E-Mail und wählen Sie auch keine anderen Kommunikationswege, die verhindern, dass Sie den potenziellen Kunden Schritt für Schritt durch den Prozess führen. Warum? Weil Ihr Lösungskonzept ein formales Angebot darstellt. Eine Plattform, auf der Sie Ihre lückenlose Argumentationskette präsentieren und um Auftragserteilung *bitten*. Das ist Ihre Chance, eine eindeutige Entscheidung herbeizuführen, den Abschluss unter Dach und Fach zu bringen oder mit dem Verhandlungsprozess zu beginnen.

Ja, natürlich erstreckt sich die Verkaufsverhandlung bei größeren Deals auf Unternehmensebene weit über diese Besprechung hinaus. Dennoch gibt es auch dabei einige Punkte auf der Verhandlungsliste der Stakeholder, die bei dieser Zusammenkunft konkretisiert werden können.

Wenn Sie nicht per Telefonkonferenz, Videostream oder persönlich an einer Besprechung teilnehmen, geschieht nichts dergleichen. In den meisten Fällen verschwindet Ihr Lösungskonzept in einem schwarzen Loch und Sie sehen sich genötigt, den

Stakeholdern mit fruchtlosen »Ich wollte mich nur mal wieder melden« - Anrufen hinterherzulaufen.

Und schlimmer noch, Teile Ihrer Argumentationskette könnten falsch interpretiert oder aus dem Zusammenhang gerissen werden. Da Sie nicht an Ort und Stelle sind, um die Reaktionen in die richtigen Bahnen zu lenken und Missverständnisse aufzuklären, entsteht ein falscher Eindruck, der haften bleibt. Damit öffnen Sie möglichen Alternativen die Tür und schwächen Ihre eigene Position.

Stakeholder nutzen ihre Hebel, um Verkäufer nach ihrer Pfeife tanzen zu lassen

Bedauerlicherweise lassen sich Verkäufer wie meine Mitarbeiterin in den Kaufprozess des potenziellen Kunden verstricken, sodass sie wohl oder übel nach seiner Pfeife tanzen müssen. Und statt sich ihrer eigenen Hebel zu bedienen, um die Kontrolle zu gewinnen, lassen sie sich gängeln.

Sie stürzen sich Hals über Kopf in einen Verkaufsvorgang, legen Angebote vor, präsentieren Lösungen trotz unzureichender Informationen, nehmen Herausforderungen an, bevor sie diese vollumfänglich verstehen, sind blind für den Einfluss anderer Stakeholder und bitten um verbindliche Zusagen, bevor sie sich das Recht dazu verdient haben. Da Kaufprozess und Verkaufsprozess nicht aufeinander abgestimmt sind, lassen sie wichtige Schritte aus, gestatten disruptiven Gefühlen, ihr Verhalten zu leiten, und schieben die situative Aufmerksamkeit, die erforderlich wäre, beiseite.

Damit beschwören sie die Wahrscheinlichkeit herauf, den Verkaufsvorgang zu torpedieren, und die Ergebnisse sind vorhersehbar:

- Der Verkaufsvorgang gerät ins Stocken und Ressourcen werden bei der Verfolgung von Aktivitäten mit geringer Erfolgswahrscheinlichkeit verschwendet.
- Die Verkäufer verhandeln mit sich selbst.
- Sie vergeuden Zeit mit Verkaufsprozessen, die nie zum Abschluss kommen.
- Bereichsleiter sind frustriert, weil die Verkaufspipelines keine Prognosen zulassen.
- Die Stakeholder sind aufgebracht, weil sie Zeit mit oberflächlichen Besprechungen von geringem Nutzen verschwenden.
- Die Verkäufer machen wertvolle Zugeständnisse, um Fehler und Versäumnisse auszubügeln und den Auftrag doch noch zu erhalten.

Wenn Sie länger als einen Monat im Verkauf tätig sind, kennen Sie vermutlich diese (oder ähnliche) Aussagen von potenziellen Kunden, die persönlich, per Telefon oder per E-Mail erfolgen:

- »Für ein Meeting habe ich im Moment keine Zeit, aber wir sind interessiert. Schicken Sie mir Ihr Angebot doch einfach zu. Ich schau es mir an und rufe zurück, danach machen wir einen Besprechungstermin aus.«
- »Schicken Sie mir Ihr Preisangebot zu; wir sind immer an einem besseren Deal interessiert. Aber ich sage es Ihnen gleich, es muss sich für uns rechnen.«

- »Ich sammle noch die Informationen der Anbieter. Sobald wir alles beisammenhaben, beraumen wir Besprechungstermine an.«
- »Wir werden noch diese Woche eine Entscheidung treffen, deshalb brauchen wir die Informationen so schnell wie möglich. Wann können Sie uns Ihr Angebot zuschicken?«

Sie sollten sich nicht von disruptiven Emotionen wie Übereifer oder Verzweiflung dazu verleiten lassen, zu reagieren. Damit würden Sie Ihren Hebel ohne Gegenleistung aus der Hand geben. Schützen und nutzen Sie ihn, um die Kontrolle zu gewinnen und den Kaufprozess des potenziellen Kunden auf Ihren Verkaufsprozess abzustimmen.

In all diesen Fällen ist der Hebel die Information. Der potenzielle Kunde möchte oder braucht Ihre Informationen (sprich Ihr Preisangebot oder Ihre kostenlose Beratung). Wenn Sie auf seine Bitte eingehen, verschenken Sie Ihren Hebel und lassen sich von ihm gängeln wie eine Marionette. Denn sobald er neben seiner Machtposition auch noch über sämtliche Hebel verfügt, hat er die Kontrolle, nicht Sie.

Wenn Sie jedoch Ihren Hebel (Ihre Informationen) im Tausch gegen ein Meeting, eine Situationsanalyse-Besprechung oder einen Termin bei einem der Entscheider einsetzen, haben Sie die Chance, das Geschehen zu steuern und den Kaufprozess auf Ihren Verkaufsprozess abzustimmen.

Bei Verkaufsvorgängen, die komplex sind oder auf Unternehmensebene stattfinden, versuchen die potenziellen Kunden bisweilen, bestimmte Meilensteine im Verkaufsprozess vorzeitig auszuhandeln. Bei einer Software-Demo könnte es beispielsweise heißen: »Es erfordert viel Arbeit und einige Investitionen, um unser Team für eine Demo zusammenzubringen. Ich möchte die Zeit meiner Mitarbeiter nicht vergeuden, falls Ihre Preise zu hoch sind. Schicken Sie uns doch bitte Ihr bestes Preisangebot zu, und wenn es uns sinnvoll erscheint, machen wir die Demo.«

Wenn sich Verkäufer darauf einlassen, geben sie ihren wertvollsten Hebel ohne Gegenleistung und ohne jeglichen Zusammenhang aus der Hand. Falls es ihnen gelingt, doch irgendwie durch den klippenreichen Verkaufsprozess zu navigieren und später ein endgültiges Lösungskonzept vorzulegen, wird der potenzielle Kunde weitere Zugeständnisse verlangen.

Diese Taktik wird von geschickten Käufern eingesetzt, bevor sie zu weiteren Schritten übergehen – Demos, Pilotprojekten, Rundgang durch die Einrichtung, Situationsanalyse-Besprechungen usw. Manchmal erklären sie, einen Blick auf Ihre Preise werfen zu müssen, bevor sie sich auf ein erstes Meeting einlassen.

Wenn Sie Ihren Gefühlen nachgeben und Ihren Hebel verschenken, katapultieren Sie sich auf Anhieb in eine Position der Schwäche. Ihr Preisangebot gelangt höchstwahrscheinlich direkt in die Hände Ihrer Mitbewerber, sodass Sie keine Chance haben, einen erfolgreichen Abschluss zu erzielen.

Ein besserer Schachzug wäre, Ihren Hebel einzusetzen, um das Engagement Ihres potenziellen Kunden zu testen und den nächsten Schritt einzuleiten. Hier ein Beispiel:

Käufer: »Wir freuen uns auf die Besichtigungstour mit unserem Team. Doch bevor wir zu diesem Schritt übergehen, möchten wir einen Blick auf Ihre Preisstruktur werfen.«

Verkäufer: »Das macht Sinn. Sie möchten sich vergewissern, dass wir ein passgenaues Lösungskonzept vorlegen, bevor Sie eine Menge Zeit in den Vorgang investieren.« (Hier wird die Repetitionstechnik angewendet, auf die wir im 20. Kapitel näher eingehen.)

»Genau das ist der Grund, warum wir Sie und Ihr Team gebeten haben, uns an unserem Standort zu besuchen. Sie haben damit die Möglichkeit, unser Team kennenzulernen und sich ein Bild zu machen, wie wir arbeiten. Und wir haben die Möglichkeit, mehr über Ihre Erwartungen und Erfolgskriterien zu erfahren.

Nach dem Rundgang werden wir ein Lösungskonzept entwickeln, das auf Ihre individuelle Situation zugeschnitten ist. Auf der Grundlage dieser Informationen können beide Seiten dann die Entscheidung treffen, ob es sinnvoll ist, die Gespräche fortzusetzen. Wie wäre es, wenn wir den nächsten Donnerstag, 14 Uhr, als Termin festlegen?«

Das merkwürdige Zeitgefühl

Zeit und Zeitgefühl – die Wahrnehmung, dass die Zeit davonläuft oder nicht zu vergehen scheint – ist ein wirkmächtiger Hebel, vor allem, wenn eine der beiden Parteien hochmotiviert ist, den Deal unter Dach und Fach zu bringen. Termindruck und Dringlichkeit verleiten Sie und Ihre Stakeholder wie kein anderer Einflussfaktor zu Zugeständnissen.

Top-Verhandler verstehen sich meisterhaft darauf, schon in einer Frühphase des Verkaufsprozesses einen Konsens hinsichtlich der Zeitschiene für das Engagement der Stakeholder zu erzielen. Doch der Zeithebel steht beiden Seiten zur Verfügung. Ihre Arbeitsmotivation steigt beispielsweise, wenn Sie mit Ihrer Prognose eine Verpflichtung eingegangen sind, den Einsendeschluss in einem Wettbewerb einhalten müssen oder die Chance auf einen Bonus haben.

Ich mag es, wenn potenzielle Kunden Fristen haben. Andernfalls tue ich mein Bestes, um sie während der Analyse/Demophase des Verkaufsprozesses zu motivieren, sich an bestimmte Termine zu halten. Auf ähnliche Weise erzeugen (vor allem bei transaktionalen und kurzen Verkaufsprozessen) Sonderrabatte, Produktknappheit, Mengenbeschränkungen, Lieferfristen, mögliche Lieferrückstände usw. das Gefühl der Dringlichkeit, geben Ihnen einen Hebel an die Hand und stärken Ihre Machtposition, wenn Sie Alternativen ausräumen. Alles, was Dringlichkeit schafft, ist wie das Kryptonit aus den Superman-Geschichten eine Schwachstelle am Verhandlungstisch, die Ihnen Macht zuspielt.

Die Stakeholder haben gelernt, die Zeit geschickt zu nutzen, um die Verkäufer nach ihrer Pfeife tanzen zu lassen. Einige zögern die Verhandlungen absichtlich bis kurz vor Quartalsende hinaus, weil sie wissen, dass die Verkaufsmitarbeiter und ihre Vorgesetzten dann wesentlich nachgiebiger sind.

Nehmen wir das zuvor erwähnte Beispiel: »Wir werden noch diese Woche eine Entscheidung treffen, deshalb brauchen wir die Informationen so schnell wie möglich. Wann können Sie uns Ihr Angebot zuschicken?«

Das ist die alte Masche »Dampf machen«, um den anderen weichzukochen. Der Stakeholder deutet an, dass er Interesse hat und im Begriff ist, eine Kaufentscheidung zu treffen. »Wenn Sie mit uns ins Geschäft kommen wollen, müssen Sie sich beeilen.«

Diese Taktik bezeichnet man als Zeitdruck erzeugen. Die potenziellen Kunden erzählen dem Verkäufer, dass sie nur begrenzte Zeit für einen kurzfristigen Abschluss zur Verfügung haben oder die Zeit, bevor die Entscheidung fällt, kurz bemessen ist. Die Verkäufer schlucken den Köder. Sie legen die Arbeit, mit der sie gerade beschäftigt sind, beiseite und verbringen den Nachmittag (oder den ganzen Tag) damit, das perfekte Lösungskonzept zusammenzustellen, drängen ihre Vorgesetzten, die Preiskonzessionen zu bewilligen, schicken das Angebot per E-Mail zu, legen den Verkaufsvorgang in der Pipeline ab, lassen ihn in ihre Umsatzprognose einfließen ... und hoffen.

Warum passiert das? Weil die Verkäufer es versäumen, disruptive Gefühle unter Kontrolle zu bringen – Verzweiflung, mangelndes Selbstvertrauen, die Angst, eine Chance zu verpassen, und falsche Hoffnungen.

Statt sich zu einer Reaktion nötigen zu lassen, sollten Sie auf Zeitdruck in welcher Form auch immer entspannt und selbstsicher reagieren. Erklären Sie Ihren Standpunkt und nutzen Sie den Hebel, um potenzielle Kunden zu zwingen, sich auf Sie zuzubewegen.

Käufer: »Wir werden noch diese Woche eine Entscheidung treffen, deshalb brauchen wir die Informationen so schnell wie möglich. Wann können Sie uns Ihr Angebot zuschicken?«

Verkäufer: »Meine Konkurrenten werden sich freuen, Ihnen umgehend ein Angebot zukommen zu lassen. Für sie ist das einfach. Sie haben eine vorgefertigte Lösung in der Schublade und gehen davon aus, dass sie für alle Kunden taugt. In diesem Punkt unterscheiden wir uns. In meinem Unternehmen entwickeln wir eine Lösung, die passgenau Ihrem Bedarf entspricht. Ich würde Sie nur noch bitten, sich die Zeit zu nehmen, einige wichtige Fragen zu beantworten, damit ich genau verstehe, was Sie brauchen. Dann kann ich ein Lösungskonzept erarbeiten, das auf Ihre spezifische Situation zugeschnitten ist. Auf diese Weise haben Sie die Möglichkeit, Vergleiche anzustellen und sich für die Option zu entscheiden, die für Ihr Unternehmen die beste ist. Wie wäre es, wenn wir uns morgen Nachmittag um 14 Uhr zu einer Besprechung zusammensetzen?«

Wenn Sie Ihren Hebel auf diese Weise einsetzen, erhalten Sie wahrscheinlich eine von drei möglichen Reaktionen:

»**Das erscheint mir sinnvoll – wann können wir die Besprechung anberaumen?**« In diesem Moment haben Sie den Kaufprozess neu ausgerichtet, die Kontrolle über den Vorgang und die Macht gewonnen, ihn auf Ihren Verkaufsprozess abzustimmen – womit Sie vermutlich den Verkäufer eines Konkurrenten aus dem Rennen geworfen haben, der glaubte, das Geschäft bereits in trockenen Tüchern zu haben.

»**Wie viel Zeit wird das Meeting in Anspruch nehmen?**« oder »**Gibt es eine andere Möglichkeit?**« In diesem Fall versucht der Käufer, sich auf dem Verhandlungsweg Zugriff auf Ihren Hebel zu verschaffen. Sie erkennen daran, dass die Sache dringlich für ihn zu sein scheint, deshalb müssen Sie sich nur noch darauf verständigen, wann die Situationsanalyse-Besprechung stattfinden soll.

»**Hören Sie, wir haben keine Zeit für eine Besprechung. Wenn Sie mit uns ins Geschäft kommen wollen, schicken Sie uns Ihr Angebot zu.**« Sie wissen, dass in diesem Fall keine Chance auf einen erfolgreichen Abschluss besteht. Steigen Sie aus und heben Sie Ihre kostbare Zeit und Ihre Hebel für ein Spiel mit höherer Erfolgswahrscheinlichkeit auf.

Top-Verhandler kratzen nicht die Felder von Rubbellosen frei, um zu erfahren, ob sie gewonnen haben. Sie verstehen sich darauf, ihre disruptiven Gefühle an die Kandare zu nehmen und Verkaufsaktivitäten mit höheren Gewinnaussichten zu verfolgen. Sie verschwenden ihre Zeit nicht damit, Aufforderungen zur Angebotsabgabe blind nachzukommen oder Angebote auf gut Glück abzugeben, weil sie Angst haben, eine Chance zu verpassen. Hoffnung ist weder eine effektive Strategie noch eine gute Investition Ihrer Zeit.

Top-Verhandler nutzen stattdessen ihre Hebel, um das Verhalten der Stakeholder positiv zu beeinflussen und eine Position einzunehmen, die den Erfolg vorprogrammiert, indem sie den Kaufprozess eines potenziellen Kunden auf ihren Verkaufsprozess abstimmen.

Geben Sie Ihren Hebel niemals ohne Gegenleistung aus der Hand. Und noch einmal für diejenigen, bei denen die Botschaft noch nicht angekommen ist: *Geben Sie Ihren Hebel niemals ohne Gegenleistung aus der Hand.* Wenn Sie etwas von Wert anbieten, sollten Sie im Gegenzug etwas von größerem oder zumindest gleichem Wert zurückerhalten.

12 Powerposition

Im Verkauf leitet sich Macht aus der Anzahl der Alternativen her. Am Verhandlungstisch gilt: Je mehr Alternativen eine Partei hat, desto stärker die Machtposition. Und je stärker ihre Machtposition, desto mehr Zugeständnisse kann sie einfordern.

Die Käufer befinden sich fast immer in einer stärkeren Machtposition als die Verkäufer.

- Sie haben im Allgemeinen die Möglichkeit, *nichts zu tun* – keine Entscheidung zu treffen.
- Es gibt fast immer einen *Konkurrenten*, der in den Startlöchern steht und nur darauf wartet, ihnen ähnliche Produkte oder Dienstleistungen zu verkaufen.
- Es besteht oft sogar die Möglichkeit, bestimmte Leistungen *firmenintern*, in eigener Regie, zu erbringen.

Die Verkäufer befinden sich fast immer in einer schwächeren Machtposition, weil ihnen weniger Alternativen zur Verfügung stehen.

- Sie arbeiten mit spärlich bestückten oder nicht vorhandenen Pipelines, weil sie es versäumt haben, fortlaufend neue potenzielle Kunden zu identifizieren und zu gewinnen.
- Sie fühlen sich von Führungskräften in die Ecke gedrängt, die monatliche, vierteljährliche und jährliche Umsatzprognosen verlangen.
- Sie müssen Leistungsvorgaben erfüllen, um ihren Arbeitsplatz zu behalten.
- Der Wettbewerb in ihrem Markt oder ihrer Branche ist mörderisch.
- Es gibt viele ähnliche Angebote im Markt, die von den Käufern als vollkommen gleich wahrgenommen werden.
- Obwohl sie fast immer andere potenzielle Kunden in petto haben, an die sie verkaufen könnten, fühlt es sich für die Verkäufer selten so an.

Deshalb haben Käufer fast immer eine stärkere Ausgangsposition, die es ihnen erleichtert, verzweifelte Verkäufer in eine schwächere Position zu manövrieren und zu nötigen, ihren Hebel ohne Gegenleistung aus der Hand zu geben.

Ein Teil der Stärke, die Käufer kennzeichnet, ist die natürliche Ordnung der Dinge. Wenn der potenzielle Kunde beispielsweise ein großer multinationaler Konzern mit einem Markennamen der Spitzenklasse ist, kann man davon ausgehen, dass eine lange Schlange von Anbietern auf die Chance wartet, den Auftrag zu ergattern. Organisationen mit umfangreichen Ressourcen haben massive Kauf- und Verhandlungsmacht.

Noch stärker fallen jedoch die selbst zugefügten Wunden der Anbieter ins Gewicht. Sie mutmaßen, dass die Käufer mehr Optionen haben als es tatsächlich der Fall ist. Dieser Irrglaube kann auf einen Bluff des Käufers oder mangelndes Wissen über Markt und Wettbewerber auf Seiten des Verkäufers zurückzuführen sein. Oft ist das auch für eine unzureichende Situationsanalyse während des Verkaufsprozesses symptomatisch, die keinen Hinweis zutage förderte, dass der Käufer viel dringender auf einen Abschluss angewiesen ist, als er zugibt.

Ihr Fokus sollte ausschließlich auf der Stärkung Ihrer Verhandlungsposition liegen

Sie möchten das Gefühl haben, das Geschehen steuern zu können. Sie möchten das Gefühl haben, selbstbewusst und durchsetzungsfähig zu sein. Sie möchten das Gefühl haben, sich in einer starken Verhandlungsposition zu befinden. Sie möchten vermeiden, Zugeständnisse zu machen, die sich am Ende des Tages negativ auf Ihr Einkommen auswirken.

Deshalb blicken viele Verkäufer auf die Taktiken des Obi-Wan Kenobi aus *Star Wars*, die ihnen gestattet, die andere Partei im Handumdrehen auszumanövrieren: »Das sind nicht die Droiden, die ihr sucht.«

Das ist die Art Macht, die wir uns alle wünschen. Doch sie auf diese Weise zu erlangen, geschieht nur im Film (und in einigen Büchern und Trainingskursen zum Thema Verhandlungen, die diesem Bedürfnis nur allzu gerne entgegenkommen). Das wahre Geheimnis, das Ihnen erlaubt, die »Macht« auf Ihre Seite des Verhandlungstisches zu verlagern, beruht jedoch nicht auf einem reizvollen, coolen Jedi-Psychotrick, sondern auf einer Fähigkeit, die weit weniger glamourös ist.

Die meisten Verkäufer mit gesundem Menschenverstand müssen feststellen, dass sie sich in einer schwachen Verhandlungsposition befinden, weil sie im Verkaufsprozess wichtige Schritte ausgelassen oder Abkürzungen genommen haben. Wenn Sie bestimmte Schritte überspringen – vor allem eine gründliche kundenseitige *Situationsanalyse* –,

- sind Sie gezwungen, Zugeständnisse zu machen, bevor Sie gewonnen haben;
- machen Sie sich zur Marionette des potenziellen Kunden;
- werden Sie unter Druck gesetzt, den höchstmöglichen Rabatt einzuräumen, haben aber keine Munition, um Ihre Position zu verteidigen und zu rechtfertigen, weil Sie es versäumt haben, eine gründliche Situationsanalyse durchzuführen und eine lückenlose Argumentationskette aufzubauen, die den Nutzen oder Wert Ihres Lösungskonzepts klar aufzeigt;
- geben Sie massive Nachlässe auf Ihre Preise, weil Ihre Milchmädchenrechnung, dass Sie den potenziellen Kunden mit Sicherheit »rumkriegen«, nicht aufgegangen ist;
- vergeuden Sie Zeit, um mit Stakeholdern zu verhandeln, die sich nicht entscheiden können, sodass Sie am Ende zweimal mit ihnen um dasselbe Zugeständnis kämpfen müssen;
- haben Sie eine schwache Argumentationskette aufgebaut und sind unfähig, die Alternativen Ihrer Verhandlungspartner auszuräumen oder zu neutralisieren.

Ich kann Ihnen vor Augen führen, welche inneren Einstellungen, Strategien, Rahmenwerke und Techniken Ihnen in Verkaufsverhandlungen gute Dienste leisten. Aber wenn Sie im Verkaufsprozess beschließen, Abkürzungen zu nehmen, landen Sie im Handumdrehen wieder dort, wo Sie angefangen haben – und fühlen sich frustriert, gescheitert, feilschen um Rabatte und sehen Ihre Provision dahinschwinden.

Im Verlauf meines Berufslebens wurde ich immer wieder von Verkaufsprofis gebeten, ihnen einige Jedi-Psychotricks zu verraten. Sie halten verzweifelt nach der einen, einzig wahren Killertechnik Ausschau, die sie in Meister der Verkaufsverhandlungen und Verkaufsabschlüsse verwandelt.

Diese realitätsfremden Verkäufer weigern sich, der Wahrheit ins Gesicht zu sehen, dass nämlich das wahre Geheimnis exzellenter Verhandlungs- und Abschlusstechniken mit Spitzenleistungen in *sämtlichen* Phasen des Verkaufsprozesses beginnt. Sie ziehen es vor, nach einer Abkürzung, einem Knopf, den man nur drücken muss, oder nach einem mystischen Psychotrick Ausschau zu halten, statt sich die Mühe zu machen, einen Verkaufsvorgang systematisch und methodisch durch die Pipeline zu schleusen, Schritt für Schritt.

Keine Verhandlungstechnik, keine Aktivität, kein Spiel und kein Schachzug kann Sie retten, wenn Sie es unterlassen, jeden Schritt im Verkaufsprozess zu planen und durchzuführen. Dieses Versäumnis ist der Hauptgrund dafür, dass Verkäufer am Verhandlungstisch Haus und Hof verspielen.

Das A und O des Verkaufserfolgs: Der Verkaufsprozess, was sonst!

Spitzenleistungen im Verkaufsprozess lassen sich nicht von Spitzenleistungen in Verkaufsverhandlungen trennen. Der Verkaufsprozess ist das A und O des Verkaufserfolgs oder »die Grundwahrheit«, wie mein Kollege Mike Weinberg zu sagen pflegt.

Vermutlich haben Sie die Nase gestrichen voll, wieder einmal etwas über das Thema Verkaufsprozess zu hören. Ich weiß, es nervt. Sie erhalten die Botschaft während des Verkaufstrainings. Von Ihren Vorgesetzten in Meetings und bei Vier-Augen-Gesprächen. In Büchern wie diesem. Ein langweiliges Thema und Verkäufer hassen Langeweile.

Sie wollen mehr als das. Das kann doch nicht alles sein! Während Sie meine Mahnung lesen, sich an jeden einzelnen Schritt im Verkaufsprozess zu halten, denken Sie vielleicht: »Das ist doch Schnee von gestern. Kenn ich alles in- und auswendig. Verkaufsprozess, Verkaufsprozess, Verkaufsprozess. Mir reicht›s!«

Es muss doch eine bessere Methode geben, denken Sie. Sie möchten, dass ich Ihren Wünschen entgegenkomme und Ihnen eine Technik präsentiere, die Sie garantiert in einen Super-Verhandler und Abschluss-Weltmeister verwandelt.

Vergessen Sie›s! Sollte Ihnen irgendein Verkaufstrainer oder Autor weismachen wollen, dass Sie den Verkaufsprozess abkürzen und trotzdem bei Verhandlungen oder Abschlüssen Spitzenergebnisse erzielen können, ist das Augenwischerei.

Falls Sie jetzt sauer sind, weil ich Ihnen nicht das sage, was Sie gerne hören möchten, sollten Sie sich eines Besseren besinnen. Die Suche nach Abkürzungen ist eine bewusste Entscheidung, die das Scheitern vorprogrammiert. Die Augen vor der Wahrheit zu verschließen, ist reine Selbsttäuschung.

Das wahre Geheimnis erfolgreicher Geschäftsabschlüsse und des *Machtgewinns* am Verhandlungstisch besteht darin, den Verkaufsprozess aus dem Effeff zu beherrschen, zu steuern und Schritt für Schritt durchzuführen. Das ist die wichtigste Lektion in diesem Buch. Ich hoffe, die Botschaft ist angekommen, denn das ist die ungeschönte Grundwahrheit: Was wirklich zählt, ist *harte, unglamouröse Arbeit*.

Jedi-Psychotricks

Verkaufsergebnisse sind vorhersehbar; die Prognosen stützen sich darauf, wie kompetent die Hebel im Verkaufsprozess eingesetzt, die einzelnen Schritte durchgeführt und der Abschluss angestrebt werden. Wenn Sie einem sorgfältig gestalteten Verkaufsprozess mit qualifizierten Leads folgen, die sich derzeit im Kauffenster befinden, werden Sie mehr Geschäfte zu höheren Preisen und günstigeren Konditionen abschließen. Das ist die Wahrheit und eine Garantie.

Wenn Sie nach einem Jedi-Psychotrick Ausschau halten, der bewirkt, dass Sie die Oberhand in Verhandlungen mit Käufern gewinnen, können Sie die Suche auf folgende Aktivitäten fokussieren (siehe Abbildung 12.1), in denen es Spitzenleistungen zu erbringen gilt:

Abb. 12.1: Verkaufserfolg bedeutet, die Bausteine in der richtigen Reihenfolge verorten

- Zielgruppendefinition, Prospecting, Kontaktpflege, Engagement, Qualifizierung, Gestaltung
- Einwände, Verhandlung, Abschluss
- Situationsanalyse, Lösungslandkarte, Argumentationskette, Konsens
- Präsentation, Lösungskonzept, Wahl

1. Prospecting – die Identifizierung potenzieller Kunden und Interessenten,
2. Leadqualifizierung,
3. Erstkontakte,
4. Abstimmung von Verkaufs- und Kaufprozess,
5. Stakeholder-Zuordnung,
6. Erhalt durchgängiger Mikrozusagen,
7. Situationsanalyse, Situationsanalyse, Situationsanalyse,
8. Lösungskonzeptlandkarte und Stakeholder-Konsens,
9. Aufbau von Wertebrücken, Präsentationen und Lösungskonzepten,
10. Entkräften von Einwänden,
11. Verhandeln,
12. Abschluss *besiegeln*.

Qualifizierte Leads systematisch in Ihre Verkaufspipeline einzuführen und durch den Verkaufsprozess zu geleiten, ist der Schlüssel zum Erfolg, weil Sie auf diesem Weg zuerst gewinnen und sich die Verkaufsverhandlungen dadurch erheblich erleichtern. Der Verkaufsprozess und der Verhandlungsprozess sind unauflöslich miteinander verwoben.

Sie können nicht bis zur Verhandlungsphase damit warten, über den Ablauf der Verhandlungen nachzudenken. Um effektiv zu sein, müssen Sie von Anfang an einen Blick auf das gesamte Schachbrett werfen und Ihre Aufmerksamkeit vor allem darauf richten, die Gewinnchancen für Ihr Team aktiv zu erhöhen. Sie müssen die Spieler kennen, Ihre Hebel schützen, Ihre Machtposition stärken und jeden einzelnen Schachzug planen.

Im Schach und im Verkauf hat jeder Zug eine bestimmte Gewinnwahrscheinlichkeit. Das ist eine einfache Sache der Mathematik – basierend auf der Anordnung der Figuren auf dem Schachbrett. Schachprofis der Meisterklasse und ultrakompetente Verkaufsprofis verstehen sich hervorragend darauf, die Gewinnwahrscheinlichkeit jedes einzelnen Zugs vorauszuberechnen und das Spiel zu gewinnen.

Jede Aktion, jeder Schritt, jede Frage, jede Äußerung, die Demo, die Präsentation – alle Bausteine im Verkaufsprozess sind gründlich durchdacht und darauf ausgerichtet, die Gewinnwahrscheinlichkeit zu erhöhen und ihre Position zu verbessern, wenn der Zeitpunkt für Verhandlungen kommt.

In jeder Verkaufssituation führen verschiedene Wege und Techniken, die Sie anwenden können, zum Ziel: das Geschäft unter Dach und Fach zu bringen. Wie ein Schachmeister sollten Sie denjenigen Weg wählen, der Ihnen die größten Chancen bietet, für Ihr Team zu gewinnen.

Die Macht der Alternativen

Der Begriff BATNA (Best Alternative to a Negotiated Agreement), sprich die beste Alternative zum ausgehandelten Ergebnis, wurde von den Autoren Roger Fisher und William Ury in ihrem Klassiker *Getting to Yes: Negotiating Without Giving In* (Im Deutschen: *Das Harvard-Konzept*)[1] definiert.

BATNA ist Ihre beste Alternative für den Fall, dass es Ihnen nicht gelingt, zu einem ausgehandelten Ergebnis zu gelangen. Beispielsweise könnten Sie aus den Verhandlungen aussteigen und nach einem anderen Käufer Ausschau halten oder den Deal und die Übereinkunft, die Sie schlussendlich erzielen, auf das Notwendigste reduzieren, wobei Sie mit Ihren Zugeständnissen bis an Ihr Limit und an Ihre nichtverhandelbaren Positionen gehen.

Der Grund dafür, dass Stakeholder sich für Verhandlungen entscheiden, ist das Gefühl, dass sie damit einen besseren Deal abschließen, als wenn sie auf Verhandlungen verzichten. Statt Ihr Lösungskonzept blind zu akzeptieren und Ihr Wort für bare Münze zu nehmen, dass es ein gutes Geschäft ist, verlangen sie Zugeständnisse von Ihnen.

Wenn eine Partei über realisierbare Alternativen verfügt, hat sie Macht, denn sie kann sich emotional von einer Option lösen und zu einer anderen übergehen. Im Allgemeinen gilt: Je mehr Alternativen Ihre Stakeholder haben, desto mehr Zugeständnisse können sie herausholen.

In den meisten Fällen gibt es in der Tat Alternativen. Die Stakeholder haben beispielsweise bis auf wenige Ausnahmefälle die Möglichkeit, nichts zu tun. Deshalb ist die Entscheidung, »keine Entscheidung zu treffen« – das Festhalten am Status quo – der Hauptgrund dafür, dass Deals scheitern.

Einige potenzielle Kunden beschließen vielleicht, das Projekt in eigener Regie und im eigenen Haus durchzuführen. Das war die BATNA, die ich in der Hinterhand hatte, als ich mit einem Unternehmen über das Outsourcing meiner Videobearbeitung und Produktion verhandelte. Als wir uns nicht auf den Preis einigen konnten, übertrug ich meinen eigenen Mitarbeitern die Aufgabe.

Natürlich führen die BATNA-Käufer als stärksten Machtfaktor besonders häufig die Möglichkeit ins Feld, das Geschäft mit Ihren Konkurrenten abzuschließen. Mitbewerber sind fast immer am Start, und solange Sie die Stakeholder nicht vom Gegenteil überzeugen, sind in ihren Augen alle Anbieter gleich.

Was uns zum Verkaufsprozess zurückführt. Genau hier haben Sie die Chance, sich positiv vom Rest der Meute abzuheben, indem Sie eine starke Beziehung und eine lückenlose Argumentationskette aufbauen, die Ihre Konkurrenten als Alternative ausschließt.

---

1 2011 veröffentlichten Fisher und Ury eine dritte Auflage von *Getting to Yes*. Die aktualisierte Auflage, von Bruce Patton herausgegeben, enthält Fishers und Urys Reaktionen auf Kritik an ihrem ursprünglichen, 1981 erschienenen Buch.

Stärken Sie Ihre Machtposition

Da Sie ständig verhandeln – manchmal mehrmals am Tag oder in der Woche –, sollten Sie *immer* überlegen, wie Sie Ihre Machtposition stärken. Das ist eine Spielstrategie bei Verkaufsverhandlungen, die sich stets umsetzen lässt.

Ihr Fokus als Verkaufsprofi, vom Aufwachen bis zum Schlafengehen, sollte vorrangig auf der Verbesserung Ihrer Verhandlungsposition bei allen Verkaufsvorgängen liegen, die sich in Ihrer Pipeline befinden.

Sie stärken Ihre Verhandlungsposition, indem Sie entweder Ihre eigenen Alternativen erweitern oder die Alternativen der anderen Partei eliminieren oder neutralisieren.

Die eigenen Alternativen erweitern
1. Halten Sie mit ungebrochenem Elan nach potenziellen Kunden und Interessenten Ausschau und bauen Sie eine starke Pipeline mit qualifizierten Leads auf. Damit ebnen Sie mehrere Wege zur Realisierung Ihrer Verkaufsziele.

2. Vermeiden Sie, bei wichtigen Verkaufschancen unter Zeitdruck zu verhandeln – gegen Ende des Monats, Quartals oder Jahres –, wenn der hausgemachte Stress, die Umsatzprognosen zu erfüllen, die Alternativen einschränken. Das bedeutet, dass Sie den Verkaufsprozess und die Zeitschiene umsichtig steuern sollten.

3. Starten Sie mit Volldampf ins neue Jahr, sodass Sie Ihre Quote frühzeitig erreichen. Damit schaffen Sie die Möglichkeit, sich emotional zu lösen und aus einer Verhandlung auszusteigen, die zu nichts führt. Halten Sie im vierten Quartal intensiv nach potenziellen Kunden und Interessenten Ausschau, um Ihre Pipeline für das erste Quartal des darauffolgenden Jahres zu füllen.

4. Verwenden Sie Ihren Hebel mit entspanntem, souveränem Selbstvertrauen, um anzudeuten, dass Ihnen Alternativen zur Verfügung stehen. Das ist im Grunde ein emotionaler Bluff. Doch denken Sie daran, dass ein großer Unterschied zwischen entspanntem Selbstvertrauen und arroganter Selbstüberschätzung besteht.

Die Alternativen der anderen Partei eliminieren oder neutralisieren
1. Definieren Sie qualifizierte Leads, die sich im Kauffenster befinden, als Zielgruppe. Die Dringlichkeit eliminiert die Alternativen.

2. Konzentrieren Sie Ihre Aufmerksamkeit auf Organisationen, die gut zu Ihrem Produkt- oder Dienstleistungsportfolio passen und Sie und Ihr Unternehmen als beste Alternative betrachten. Die Übereinstimmung von Angebot und Nachfrage eliminiert die Alternativen.

3. Nutzen Sie Knappheit und Zeitdruck als Hebel, um die Relevanz der Alternativen zu verringern.

4. Gewinnen Sie zuerst, indem Sie die Stakeholder motivieren, Sie als Anbieter ihrer Wahl zu bestätigen. Wenn sie sich ausdrücklich oder stillschweigend für Sie entscheiden, verringert sich der Wert der Alternativen, auf die sie zugreifen könnten.

5. Bauen Sie eine Phalanx aus Fürsprechern und Coaches auf. Wenn Sie das Aufgebot der Stakeholder den jeweiligen Typen zuordnen und aktiv Unterstützer entwickeln, können Sie mit Hilfe des sozialen Drucks die Alternativen, die von den Neinsagern angepriesen werden, neutralisieren.

6. Sammeln Sie Informationen über Ihre Konkurrenten. Es ist einfacher, einen Mitbewerber als Alternative auszuschalten, wenn Sie über belastbare Fakten verfügen.

7. Präsentieren Sie den Stakeholdern eine lückenlose Argumentationskette, die zeigt, wie Ihre Lösungen zur Realisierung des gewünschten Geschäftsergebnisses beitragen. Verbinden Sie die projizierten Ergebnisse mit Kennzahlen bzw. Metriken, die in ihrer Branche zählen. Der Bau einer Wertebrücke zu den messbaren Geschäftsergebnissen kann zur Differenzierung von anderen Wettbewerbern beitragen und den Wert potenzieller Alternativen verringern.

8. Sammeln Sie Informationen über die Metriken, die zählen. Sie sollten in der Lage sein, die Wertebrücke, die Sie ihnen vor Augen führen, genau zu beziffern und greifbar zu machen.

Als Erster am Ball sein – und den Spielverlauf aktiv mitgestalten

Eine der wirksamsten Möglichkeiten, die Alternativen der Stakeholder-Gruppe zu eliminieren oder zu neutralisieren, besteht darin, als Erster am Ball zu sein. Halten Sie mit ungebrochenem Elan nach Interessenten Ausschau. Beginnen Sie lange, bevor sich ein Kauffenster öffnet, mit potenziellen Kunden und Interessenten zu arbeiten und die Kontakte zu pflegen. Das ermöglicht Ihnen, sich sowohl von Anfang an aktiv in den Kaufprozess einzubringen als auch die möglichen Alternativen auszuräumen, die bei Ihren potenziellen Kunden zur Debatte stehen.

Wenn Sie als Erster am Ball sind, können Sie eine Beraterrolle einnehmen und somit die Kaufentscheidungen und Ihre Gewinnwahrscheinlichkeit beeinflussen. Sie haben die Chance, den Stakeholdern bei der Entwicklung von Kriterien für die Beurteilung der Anbieter zu helfen und Kaufempfehlungen auszusprechen.

Diese Gestaltungsmacht stellt eine Möglichkeit dar, Aufforderungen zur Angebotsabgabe (RFP = Request for Proposal) und Angebotsspezifikationen zu beeinflussen und sogar zu formulieren. Sie können Landminen für die Konkurrenz legen und Schritte im Kaufprozess hinzufügen, entfernen oder verändern. Dabei stärken Sie gleichzeitig Ihre Machtposition, indem Sie Alternativen ausräumen, schwächen oder neutralisieren.

Wir konnten viele Klienten davon überzeugen, dass es wichtig ist, als Erste am Ball zu sein. Wenn ihre Verkaufsmitarbeiter gute Kontakte zu potenziellen Kunden aufgebaut hatten, bevor das Kauffenster offiziell geöffnet wurde, erhöhten sich die Abschlussquoten und die Profitabilität der Geschäftsabschlüsse auf spektakuläre Weise. Bei einem Klienten belief sich die Abschlussquote auf mehr als 70 Prozent, wenn die

Mitarbeiter proaktiv waren und frühzeitig in den Kaufprozess einstiegen; wenn sie zu den Spätzündern zählten, lag sie bei weniger als zehn Prozent.

Natürlich gelingt es Ihnen nicht immer, als erster Anbieter einen Fuß in die Tür zu bekommen und die Konkurrenz abzuhängen. Deshalb sollten Sie Ihre Hebel nutzen, um den Kaufprozess auf Ihren Verkaufsprozess abzustimmen, Ihre Mitbewerber aus dem Konzept zu bringen und das Schachbrett zu Ihren Gunsten umzugestalten.

Wie Sie Investitionseffekt und Kontinuitätsprinzip als Hebel zur Stärkung Ihrer Machtposition einsetzen

Vincent van Gogh hat einmal gesagt, dass große Dinge nicht aus einem Impuls heraus entstehen, sondern durch eine Reihe kleiner Schritte, die zusammengefügt werden. Der Verkaufsprozess besteht im Grunde aus einer Reihe schrittweise erfolgender Mikrozusagen.

Top-Verhandler stärken ihre Verhandlungsposition, indem sie ihre Hebel nutzen, um die Stakeholder zu motivieren, diese Schritte methodisch zu durchlaufen. Mikrozusagen tragen nicht nur zum Beziehungsaufbau und zur Situationsanalyse bei, sondern verbessern auch Ihre Verhandlungsposition, weil sie die menschliche Werteneigung und das Kontinuitätsprinzip aktivieren, auch Investitionseffekt genannt.

Menschen schätzen das, was sie einiges kostet. Wenn sie einen hohen Preis für etwas zahlen – Geld, Mühe, Zeit oder Gefühle –, bedeutet es ihnen mehr, weil sie eine Menge investiert haben. Wenn Menschen etwas umsonst erhalten oder ohne große Anstrengung erreichen, ist die emotionale Verbindung oder der zugeordnete Wert für sie gering – ungeachtet dessen, wie wertvoll es für andere sein mag. Desgleichen messen Menschen Dingen, die selten sind oder von denen es nur wenige gibt, einen größeren Wert bei als solchen, die im Überfluss vorhanden sind – was man als Knappheitsprinzip bezeichnet.

Tatsache ist auch, dass Menschen einen starken unbewussten Hang haben, sich in Übereinstimmung mit ihren Werten und Überzeugungen zu verhalten, zu handeln und Entscheidungen zu treffen. Andernfalls wird eine als unangenehm empfundene kognitive Dissonanz ausgelöst.

Die kognitive Dissonanz ist ein Zustand, der mit mentalem Stress behaftet ist. Diese innere Anspannung macht sich bemerkbar, wenn zwei unserer Wertvorstellungen im Widerspruch zueinander stehen. Wenn Sie beispielsweise jemandem etwas versprechen und dieses Versprechen brechen, fühlen Sie sich schlecht. Dieses Unbehagen ist dem inneren Konflikt, der Dissonanz, geschuldet.

Jedes Mal, wenn Stakeholder Mikrozusagen machen und einhalten, müssen sie ihr Werte- und Überzeugungssystem in Einklang mit diesen Zusagen bringen, um die kognitive Dissonanz zu verringern.

Mikrozusagen sind die kleinen Schritte während der langen Kaufreise. Mit jeder Zusage wächst der Preis, der gezahlt werden muss. Eine Kehrtwende wird zunehmend schwieriger. Alternativen fühlen sich weniger wertig oder relevant an.

Mit jeder Mikrozusage, Zeitinvestition oder kleinen Anstrengung sehen sich Stakeholder gezwungen (motiviert), in Übereinstimmung mit ihren Zusagen zu handeln. Die emotionale Verbindung zu Ihnen wird enger, sie legen immer mehr Wert auf einen erfolgreichen Verlauf des Prozesses und fühlen sich in höherem Maß dafür verantwortlich, zu einem Ergebnis zu gelangen.

Wenn Stakeholder kontinuierlich *Zeit*, *Emotionen* und *Aktivitäten* (TEA = time, emotion, action) in den Kauf- und Verkaufsprozess investieren, ist die Wahrscheinlichkeit wesentlich höher, dass Sie

- als Anbieter der Wahl bestätigt werden,
- eine tiefgreifende emotionale Verbindung zu Ihnen und Ihrem Unternehmen schaffen,
- eine lückenlose und überzeugende Argumentationskette aufbauen und
- Alternativen eliminieren oder neutralisieren.

Regelmäßige Mikrozusagen erhöhen die Dynamik des Verkaufsprozesses und tragen zum Erhalt seiner Schwungkraft bei. Mit jedem Schritt vorwärts wird der nächste Schritt leichter. Mikrozusagen helfen Ihnen außerdem, *Jastimmen zu sammeln*. Diese kleinen Vereinbarungen im Verlauf des Verkaufsvorgangs geben Ihnen den Hebel an die Hand, mit dem Sie während der Verkaufsgespräche Alternativen verringern oder ausschalten können.

Bei jedem Gespräch mit einem Stakeholder sollten Sie also um kleine Zusagen bitten. Zu den Mikrozusagen gehören beispielsweise: ein Termin für die nächste Besprechung, Zugang zu einem weiteren Stakeholder oder einem Entscheider auf einer höheren Leitungsebene, Daten und Informationen, Rechnungen, Vertragskopien, das Begleitmaterial eines Mitbewerbers, Besichtigungstour im eigenen oder Kundenunternehmen, gemeinsames Arbeitsessen, Kaffeetrinken oder alles, was Ihren Stakeholder veranlassen könnte, eine Zusage zu machen und zu halten.

Sie sollten eine Verkaufsbesprechung niemals verlassen, ohne den nächsten Schritt einvernehmlich festgelegt zu haben, beispielsweise für eine gemeinsame Situationsanalyse, Demos, Besichtigungstour im eigenen oder Kundenunternehmen, Präsentationen, zusätzliche Treffen mit Stakeholdern, Zugang zu einem Entscheider auf höherer Leitungsebene, Zugriff auf Daten, die zum Aufbau Ihrer Argumentationskette beitragen, oder Termin für das nächste Meeting, Vorlage des Lösungskonzepts und Abschluss-/Verhandlungsbesprechungen.

Es ist wichtig, zu verstehen, dass Ihre Aufgabe als Verkaufsprofi darin besteht, am Ball zu bleiben, und Sie sollten nie erwarten, dass der potenzielle Kunde Ihnen diese Arbeit abnimmt. Deshalb empfiehlt es sich, einer einfachen Kardinalregel bei Verkaufsgesprächen zu folgen: *Verlassen Sie niemals eine Verkaufsbesprechung, gleich ob persönlich* oder am Telefon, ohne den nächsten Schritt mit Ihrem Stakeholder verbindlich festzulegen. Ein absolutes Muss!

Alternativen voraussehen

Top-Verhandler planen die Alternativen der anderen Seite vorausschauend ein. Sie erstellen eine Liste aller möglichen Optionen und weisen ihnen eine Rangordnung zu – sie ermitteln die BATNA. Dann gehen sie systematisch dazu über, Fakten zusammenzutragen, die belegen, dass diese Alternativen ausgeklammert werden sollten.

Je besser Sie die Optionen der anderen Seite verstehen und wissen, welche Stakeholder sie als relevante Alternative befürworten, desto effektiver könnten Sie Ihre eigene, lückenlose Argumentationskette aufbauen. Mit Hilfe dieser Kenntnisse sind Sie imstande, diese Alternativen am Verhandlungstisch zu eliminieren, zu neutralisieren oder zu minimieren.

Das erfordert gleichwohl, dass Sie Ihre rosarote Brille absetzen und sich über Ihre Bestätigungsneigung hinwegsetzen – den Hang des Menschen, nur das zu sehen, was seine eigenen Überzeugungen widerspiegelt. Es setzt Achtsamkeit und sogar einen Hauch Paranoia voraus.

Beginnen Sie bereits beim Erstkontakt mit dem potenziellen Kunden, die Alternativen der Stakeholder auf einer Liste zusammenzustellen und nach ihrer Rangfolge zu ordnen. Überlassen Sie nichts dem Zufall. Ziehen Sie jede Möglichkeit in Betracht, die sie als Alternative zu Ihrem Angebot sehen könnten. Aktualisieren Sie die Liste und das Ranking während des gesamten Verkaufsprozesses – die BATNA Ihrer Stakeholder an erster Stelle.

Stellen Sie bei Besprechungen herausfordernde Fragen, um potenzielle Alternativen aufzudecken. Machen Sie sich bewusst, dass Stakeholder Ihnen gegenüber nicht immer ehrlich sind. Sie erzählen Ihnen vielleicht, dass sie noch andere Optionen haben, um ihre Machtposition zu stärken.

Stakeholder können auch zur Selbsttäuschung neigen. Vielleicht glauben sie, dass sie imstande sind, ihr eigenes Software-Programm effektiv zu entwickeln und zu warten. Aus diesem Grund sollten Sie Ihr Produkt, Markttrends, Kosten, Ihre Konkurrenten und die firmeninternen Kompetenzen Ihres potenziellen Kunden von Grund auf kennen.

Auch wenn es Ihnen nicht gelingt, die Alternativen während des Verkaufsprozesses auszuschalten, sind Sie vielleicht in der Lage, die gewonnenen Informationen zu nutzen, um die andere Seite auf die Nachteile der Optionen aufmerksam zu machen, die sie als Hebel für Zugeständnisse zu nutzen versuchen.

Das können Sie aber nur, wenn Sie anhand einer gründlichen Situationsanalyse in den Besitz wichtiger Erkenntnisse gelangt sind:

- über die tatsächliche Situation, in der sich das Unternehmen derzeit befindet,
- über die negativen Folgen der Entscheidung, nichts zu tun,
- über den angestrebten Endzustand,
- über die messbaren Geschäftsergebnisse des angestrebten Endzustands und
- über die Metriken, die zählen.

Es ist im besten Interesse des Käufers, so viele Alternativen wie möglich zu haben. Es ist in Ihrem besten Interesse, so viele dieser Alternativen wie möglich auszuräumen. Ihre Aufgabe im Verkaufsprozess besteht darin, eine lückenlose Argumentationskette aufzubauen, die Ihre Stakeholder veranlasst, noch einmal über ihre relevanten und irrelevanten Optionen nachzudenken.

Der US-amerikanische Historiker Daniel L. Boorstin hat einmal gesagt: »Das größte Hindernis für Entdeckungen ist nicht die Unwissenheit, sondern die Illusion von Wissen.« Das Gleiche gilt für Verhandlungen. Es ist eine Illusion, anzunehmen, dass Ihr Angebot die einzige Alternative ist, die Ihre Stakeholder in Erwägung ziehen. Die grundlegende Ursache dieser Fehlannahme ist das Auslassen wichtiger Schritte oder das Abkürzen des Verkaufsprozesses.

Status quo und Sicherheitsneigung: Warum keine Entscheidung oft die beste Alternative ist

Hier eine Tatsache, die offenkundig ist, aber gerne übersehen wird: *Menschen mögen keine Veränderungen.* Wir setzen sogar alles daran, sie zu vermeiden. Wir klammern uns an Routineverrichtungen und bevorzugte Verhaltensweisen. Wir leben nach dem Motto: »Was nicht kaputt ist, muss man auch nicht reparieren.«

ZUSAMMENGESTELLTE STAKEHOLDER-LISTE	STAKEHOLDER-ALTERNATIVEN	BATNA-RANKING

Abb. 12.2: BATNA-Liste der Stakeholder

Immer wenn jemand eine Veränderung vorschlägt, werden wir nervös, reagieren zynisch oder aufsässig – selbst, wenn uns der Wandel Vorteile in Aussicht stellt.

Menschen leben mit der grundlegenden Angst, dass Veränderungen eine Situation nur verschlechtern. Wir sind bestrebt, unumkehrbare Entscheidungen zu vermeiden. Diese Neigung, am Status quo festzuhalten, ist der Hauptgrund dafür, dass Stakeholder Einwände geltend machen und in den Spätphasen des Verkaufsprozesses zu Verzögerungstaktiken greifen.

In seinem Buch *Schnelles Denken, langsames Denken* schreibt Nobelpreisträger Daniel Kahnemann, dass Organismen, die es für dringlicher hielten, Bedrohungen zu meiden als Chancen zu mehren, mit höherer Wahrscheinlichkeit imstande waren, ihre Gene weiterzugeben. Und deshalb sei die Angst, Verluste zu erleiden, im Verlauf der Evolution ein mächtigerer Antriebsfaktor des Verhaltens geworden als die Aussicht auf einen Gewinn.[2]

Angesichts mehrerer Optionen tendieren wir dazu, uns für diejenige zu entscheiden, die das geringste Risiko birgt. Diese *Sicherheitsneigung* veranlasst das Gehirn, den negativen Aspekten einer Situation (was schieflaufen könnte) mehr Beachtung zu schenken als den positiven Aspekten (was gut laufen könnte).

Auf der evolutionären Ebene war das durchaus sinnvoll. Obwohl man sich eine Chance entgehen ließ, etwas Gutes zu bewirken, beispielsweise in den Genuss einer kostenlosen Mahlzeit zu kommen, bestand das Risiko, eine Katastrophe heraufzubeschwören, wenn man den Gefahren im Umfeld nicht genug Beachtung schenkte – nämlich *als Mahlzeit zu dienen*.

Wir Menschen fühlen uns zu den sicheren Optionen und Umgebungen hingezogen. Käufer machen sich Sorgen. »Was ist, wenn wir Veränderungen einführen und die Dinge laufen aus dem Ruder?« Sie machen sich Sorgen, dass Sie Ihre Zusicherungen nicht einhalten und den Geschäftsablauf auf den Kopf stellen. Sie machen sich Sorgen, dass sie von Ihnen manipuliert werden. Und das ist durchaus nachvollziehbar, oder? Ihre Vorgänger haben sie enttäuscht, als sie am dringendsten gebraucht wurden.

Käufer bringen diese emotionalen Altlasten in den Kaufprozess mit, und da Menschen sich viel lebhafter an negative als an positive Erfahrungen erinnern, fürchten sie, dass sich die negativen Erfahrungen der Vergangenheit in Zukunft höchstwahrscheinlich wiederholen.

Wenn die Sicherheitsneigung mit der Neigung verknüpft ist, am Status quo festzuhalten, entsteht eine massive emotionale Mauer, die Stakeholder veranlasst, nichts zu tun.

Der Hauptgrund dafür, dass Verkaufsabschlüsse an der Hürde *Keine Entscheidung* scheitern, ist die Angst der Käufer vor künftigen negativen Konsequenzen.

---

2 Daniel Kahnemann, *Schnelles Denken, langsames Denken*. Siedler Verlag, Berlin 2012.

Diese verhängnisvollen kognitiven Neigungen, die Hand in Hand arbeiten, haben zur Folge, dass Ihre Stakeholder jede Schwachstelle, jedes Risiko und jede Sorge, die mit Ihnen und Ihrem Lösungskonzept einhergehen, unbewusst aufbauschen – hier kommt der sogenannte Negativitätseffekt zum Tragen. Sie fühlen sich unsicher, angreifbar, beklommen. Deshalb beschließen sie, lieber auf der Stelle zu treten und nichts zu tun (den Status quo zu erhalten), anstatt sich auf Veränderungen einzulassen.

Selbst in unhaltbaren Situationen, wenn der Wandel für das Überleben unerlässlich ist, klammern sich die Leute an den Status quo, nach dem Motto: »Besser den Teufel, den man kennt, als den Teufel, den man nicht kennt.«

Für Verkaufsprofis ist es frustrierend, wenn sie durstige Pferde zum Wasser führen, sie aber nicht zum Trinken bewegen können, trotz Drängen, Schieben und gutem Zureden. Gleich ob Sie versuchen, einen potenziellen Kunden von einem Anbieterwechsel zu überzeugen, einem Kunden ein neues Produkt empfehlen, einem Unternehmen zur Einführung eines neuen Systems raten oder eine Stakeholder-Gruppe vor die Herausforderung stellen, ihr Unternehmen neu auszurichten – fast immer betrachten sie den Status quo als ihre BATNA, ihre beste Alternative.

Top-Verhandler helfen den Stakeholdern, ihre Neigung, sich an den Status quo zu klammern, zu überwinden, indem sie ihnen ermöglichen, sich mit Hilfe entsprechender Vorbereitungen und Mikrozusagen an die Veränderung zu gewöhnen.

1. Der schrittweise Weg über eine Reihe von Mikrozusagen – geringes Risiko, kleine, leicht umsetzbare Schritte – bereitet Stakeholder auf die Veränderung vor.

2. Die Vorbereitung auf den Wandel findet während der Situationsanalyse mit Hilfe von einfühlsamen Fragen statt, die den Stakeholdern erlauben, über die negativen Folgen des Nichtstuns zu sprechen und gleichzeitig den gewünschten zukünftigen Zustand zu visualisieren.

Die wichtigste Waffe, der es gelingt, die Gravitationskräfte des Status quo zu brechen, ist Vertrauen. Obwohl es nur wenige Entscheidungen gibt, die keinerlei Risiko beinhalten, spielt Vertrauen eine zentrale Rolle beim Abbau der Ängste und der wahrgenommenen Risiken auf Seiten der Stakeholder. Eine Vertrauensbasis muss man aufbauen und sich verdienen, einen Baustein nach dem anderen, während Sie den Verkaufsprozess durchlaufen und nicht nur mit Worten, sondern mit Taten nachweisen, dass Sie vertrauenswürdig sind.

13 Situationsanalyse: Der Aufbau einer lückenlosen Argumentationskette

Der Aufbau einer lückenlosen Argumentationskette und einer Vertrauensbasis im Gegenzug setzt eine gründliche Bedarfs- oder Situationsanalyse voraus. Sie stellt den wichtigsten Schritt im Verkaufsprozess dar, in den Sie mindestens 80 Prozent Ihrer Zeit investieren sollten. Je nach Komplexität des Verkaufs kann die Situationsanalyse in letzter Minute stattfinden oder einige Monate umspannen und Besprechungen mit einer breitgefächerten Palette von Stakeholdern erfordern.

Während der Situationsanalyse sollten Sie geduldig, strategisch und methodisch vorgehen. Ihr Ziel ist, einfühlsame, strategische und herausfordernde Fragen zu stellen, die als Hebel dienen:

- Schaffen Sie eine Atmosphäre der achtsamen Selbstwahrnehmung, die Ihre Stakeholder veranlasst, die Notwendigkeit einer Veränderung zu erkennen.
- Stellen Sie den Status quo in Frage und locken Sie die Stakeholder aus ihren Komfortzonen.
- Helfen Sie den Stakeholdern, die Schwachstellen der verfügbaren Alternativen aufzudecken und diese auszuklammern.

Abgesehen von der primären Aufgabe, Ihre Pipeline mit vielversprechenden Kundenkontakten zu füllen, gibt es im Verkaufsprozess nichts, was größere Auswirkung auf Ihre Position am Verhandlungstisch hat als eine effektive Situationsanalyse.

Situationsanalyse: Nicht cool, aber ein heißer Tipp, um den Vertrag zu besiegeln

Die Situationsanalyse kann ein langsamer, zeitraubender und emotional herausfordernder Prozess sein. Er erfordert Zielbewusstsein, Strategie und Planung. Sie müssen offene Fragen stellen, aufrichtiges Interesse bekunden und aufmerksam zuhören.

Es ist erheblich einfacher, in aller Eile eine Handvoll eigennütziger geschlossener Fragen abzuspulen, E-Mails nach einem Angebot auszutauschen und das Beste zu hoffen, statt sich die Zeit für eine ernsthafte Ermittlung der Dinge zu nehmen, die Ihrem potenziellen Kunden und dessen Stakeholdern wirklich wichtig sind. Mensch-Mensch-Interaktionen werden durch Abkürzungen und Kommunikation auf Armeslänge ersetzt.

Einer der Hauptgründe für die Probleme, die viele Verkaufsmitarbeiter am Verhandlungstisch haben, ist die schwache und unzulängliche Situationsanalyse. Sie haben wenig Munition, um ihre Position zu verteidigen oder zu untermauern. Wenn ein Käufer kontert, dass sie sich keinen Deut von ihren Konkurrenten unterscheiden, abgesehen davon, dass deren Preise niedriger sind, ist der Verkäufer außerstande, etwas anderes als einen Preisnachlass anzubieten.

Ein Beispiel: Frau A, eine Kundenbetreuerin, sucht einen potenziellen Neukunden in dessen Büro auf, stellt sich vor und beginnt, die Werbetrommel für sich selbst und ihr Unternehmen zu rühren.

Herr B, der Käufer, hat schließlich genug von der Verkaufspräsentation und unterbricht sie. »Frau A, wir sind durchaus zufrieden mit unserem derzeitigen Lieferanten, jedoch immer offen für Anbieter mit besseren Preisstrukturen. Hier ein Datenblatt mit den technischen Einzelheiten des Systems, das wir derzeit benutzen. Arbeiten Sie ein Angebot aus, schicken Sie es uns zu, dann reden wir weiter. Ich möchte Sie nur darauf aufmerksam machen, dass Ihre Preise stimmen sollten.«

A eilt in ihr Büro zurück und stellt einen Kostenvoranschlag zusammen. Sie erzählt ihrem Verkaufsleiter: »Ich habe gerade eine fantastische Verkaufschance erhalten, bei Arc Lawn Industries. Ich habe mit dem Entscheider gesprochen und er ist ungeheuer interessiert! Aber ich muss beträchtliche Preiszugeständnisse machen, um den Auftrag an Land zu ziehen.« Sie erhält grünes Licht und schickt eine E-Mail mit ihrem Kostenvoranschlag an B.

Drei Tage später ruft A Herrn B an. »Nun, was halten Sie von meinem Angebot?«

»Ihre Preise liegen weit über denen, die wir jetzt zahlen«, erwidert B.

A ist geschockt und bemüht sich, ihre Fassung wiederzugewinnen. »Wir haben Ihnen unseren niedrigsten Preis eingeräumt. Sie müssen verstehen, dass unser Produkt von weit höherer Qualität ist als das unseres Konkurrenten und mehr Funktionalitäten aufweist.«

»Das mag sein, aber wir sind mit dem zufrieden, was wir derzeit verwenden. Abgesehen davon kann der Unterschied nicht so groß sein. Diese Produkte sind doch sowieso alle gleich. Wenn Sie mit uns ins Geschäft kommen wollen, müssen Sie uns mit Ihren Preisen erheblich entgegenkommen.«

Da A keine Situationsanalyse durchgeführt hatte, fehlt ihr die Munition, um den Wert ihres Produkts zu erläutern. Sie hat versucht, dem Kunden ihr Produkt »aufs Auge zu drücken«, doch was B betrifft, so hat er außer dem Preis keinen Unterschied zwischen ihrem Produkt und dem des Konkurrenten entdecken können.

A steht nun vor einer schwierigen Entscheidung: entweder weitere Preisnachlässe, womit sie den gesamten Gewinn und ihre Provision abschreiben kann, oder aussteigen. Klingt das vertraut? Für viele Verkäufer ist das ein ganz normaler Arbeitsalltag.

Verhandlungsmunition

Falls Sie jemals die Gelegenheit hatten, einen Eisberg aus der Nähe zu betrachten, wissen Sie, wie riesig und beeindruckend er ist. Man kann seinen Umfang jedoch nur schwer einschätzen, denn was man sieht, ist nur ein kleiner Teil der gesamten Eismasse, die sich weitgehend unter der Oberfläche verbirgt.

Stakeholder haben große Ähnlichkeit mit Eisbergen: Sie geben nur offensichtliche Informationen preis, während sie ihre tiefgreifenden Probleme und Emotionen unter Verschluss halten. Es ist keineswegs gang und gäbe, dass sie den Anbietern einen Blick unter die Oberfläche erlauben. Sie wollen sich nicht in die sprichwörtlichen Karten schauen lassen, denn auf diese Weise schützen und stärken sie ihre Machtposition.

Die Situationsanalyse baut auf dem Fundament relevanter Fragen auf. Jede Frage, die Sie stellen, hat mehr Gewicht als alles, was Sie sagen, und alles, was Sie sagen sollten, ist zehnmal wirkungsvoller, wenn es als Frage formuliert wird. Mit durchdacht strukturierten, offenen Fragen, die im Kontext einer angeregten Unterhaltung erfolgen, sorgen Sie dafür, dass Ihnen die Aufmerksamkeit der Stakeholder erhalten bleibt und Sie tiefer schürfen können.

Wenn Sie die Situationsanalyse wie eine leicht fließende, angeregte Unterhaltung gestalten, entwaffnen Sie Ihre Stakeholder, binden sie in Ihre Ermittlungen ein und bauen emotionale Barrieren ab, um einen Blick unter die Oberfläche zu werfen und diejenigen Informationen einzusammeln, die Sie brauchen, um eine lückenlose Argumentationskette aufzubauen, die alle anderen Alternativen ins Abseits katapultiert.

Je größer das aufrichtige Interesse an den Antworten Ihrer Stakeholder, desto stärker ist ihr Gefühl, wichtig genommen und wertgeschätzt zu werden. Und je besser sie sich fühlen, desto größer die Bereitschaft, aus sich herauszugehen. Und je mehr sie aus sich herausgehen, desto stärker die Beziehung, die sie zu Ihnen entwickeln. Mit dem Aufbau dieser vertrauensvollen Beziehung haben Sie das Recht erwirkt, strategische Fragen zu stellen, die tiefschürfend sind und diejenigen Informationen zutage fördern, die Sie brauchen.

Einfühlsame Fragen beinhalten eine Herausforderung. Manchmal handelt es sich um einfache Aussagen mit einer bewussten Pause, die zu einer Reaktion ermuntern soll, um die Stille zu füllen. Sie veranlasst die Stakeholder, nachzudenken und sich selbst achtsam wahrzunehmen. Einfühlsame Fragen entwickeln sich auf organische Weise, bauen ganz natürlich auf der Unterhaltung auf. Sie müssen auf den Augenblick abgestimmt sein und lassen sich nicht im Vorfeld festlegen.

Strategische Fragen sind gut aufgestellt, wenn es gilt, die übergeordnete Verkaufsstrategie und den nächsten Schritt im Verkaufsprozess zu untermauern. Sie sind ergebnisorientiert und auf dem Schachbrett stets drei bis fünf Züge voraus.

Empathie, situationsrelevante achtsame Wahrnehmung, Aufmerksamkeitskontrolle, emotionale Kontrolle und Selbstvertrauen sind Leitbahnen für strategische und einfühlsame Fragen, die auf den Augenblick abgestimmt sind.

Viele Verkaufserfolge werden während der Situationsanalyse angebahnt, weil eine gut platzierte Frage Zweifel an den potenziellen Alternativen aufkommen lässt: am derzeitigen Lieferanten, einem Mitbewerber, einem anderen System oder Prozess, an der Überzeugung, die Aufgabe ließe sich firmenintern bewältigen, oder an der Möglichkeit, abzuwarten und nichts zu tun. Einfühlsame Fragen veranlassen Stakeholder, die Folgen und Risiken eines Handlungsversäumnisses in Betracht zu ziehen. An dieser

Stelle beginnt die stillschweigende Entscheidung, Sie und Ihr Unternehmen als Anbieter zu bevorzugen, Gestalt anzunehmen.

Das SCORE-Rahmenwerk für Ihre Situationsanalyse

Bei der Situationsanalyse geht es darum, eine lückenlose Argumentationskette aufzubauen – den Mehrwert, den ein potenzieller Kunde beim Abschluss mit Ihnen erzielen kann. SCORE beinhaltet die wichtigsten Punkte, die in Ihre Ermittlungen einfließen sollten (siehe Abbildung 13.1).

S = **S**takeholder success criteria – Erfolgskriterien der Stakeholder

C = **C**riteria for vendor evaluation – Kriterien für die Bewertung der Anbieter

O = **D**esired Business Outcomes /MTMs – angestrebte Geschäftsergebnisse/Metriken, die zählen

R = **R**eal state situation – Realzustand, aktuelle Situation

E = **E**nd state – Endzustand, Zukunftsvision

Das SCORE-Analysetool ist ein machtvolles Instrument, das Ihnen erlaubt, sich einen Überblick über die Sachlage zu verschaffen *und* sich gleichzeitig dem Kontext der Situation anzupassen. Es befähigt Sie, sich leichter auf unterschiedliche Branchen, unterschiedliche Produkte und Dienstleistungen, unterschiedliche Verkaufsprozesse, vielfache Komplexitätsebenen, unterschiedliche Stakeholder und unterschiedliche Verkäufer einzustellen. Es lässt sich problemlos in jedes beliebige Verkaufsprozessmodell und in Fragetechniken wie SPIN-Selling integrieren.

Die Erfolgskriterien der Stakeholder

Eine gute Situationsanalyse beginnt mit einer BASIC-Zuordnung Ihrer Stakeholder und der Erarbeitung ihres Verhandlungsprofils (siehe Abbildung 13.2). Wie bereits erwähnt, spielen sie verschiedene Rollen im Kaufprozess und jeder Einzelne verfügt über Informationen, die Sie benötigen, um Ihre lückenlose Argumentationskette aufzubauen.

S	ERFOLGSKRITERIEN DER STAKEHOLDER
C	KRITERIEN FÜR DIE BEWERTUNG DER ANBIETER
O	ANGESTREBTE GESCHÄFTSERGEBNISSE/METRIKEN, DIE ZÄHLEN
R	REALZUSTAND
E	ENDZUSTAND

Abb. 13.1: Das SCORE-Analysetool, ein Hebel, um die eigene Verhandlungsmacht zu stärken

13 Situationsanalyse: Der Aufbau einer lückenlosen Argumentationskette

NAME:
MOTIVATIONSSKALA GERING   1 – 2 – 3 – 4 – 5   HOCH
FUNKTION DER STAKEHOLDER IM VERHANDLUNGSUMFELD UND IM UNTERNEHMEN — ACED-KOMMUNIKATIONSSTIL
VERHANDLUNGSLISTE UND ERFOLGSKRITERIEN DER STAKEHOLDER
VERFÜGBARE ALTERNATIVEN DER STAKEHOLDER

Abb. 13.2: Verhandlungsprofile der Stakeholder

Am wichtigsten ist jedoch, dass jeder Stakeholder seine eigenen persönlichen Erfolgskriterien, Probleme, die er lösen möchte, und Gedanken und Gefühle hinsichtlich der Alternativen zu einem Geschäftsabschluss mit Ihnen hat. Zur Entdeckung dieser individuellen Kriterien tragen beispielsweise folgende Fragen bei:

- »Bitte erklären Sie mir doch einmal genauer, wie Sie Erfolg in diesem Zusammenhang definieren.«
- »Können Sie mir sagen, was für Sie am wichtigsten ist?«
- »Welche Probleme versuchen Sie zu lösen?«
- »Was bereitet Ihnen an der aktuellen Situation die meisten Sorgen?«
- »Würden Sie mit mir im Einzelnen die Alternativen durchgehen, die Ihnen für die Lösung dieser Probleme geeignet erscheinen?«

Sie können die erhaltenen Informationen nutzen, um ein Verhandlungsprofil für jeden einzelnen Stakeholder aufzubauen. Wie Sie dabei vorgehen, erfahren Sie im 25. Kapitel.

Kriterien für die Bewertung der Anbieter

Es ist wichtig, zu verstehen, welche Kriterien die Stakeholder-Gruppe und ihr Unternehmen bei der Wahl des bevorzugten Anbieters zugrunde legen.

Wenn Sie über diese Informationen verfügen, gewinnen Sie Erkenntnisse darüber, wie das Unternehmen die Verhandlungen zu führen plant, wie es seine Machtposition stärkt und schützt und wie Sie Ihre Strategie aufbauen, um sämtliche Alternativen zu schwächen, indem Sie Ihre Präsentationen, Ihre Empfehlungen und Ihre Argumentationskette an diese Bewertungskriterien anpassen.

Wenn Sie als Erster vor Ort sind, haben Sie die Chance, die Bewertungskriterien durch wichtige Erkenntnisse und Aufklärungsarbeit aktiv mitzugestalten.

Angestrebte Geschäftsergebnisse und Metriken, die zählen

Die messbaren Geschäftsergebnisse (MBOs) zu ermitteln und einen Konsens bezüglich der Bewertung dieser Ergebnisse herzustellen – die Kennziffern oder Metriken, die zählen (MTMs) –, ist unabdingbar, wenn Sie Ihre Brötchen verdienen wollen.

Einige der messbaren Geschäftsergebnisse wurden von der Stakeholder-Gruppe bereits identifiziert und offengelegt. Die Zauberkraft der Situationsanalyse besteht jedoch darin, Probleme, Sorgen und Chancen mit Hilfe von einfühlsamen und strategischen Fragen an die Oberfläche zu befördern.

Eine effektive Situationsanalyse sollte den Stakeholdern die Chance bewusst machen, messbare Geschäftsergebnisse zu erzielen, die einen grundlegenden positiven Wandel ihres Unternehmens bewirken können. Wenn Sie Ihren Stakeholdern diese Geschäftsergebnisse greifbar vor Augen führen, beginnen die Alternativen zum Geschäftsabschluss mit Ihnen zu verblassen und Ihre Verhandlungsposition wird gestärkt.

Der Schlüssel zu einer überzeugenden Präsentation Ihrer Argumentationskette am Verhandlungstisch ist gleichwohl der Begriff *messbar*. Sie müssen die Metriken, die zählen, in- und auswendig kennen. Wenn man Sie unter Druck setzt, Ihre Preise herunterzuschrauben, oder auf unfaire Weise mit einem Konkurrenten vergleicht, können Sie locker kontern, indem Sie demonstrativ Ihren Taschenrechner hervorholen und ihnen schwarz auf weiß den Mehrwert Ihres Lösungskonzepts vor Augen führen.

Realzustand

Eine Alternative, die immer verfügbar ist, besteht darin, sich nicht vom Fleck zu bewegen – sprich, nichts zu tun. Aus diesem Grund sollten Sie tief genug graben, um den realen, aktuellen Sachverhalt zu ermitteln.

Stakeholder neigen aus verschiedenen Gründen dazu, die Wahrheit zu verschleiern und zu verbergen – das Gefühl der Peinlichkeit, Selbsttäuschung, Abkoppelung von der Realität und der Versuch inbegriffen, ihre Machtposition zu erhalten. Deshalb müssen Sie Zeit mit den verschiedenen Playern verbringen, um noch vor Produktdemos und Besichtigungstouren mit dem Analyseprozess zu beginnen, indem Sie einen Tag lang beobachten, wie sie ihre Aufgaben erledigen, und tief in die Daten eintauchen, um an die wahre Geschichte heranzukommen.

Da Status quo und Sicherheitsneigung stets im Spiel sind und Nichtstun fast immer als stärkste Alternative gilt, sollten Sie es als Ihre Aufgabe betrachten, die Option »Keine Entscheidung« zu eliminieren. Das gelingt Ihnen, wenn Sie:

1. herausfordernde Fragen stellen, die den Realzustand ans Licht bringen und die Stakeholder auf die Notwendigkeit eines Wandels aufmerksam machen.

2. den Stakeholdern begreiflich machen, warum der Realzustand unhaltbar und untragbar ist,

3. die Amplifier als Hebel ins Spiel bringen, die das aktuelle Problem des Unternehmens aus eigener Anschauung kennen und den wichtigsten Stakeholdern, die davon betroffen sein könnten, die Dringlichkeit einer Lösung vor Augen führen,

4. Informationen, Erkenntnisse und die Geschichten einsetzen, die Sie bei Ihren Ermittlungen gesammelt haben, um Stakeholder abzuholen, die noch nicht in der Realität angekommen sind.

Endzustand

Der Endzustand, oder die Zukunftsvision, ist eng mit den Geschäftsergebnissen und den Erfolgskriterien der Stakeholder verbunden. Hier besteht Ihre Aufgabe darin, ihren Motivationsgrad zu erhöhen.

Das Ziel ist, die Stakeholder in allen BASIC-Rollen anzuregen, ihre Zukunftsvision zum Ausdruck zu bringen. Diese Vision wird im Fokus Ihrer Geschäftsergebnis-Roadmap, Ihres Lösungskonzepts und Ihrer Wertebrücken stehen.

14 Leadqualifizierung

Wenn ich jedes Mal, wenn ich einen Verkaufsleiter oder Verkaufstrainer sagen höre: »Verkaufen können wir ganz gut; aber mit dem Abschluss klappt es nicht«, einen Dollar bekäme, wäre ich längst Besitzer einer Privatinsel.

Ich kann die Frustration der Vorgesetzten dieser Verkaufsmitarbeiter nachempfinden. Es ist schwer, zuschauen zu müssen, wie ihre Verkaufsmannschaften zu kämpfen haben, und es ist noch schwerer, Rechtfertigungen für die Verkaufszahlen und Verkaufsprognosen zu finden, die auf der Strecke geblieben sind.

Gewiss gibt es zahlreiche Gründe, warum es Verkäufern nicht gelingt, ein Geschäft unter Dach und Fach zu bringen:

- Sie führen Verkaufsgespräche mit Stakeholdern, die nicht entscheidungsbefugt sind.
- Sie versäumen es, Mikrozusagen zu erbitten und zu erhalten, die den Verkaufsvorgang vorantreiben.
- Sie werben für Produkt- oder Dienstleistungsmerkmale, statt eine relevante Argumentationskette aufzubauen, die für ihr Lösungskonzept spricht und mit messbaren Geschäftsergebnissen verknüpft ist.
- Sie lassen sich auf Verhandlungen ein, bevor sie als Anbieter der Wahl bestätigt wurden.

Das mag alles sein, aber die ungeschönte Wahrheit ist: Wenn Verkaufsprofis Schwierigkeiten mit dem Abschluss haben, besteht fast immer ein direkter Bezug zu ihrer Pipeline, die oft mit unqualifizierten, nicht einmal den Mindeststandards entsprechenden Verkaufschancen vollgestopft ist.

Es ist keineswegs ungewöhnlich für die Berater meiner Firma Sales Gravy, sogenannte Murder-Boarding-Sitzungen abzuhalten, bei denen wir die Verkaufspipeline eines Klienten unter die Lupe nehmen und der Hälfte bis zwei Drittel der darin enthaltenen Leads den Todesstoß versetzen. Es ist eine ebenso erhellende wie betrübliche Erfahrung für Verkaufsleiter und ihre Mannschaften, sich der Tatsache stellen zu müssen, dass ihre Pipeline reines Blendwerk ist. Das tut weh, aber Illusionen lassen sich nicht in klingende Münze verwandeln.

Wenn Sie sich lieber einer Illusion hingeben als der Realität ins Auge zu sehen, treffen Sie die bewusste Entscheidung, sich nicht nur selbst zu belügen, sondern auch Ihre Wertmaßstäbe und Leistungsstandards herunterzuschrauben. Effektive Verkaufsverhandlungen finden in der Realität statt, und sich mit der Realität auseinanderzusetzen, ist einer der ersten Schritte auf dem Weg, am Verhandlungstisch für Ihr Team zu gewinnen.

Achtsamkeit ist die Mutter des Wandels und diese Wahrnehmungsübung trägt dazu bei, die Verkaufsproduktivität wieder auf Kurs zu bringen und Ihre Zeit, Ihre

Ressourcen und Ihre Aufmerksamkeit auf diejenigen Leads in der Pipeline mit der höchsten Abschlusswahrscheinlichkeit zu konzentrieren.

Alles beginnt mit einem qualifizierten Kontakt

Das ist der Grund, warum ich Sie auf einen Punkt ganz besonders hinweisen muss: Die Lektionen in diesem Buch sind keinen Pfifferling wert, wenn Sie zwar etliche Leads, aber keine qualifizierten Kontakte im Ärmel haben.

Sie können der größte Dealmaker oder Verhandlungsexperte aller Zeiten sein, aber wenn sich Ihre Interessenten nicht im Kauffenster befinden oder Stakeholder nicht gewillt sind, sich zu engagieren und Mikrozusagen zu machen, die den Verkaufsvorgang durch Ihre Pipeline schleusen, gibt es nichts zu verhandeln. Punkt. Ende der Geschichte.

Im Verkauf beginnt alles mit einem qualifizierten Kontakt. Zeit ist Geld und es ist Zeitverschwendung, mit potenziellen Kunden und Interessenten zu arbeiten, die sich nicht in Kunden umwandeln lassen. Jeder Augenblick, den Sie Leads mit geringer Kaufwahrscheinlichkeit widmen, hält Sie von Ihrer wichtigsten Aufgabe ab: in Verkaufsvorgänge zu investieren, die Sie erfolgreich abschließen können.

Wenn Sie in unqualifizierte Verkaufsvorgänge investieren – vor allem, wenn der Zeitpunkt schlecht gewählt ist, dem Käufern zahlreiche Alternativen zur Verfügung stehen und die Stakeholder apathisch oder nicht die richtigen Ansprechpartner sind –, lassen Sie sich leicht auf Preisnachlässe ein, um diese unsicheren Kantonisten zum Abschluss zu bewegen. Und im Verlauf dieses Prozesses opfern Sie Hebel, Gewinne, Provisionen und Ihre Selbstachtung.

Die Qualifizierungsreise beginnt mit dem Sammeln von Informationen während der Prospecting-Phase, der systematischen Kundensuche. Sie setzt sich während der ersten Gespräche mit den Stakeholdern und während der Situationsanalyse fort bis hin zu dem Moment, in dem der Vertrag besiegelt ist. Dabei sollten Sie darauf achten, Ihre ungeteilte Aufmerksamkeit im gesamten Verkaufsprozess auf Hinweise zu richten, die eine Abschlusswahrscheinlichkeit verringern oder die Schlussfolgerung nahelegen, dass dieser Kontakt doch nicht qualifiziert sein könnte.

Doch hier ist die gute Nachricht: Wenn Sie mit qualifizierten Unternehmen, Stakeholdern und Verkaufsvorgängen arbeiten, verbessern Sie Ihre Hebel und Ihre Verhandlungsposition, denn der Zeitpunkt ist richtig gewählt, Ihre Ansprechpartner sind motiviert und Ihre Argumentationskette ist für Ihre individuelle Situation und Herausforderung relevant. Unter diesen Voraussetzungen erzielen Sie mit höchster Wahrscheinlichkeit einen Abschluss ohne langes Feilschen um Preise und Konditionen.

Wie Sie ein IQP-Profil entwickeln

Eine effektive Qualifizierung von Leads beginnt mit der Definition Ihres idealen qualifizierten Kontakts oder potenziellen Kunden (ideal qualified prospect = IQP). Dieses Profil setzt sich aus verschiedenen Bausteinen zusammen, beispielsweise Kauffenster, Stärke der Kaufmotivation, Stakeholder-Hierarchien, Engagement, Sattelfestigkeit der Konkurrenz, Verkaufsprozess, vertikale Branche, Unternehmensgröße, passgenaue Übereinstimmung von Angebot und Nachfrage usw. Das IQP-Profil trägt zu einer gezielten Ansprache, Weiterentwicklung und Einbindung der richtigen Kontakte zum richtigen Zeitpunkt bei. Benutzen Sie es, um zielgerichtete Kontaktlisten zu erstellen und diese als Vergleichsmaßstab für Ihre in der Pipeline vorhandenen Verkaufschancen zu verwenden.

Wenn Sie für ein großes, etabliertes Unternehmen arbeiten, sind vermutlich schon IQP-Profile angelegt worden. Jedes Profil ist anders geartet, denn es basiert auf Variablen wie Kundengröße, vertikaler Markt, Produkt oder Dienstleistung. Wenn Sie für eine kleinere Firma oder ein Start-up tätig sind, in dem es noch kein IQP-Profil gibt, sollten Sie damit beginnen, die Stärken und Schwächen Ihrer Produkte und Dienstleistungen zu analysieren. Halten Sie nach Mustern und Gemeinsamkeiten unter Ihren besten Bestandskunden Ausschau. Definieren und dokumentieren Sie die Rollen und Funktionen der Stakeholder, die für den Kauf dessen zuständig sind, was Sie anzubieten haben. Nehmen Sie Ihre Verkaufsabschlüsse unter die Lupe, um besser zu verstehen, welche Trigger zum Öffnen der Kauffenster geführt haben.

Sobald Sie ausreichende Informationen gesammelt haben, entwickeln Sie ein Profil derjenigen potenziellen Kunden, die mit hoher Wahrscheinlichkeit bei Ihnen kaufen und sich in profitable und zufriedene Kunden umwandeln lassen. Natürlich entspricht nicht jeder Verkaufsvorgang zu hundert Prozent Ihrem IQP-Profil. So läuft das nicht in der realen Welt. Die meisten Verkaufschancen sind alles andere als perfekt. Die Qualifizierung der Leads stellt eine Kombination aus Datenerhebung und Verkaufsintuition dar.

Sie müssen die evidenzbasierten Fakten in Betracht ziehen und auf Ihr Bauchgefühl hören, wenn Sie die Entwicklungsfähigkeit eines Verkaufsvorgangs bewerten. In dieser Zeit gilt es, eine Reihe von Entscheidungen zu treffen, um Klarheit zu gewinnen, ob eine Verkaufschance Ihre fortgesetzte Aufmerksamkeit verdient und ob Sie Ihre Verhandlungsposition verbessern können.

Die Neun-Felder-Qualifikationsmatrix

Ich bin ein Anhänger der einfachen und visuellen Aufbereitung von Sachverhalten. Eines meiner bevorzugten Instrumente zur Entwicklung eines IQP-Profils und

Steuerung der fortlaufenden Reise vom potenziellen Kunden zum Bestandskunden ist die aus neun Feldern bestehende Qualifikationsmatrix, abgekürzt auch 9-Box genannt. Dieses Tool bietet eine visuelle Darstellung der Datenpunkte für die Leadqualifizierung mit neun Feldern und sechs eigenständigen Variablen.

Diese Matrix ist ungeheuer aufschlussreich. Sie zeigt Ihnen auf Anhieb, an welcher Stelle des Verkaufsprozesses Sie sich aktuell befinden. Sie weist auf Wissenslücken, potenzielle Dealkiller und Schwächen in Ihrer Verhandlungsposition hin.

Einige meiner Klienten benutzen sie als Punktekarte: Sie benutzen die Matrixfelder und Qualifizierungspunkte für die Entwicklung eines Berichtsbogens zu jeder einzelnen Verkaufschance. Das erleichtert die datengetriebene Einschätzung der Erfolgswahrscheinlichkeit eines Verkaufsvorgangs.

In Abbildung 14.1 sehen Sie drei Felder auf der waagerechten Achse:

1. TQ – Technische Qualifikationsmerkmale (technical qualifiers)

2. SQ – Stakeholder-Qualifikationsmerkmale (stakeholder qualifiers)

3. FQ – Kongruenz-Qualifikationsmerkmale (fit qualifiers)

Auf der senkrechten Achse befinden sich ebenfalls drei Felder:

1. HPP – Potenzieller Kunde mit hohem Potenzial (high-potential prospect)

2. MPP – Potenzieller Kunde mit mittlerem Potenzial (medium-potential prosepct)

3. LPP – Potenzieller Kunde mit geringem Potenzial (low-potential prospect)

Anmerkung: Wenn wir uns eingehender mit dem Verkaufsprozess beschäftigen, wird der Begriff »Potenzial« durch Erfolgswahrscheinlichkeit ersetzt, da sich mein Fokus auf die Verbesserung meiner Verhandlungsposition und die Erhöhung der Abschlusswahrscheinlichkeit richtet.

	TQ	SQ	FQ
HPP			
MPP			
LPP			

Abb. 14.1: Die Neun-Felder-Qualifikationsmatrix (9-Box)

Technische Qualifikationsmerkmale

Technische Qualifikationsmerkmale (TQ) sind quantifizierbare Fakten und Zahlen. Solche Informationen sind am leichtesten zu beschaffen, bevor Sie einen Interessenten in einen Verkaufsvorgang einbeziehen. Bei Sales Gravy verkaufen wir beispielsweise E-Learning-Lösungen über unsere Sales Gravy University-Plattform.

Zur Zielgruppe für unsere Dienstleistung gehören Unternehmen mit Umsatzerlösen zwischen fünf Millionen und 250 Millionen Dollar, die sich in Privatbesitz befinden und über fünf bis 100 Vertriebsressourcen pro Team verfügen. Sie haben das größte Interesse am Kauf unserer Online-Learning-Angebote in eigener Regie und unserer virtuellen, von einem Trainer geleiteten Schulungsprogramme (VILT). Wenn wir von diesem idealen, qualifizierten Kundenprofil abweichen, nimmt unsere Erfolgswahrscheinlichkeit ab.

Stakeholder-Qualifikationsmerkmale

Dieses Feld der Qualifikationsmatrix (SQ) konzentriert sich auf die Stakeholder und ihr Engagement. Diese Qualifikationsmerkmale tragen dazu bei, die Rollen oder Funktionen und Befugnisse der Personen zu definieren, mit denen Sie es im Verkaufsprozess zu tun haben, und Aufschluss über das Ausmaß ihres Engagements zu gewinnen.

Wenn mein Ansprechpartner in einem komplexen Verkaufsvorgang beispielsweise der Firmenchef ist, habe ich einen HPP SQ vor mir – einen Interessenten mit hohem Potenzial, der zu den Stakeholdern gehört. Wenn ich dagegen eine Angebotsanfrage (RFP) von einem Unternehmen erhalte, mit dem ich bisher noch keinen Kontakt hatte, habe ich einen LPP SQ vor mir – einen Interessenten mit geringem Potenzial, der zu den Stakeholdern gehört.

Die Qualifizierung der Stakeholder ist unmittelbar mit der Zuordnung der Stakeholder-Typen, siehe BASIC, im Rahmen einer Verkaufschance verbunden. Doch diese Zuordnung geht über die typische Konzentration auf die Identifizierung des Entscheiders hinaus. Sie zielt darauf ab, die verschiedenen Stakeholder zu ermitteln, die Einfluss auf das Ergebnis des Verkaufsvorgangs ausüben, und sich ein genaueres Bild über ihre BASIC-Personas, ihre Motivation und das Ausmaß ihre emotionalen Engagements zu machen.

Kongruenz-Qualifikationsmerkmale

Manchmal befinden Sie sich einfach nicht auf der gleichen Wellenlänge mit den potenziellen Kunden und Interessenten – Sie entsprechen vielleicht nicht ihren Erwartungen, Bedürfnissen, Anforderungen, Erfordernissen, Kaufprozessen usw. Und manchmal passen sie nicht zu Ihnen – zu Ihren spezifischen Produkten und Dienstleistungen, Kernkompetenzen, Werten, Arbeitsabläufen, der Unternehmenskultur usw.

Diese Übereinstimmung ist wichtig, denn je größer die Kongruenz, desto leichter fällt es Ihnen, die Alternativen, die der Stakeholder-Gruppe zur Verfügung stehen, zu neutralisieren.

Ihre Aufgabe als Verkaufsprofi besteht darin, Kunden mit der größten Kongruenz aus dem Blickwinkel beider Parteien zu gewinnen. Damit gewährleisten Sie, dass Ihr Kunde den höchstmöglichen Mehrwert erhält und Ihr Unternehmen den höchstmöglichen Gewinn verbuchen kann.

Viele Verkaufsmitarbeiter verfolgen Verkaufsvorgänge mit geringer Kongruenz. Die Folge dieser Partnerschaften, die unter einem schlechten Stern stehen, sind unzufriedene Kunden mit Forderungen, die Ihr Unternehmen nicht erfüllen kann und die Sie letztendlich Geld, Zeit und Ihren guten Ruf kosten.

Einige Kongruenz-Qualifikationsmerkmale lassen sich bereits vor dem Erstkontakt mit einem potenziellen Kunden ausmachen. Doch in den meisten Fällen müssen Sie Zeit in die Situationsanalyse-Phase des Verkaufsprozesses investieren, um mehr über die aktuellen und künftigen Anforderungen, Bedürfnisse und Erwartungen herauszufinden.

Diese Analyse führe ich bevorzugt mit einer einfachen Kongruenz-Matrix durch (Abbildung 14.2). Sie konzentriert sich auf zwei Dimensionen:

1. Ausmaß der Kongruenz,

2. Ertragspotenzial des Kunden/Interessenten.

GERINGE KONGRUENZ HOHES ERTRAGSPOTENZIAL	HOHE KONGRUENZ HOHES ERTRAGSPOTENZIAL
GERINGE KONGRUENZ GERINGES ERTRAGSPOTENZIAL	HOHE KONGRUENZ GERINGES ERTRAGSPOTENZIAL

Abb. 14.2: Die Kongruenz-Matrix

Zu den Kongruenz-Qualifikationsmerkmalen gehören:

- Übereinstimmung der Werte,
- Übereinstimmung der Prozesse,
- Erwartungen und Anforderungen,
- Bequemlichkeit der Dienstleistungserbringung,
- Bereitschaft zur Kooperation bei der Entwicklung des Lösungskonzepts,
- Wertschätzung der Expertise, die Sie und Ihr Unternehmen mitbringen,
- Zeitpunkt des Verkaufsvorgangs,
- Ort des Verkaufsvorgangs.

Das Ertragspotenzial lässt sich meistens relativ leicht einschätzen, kann aber durch eine geringe Kongruenz beeinträchtigt werden. Wenn beispielsweise ein potenzieller Kunde/Stakeholder hochgradig betreuungsintensiv ist oder von Ihrem Unternehmen unübliche Service-Prozesse und Arbeitsabläufe fordert, kann sich dieser Sonderstatus negativ auf Ihren Nettoprofit auswirken – und möglicherweise heimlichen Groll erzeugen.

Es erfordert einen disziplinierten Umgang mit Ihrer Pipeline, um sich von potenziellen Kunden fernzuhalten, bei denen sich die Zusammenarbeit als schwierig und das Ertragspotenzial als gering erweisen könnte. Verkäufer haben die unheilvolle Neigung, Interessenten mit mangelnder Kongruenz in Verkaufsvorgänge einzubeziehen und sie ihrer Pipeline hinzuzufügen. Diese Interessenten lassen sich vor allem deshalb leicht in die Pipeline befördern, weil niemand anders mit ihnen arbeiten will.

Es ist nichts dagegen einzuwenden, unter bestimmten Umständen mit einer begrenzten Anzahl potenzieller Kunden zu arbeiten, bei denen die Kongruenz gering, das Ertragspotenzial jedoch hoch ist. Sie sollten sich jedoch nur dann auf solche Verkaufsvorgänge einlassen, wenn Sie eine starke Verhandlungsposition haben, die Ihnen gestattet, vorteilhafte Preise und Konditionen auszuhandeln.

Doch letztendlich sollten Sie aktiv auf Zielgruppen in den Quadranten mit hoher Kongruenz abzielen. Das ist der Schlüssel zur Maximierung Ihrer Gewinne, während Sie gleichzeitig Ihren Leistungsversprechen nachkommen und dafür sorgen können, dass Ihre Kunden den höchstmöglichen Wert erhalten.

Wie Sie die Neun-Felder-Qualifikationsmatrix als Hebel nutzen

Um die Qualifikationsmatrix zur Entwicklung eines IQP-Profils zu nutzen, tragen Sie in jedes Feld die allgemeinen Merkmale der potenziellen Kunden oder Interessenten ein, die den Anforderungen eines qualifizierten Kontakts entsprechen könnten.

Im HPP/TQ-Feld könnten Sie beispielsweise eintragen:

- Jahresertrag mehr als zwei Millionen Dollar,
- Technologieabteilung, Zentrale in den USA,

- globaler Fußabdruck,
- jährliche Wachstumsrate über zehn Prozent.

Im HPP/SQ-Feld könnten Sie beispielsweise eintragen:

- direkter Zugang zum IT-Chef,
- direkter Zugang zum Leiter des Bereichs Informationssicherheit und IT-Compliance,
- Stakeholder-Personas identifiziert.

Im HPP/FQ-Feld könnten Sie beispielsweise eintragen:

- mindestens eine schwerwiegende Datenpanne in den vergangenen zwei Jahren,
- Projektteam vorhanden,
- Budget und Finanzierung genehmigt,
- brauchen und wertschätzen unsere Expertise.

Die Qualifikationsmatrix ist jedoch nicht statisch. Die Situation ändert sich im Verlauf des Verkaufsprozesses, während Sie Informationen sammeln, die Stakeholder-Personas ermitteln und Mikrozusagen erlangen. Einige Informationen, beispielsweise die Kongruenz-Merkmale, kristallisieren sich oft erst dann heraus, wenn Sie in der Situationsanalyse-Phase des Verkaufsprozesses tiefer schürfen können.

Manchmal scheinen sich die Verkaufschancen irgendwann zu verbessern und damit auch die Erfolgswahrscheinlichkeit. In anderen Fällen weist die Neun-Felder-Matrix Sie auf eine unumstößliche Wahrheit hin – dass es an der Zeit ist, Ihre Verluste einzudämmen.

Wenn Sie die Neun-Felder-Matrix nutzen, sollten Sie daran denken, dass jedes Feld eigenständig und von den anderen Feldern unabhängig ist (siehe Abbildung 14.3). Einige Verkaufsvorgänge können HPP/TQ und trotzdem MPP/SQ und LPP/FQ zugeordnet werden.

	TQ	SQ	FQ		TQ	SQ	FQ		TQ	SQ	FQ
HPP	●	●	●	HPP		●	●	HPP		●	
MPP				MPP				MPP	●		●
LPP				LPP	●			LPP			

	TQ	SQ	FQ		TQ	SQ	FQ		TQ	SQ	FQ
HPP	●		●	HPP	●			HPP			
MPP				MPP			●	MPP			
LPP		●		LPP			●	LPP	●	●	●

Abb. 14.3: Beispiele für die grafische Darstellung idealer qualifizierter Interessenten in der Neun-Felder-Matrix

Manchmal reihen sich Verkaufsvorgänge nahtlos in die HPP-Kategorie ein, aber solche »Einhörner« sind selten. Die meisten Verkaufsvorgänge sind alles andere als perfekt und Ihre Aufgabe besteht darin, herauszufinden, ob Sie weiterhin daran arbeiten sollten oder über die Hebel verfügen, die Aufstellung auf dem Schachbrett umzugestalten und die Rentabilität des Deals zu verbessern.

Teil IV
Emotionale Disziplin

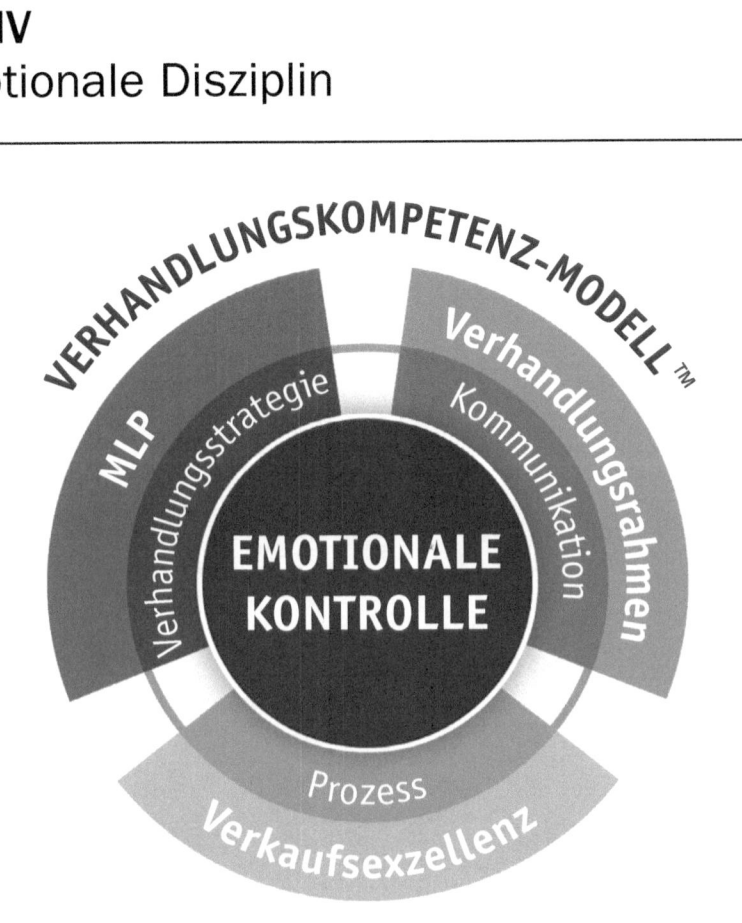

VERHANDLUNGSKOMPETENZ-MODELL™

- MLP / Verhandlungsstrategie
- Verhandlungsrahmen / Kommunikation
- Verkaufsexzellenz / Prozess

EMOTIONALE KONTROLLE

15 Die sieben disruptiven Emotionen

Angenommen, zwei emotionslose Roboter handeln miteinander, um einen Deal einzufädeln. Wie würden sie dabei vorgehen?

Die beiden Computer würden mittels der programmierbaren Rechenvorschriften alle leicht erhältlichen Informationen sammeln und auswerten. Und dann würden sie von allen möglichen Ergebnissen dasjenige wählen, das für beide Parteien das logischste, vernünftigste und fairste ist.

So würden Roboter verhandeln und so *glauben* Menschen, zu verhandeln – auf der Basis von Logik und Vernunft. Sie glauben mir nicht? Starten Sie eine Umfrage!

In Wirklichkeit verhalten sich Menschen bei Verhandlungen völlig anders. Roboter sind uns auf diesem Feld weit voraus, weil Logik und »Vernunft« die einzigen Werkzeuge sind, mit denen sie arbeiten können. Menschen haben im Bereich der Emotionen die Nase vorn, denn so sind wir programmiert. Das ist durch die Neurowissenschaft belegt und genau deshalb sind wir Menschen so vorhersehbar. Wir fühlen und erst dann denken wir.

Menschliche Emotionen haben eine tiefgreifende Wirkung auf jede Partei, die an einer Verhandlung beteiligt ist – die Beschaffungsexperten und professionellen Einkäufer eingeschlossen, die bisweilen wie Roboter handeln. Damit wird den Verkaufsverhandlungen eine unendliche Vielzahl von Variablen hinzugefügt und deshalb sind nur wenige von Menschen ausgehandelte Ergebnisse wirklich logisch, vernünftig und fair.

Als Verkaufsprofi können Sie bei Verhandlungen in den Bereich emotionaler Grenzerfahrungen katapultiert werden. Disruptive Gefühle sind unsere Achillesferse. Wenn wir ihnen freien Lauf lassen, verraten sie uns, machen uns schwach. Sie führen dazu, dass wir die Selbstkontrolle verlieren und bei Verhandlungen mit professionellen Käufern, die darauf gedrillt wurden, ihre Gefühle zu beherrschen, ins Hintertreffen geraten.

Disruptive Gefühle fördern destruktive Verhaltensweisen, die den Fokus verschleiern, die situative Aufmerksamkeit trüben, irrationale Entscheidungen verursachen, Fehleinschätzungen zur Folge haben und das Selbstvertrauen untergraben.

Die ungeschönte Wahrheit ist, dass bei jeder Verhandlung die Person mit der größten emotionalen Kontrolle am ehesten die gewünschten Ergebnisse erzielt. Um sich als Top-Verhandler zu profilieren, müssen Sie als Erstes lernen, Ihre disruptiven Gefühle, die Sie bremsen, in den Griff zu bekommen und darüber hinauszuwachsen. Die folgenden sieben disruptiven Emotionen beeinträchtigen Ihre Verhandlungskompetenz:

- **Angst** ist die grundlegende Ursache der meisten Misserfolge im Verkauf. Sie führt dazu, dass Sie zögern und Ausflüchte suchen, statt zuversichtlich und selbstsicher Ihre Wünsche zum Ausdruck zu bringen. Angst verhindert die gezielte Suche nach

Neukunden, die Kontaktanbahnung zu potenziellen C-Level-Interessenten (aus den Chef- oder Vorstandsetagen), die Möglichkeit, Einwände frühzeitig auf den Tisch zu bringen, den nächsten Schritt im Verkaufsprozess einzuleiten, um Auftragserteilung zu bitten und effektiv zu verhandeln. Sie erschwert eine objektive Sichtweise und fördert Schwäche und Unsicherheit.

- **Verzweiflung**, ebenfalls ein disruptives Gefühl, hat zur Folge, dass wir bedürftig und schwach erscheinen, unlogisch reagieren und schlechte Entscheidungen treffen. Verzweiflung bewirkt, dass andere uns schon auf den ersten Blick unsympathisch und unattraktiv finden; damit wird ein Teufelskreis in Gang gesetzt, der noch mehr Ablehnung erzeugt. Verzweiflung ist die Mutter der Unsicherheit.
- **Verunsicherung** beeinträchtigt das Selbstvertrauen und das Durchsetzungsvermögen. Sie löst das Gefühl der Einsamkeit aus – als hätten Sie ein großes Schild auf dem Rücken, das besagt: »Kontakt verboten.« Verunsicherung fördert das Gefühl, als würde an jeder Ecke eine Zurückweisung lauern; man wird kopfscheu, fürchtet sich vor dem eigenen Schatten.
- **Das Bedürfnis nach Wertschätzung** ist ein menschliches Kernbedürfnis und zugleich eine Schwäche. Jeder Mensch hat den unstillbaren, oft unerfüllten Wunsch, sich geachtet, respektiert zu fühlen, zu wissen, dass er für andere von Bedeutung und ihnen zugehörig ist. Es ist ein einzigartiges Merkmal menschlichen Verhaltens. Alles, was wir tun – im positiven wie im negativen Sinn – dreht sich um dieses unersättliche Bedürfnis. Menschen sehnen sich danach, anerkannt und als Teil der »Eigengruppe« wahrgenommen zu werden. Das erklärt, warum Verhandlungen emotional so destabilisierend sein können.
- **Fixierung** bewirkt, dass Sie emotional dermaßen darauf programmiert sind, zu gewinnen, Ihre Wünsche und Ziele zu realisieren, in Gegenwart anderer zu glänzen, jedermanns Zustimmung zu erhalten und immer recht zu haben, dass Sie die Perspektive und Ihre Objektivität verlieren. Diese emotionale Fixierung ist der Feind der Selbstwahrnehmung und der Ursprung der Selbsttäuschung. Sie erzeugt blinde Flecken am Verhandlungstisch, die Sie verleiten, das übergeordnete Bild und die Wege zu Kompromissen und ausgehandelten Ergebnissen aus den Augen zu verlieren.
- **Beflissenheit** bewirkt, dass Sie so darauf fokussiert sind, es anderen recht zu machen, dass Sie die Ziele Ihrer Verkaufsverhandlungen ad acta legen. Sie glauben fälschlicherweise, dass »Win-win«-Ergebnisse den Käufer automatisch glücklich machen. Diese Beflissenheit veranlasst Sie, zu früh nach- und aufzugeben. Damit präsentieren Sie der anderen Partei den kürzesten Weg, Sie am Verhandlungstisch zu übervorteilen.
- **Sorge** ist die Kehrseite der unermüdlichen Patrouillen, die das Gehirn durchführt, um Sicherheit und Überleben zu gewährleisten. Ihr Gehirn konzentriert sich daher von Haus auf das Negative – was schiefgehen könnte – und nicht auf das, was gut und richtig läuft. Damit kann eine Flut disruptiver Emotionen ausgelöst werden – die ausschließlich auf der Wahrnehmung beruhen, dass etwas schieflaufen könnte.

Ob in Kombination oder jede für sich allein, diese disruptiven Emotionen schwächen Ihre Position in Verkaufsverhandlungen. Verkaufsprofis, die unfähig sind, sie zu regulieren, werden von diesen zerstörerischen Gefühlen erfasst und wie ein führungsloses Schiff in einem Orkan zu einem Spielball der Wellen, ein Opfer der emotionalen Höhen und Tiefen, ganz nach Belieben.

Die Fähigkeit, die eigenen Gefühle zu beherrschen, ist das wahre Geheimnis hinter den Spitzenleistungen in Verkaufsverhandlungen. Es wäre jedoch unsinnig, zu behaupten, dass man sich mit einem Fingerschnippen von den eigenen Gefühlen lösen kann. Das funktioniert nicht. Wenn Sie kein emotionsloser Soziopath sind, empfiehlt es sich, nachhaltige Techniken anzuwenden, um Ihre disruptiven Emotionen am Verhandlungstisch unter Kontrolle zu bringen.

Emotionale Kontrolle bei Verhandlungen ist ein erlerntes Verhalten. Selbst Käufer, die emotional distanziert wirken, während sie Ihnen ein Zugeständnis nach dem anderen abringen, empfinden bei Verhandlungen ein gewisses Maß an Unbehagen. Sie haben gleichwohl gelernt, mit Hilfe von Achtsamkeit, den entsprechenden Techniken und Übung über ihre Gefühle hinauszuwachsen.

16 Die Entwicklung emotionaler Selbstkontrolle

Emotionale Disziplin ist die erste und wichtigste Metakompetenz bei Verkaufsverhandlungen. Die Kombination aus situativer Aufmerksamkeit und der Fähigkeit, disruptive Emotionen beständig zu regulieren, stellt das Herzstück der Verhandlungsexzellenz dar, denn wenn Sie gelernt haben, diese zerstörerischen Gefühle und Empfindungen in Schach zu halten, gewinnen Sie die Macht, auf die Gefühle Ihrer Verhandlungspartner einzuwirken.

Wir sollten jedoch nicht unter den Teppich kehren, wie schwierig es ist, disruptive Emotionen in bestimmten Situationen angemessen zu steuern. Als Menschen werden wir oft zum Spielball von Gefühlen, die außer Kontrolle geraten sind. Wir alle haben schon einmal Dinge gesagt oder getan, die wir rückblickend bedauern. Und vermutlich mussten wir alle am Verhandlungstisch aggressive Fragen über uns ergehen lassen, auf die wir mit Stammeln und Stottern geantwortet haben, auf der Suche nach den richtigen Worten, im unerbittlichen Griff der Kampf-oder-Flucht-Reaktion.

Wir alle kennen die Reaktion, denn wir sind menschliche Wesen, zu deren Überlebensprogramm sie gehört. Es ist leicht, über die Regulierung disruptiver Gefühle in leidenschaftslosen Klischees zu reden, aber es steht auf einem ganz anderen Blatt, Emotionen in der Hitze des Gefechts zu unterdrücken. Verstand, rationales Denken und die Fähigkeit, Informationen zu verarbeiten, gehen im Meer der disruptiven Gefühle und unbewussten menschlichen Instinkte unter.

Es gibt nur drei Dinge, die Sie steuern können

Wenn Sie sich für eine berufliche Laufbahn im Verkauf entscheiden, haben Sie ein Tätigkeitsfeld gewählt, in dem Sie gezwungen sind, zu verhandeln. Daran führt kein Weg vorbei.

Da wir in wettbewerbsstarken Märkten tätig sind und komplexe Lösungen mit zahlreichen Variablen und Preismodellen verkaufen, oft mit rechtsverbindlichen Verträgen, sind Verhandlungen die Regel und nicht die Ausnahme. Sie haben also die Wahl: Entweder Sie verlieren Ihre Provision und Ihre Selbstachtung, oder Sie lernen, Ihre emotionalen Reaktionen zu kontrollieren, Selbstvertrauen aufzubauen und zu gewinnen.

Sie sind vielleicht in der Lage, das emotionale Unbehagen einer Verhandlung kurzfristig zu umgehen, indem Sie Haus und Hof verspielen, um Aufträge an Land zu ziehen. Doch das hat langfristig negative Auswirkungen auf Ihre berufliche Laufbahn, Ihr Einkommen und Ihr Selbstwertgefühl.

Emotionen zu überwinden, die das Selbstvertrauen am Verhandlungstisch erschüttern, gehört für Verkaufsprofis zu den größten Herausforderungen. Es kommt durchaus vor, dass man sich während einer Verkaufsverhandlung mit Angehörigen des Topmanagements eingeschüchtert fühlt, das Selbstvertrauen im verbalen Gefecht mit einem hartgesottenen Käufer angekratzt wird oder man aus Verzweiflung wertvolle Zusagen ohne Gegenleistungen macht, wenn man spürt, dass einem der Deal aus den Händen zu gleiten droht.

Das Gefühl, nur wenig Kontrolle zu haben, ist nur natürlich, wenn Sie sich mit gewieften Käufern konfrontiert sehen, die über etliche Alternativen verfügen und Sie in die Zange nehmen. In solchen Situationen sollten Sie sich nicht auf das konzentrieren, was sich Ihrem Einfluss entzieht, sondern vielmehr auf das, was Sie *beeinflussen können*.

Am Verhandlungstisch können Sie nur drei Dinge steuern:

1. Ihre Aktivitäten,

2. Ihre Reaktionen,

3. Ihre Einstellung.

Das ist alles. Nicht mehr und nicht weniger. Sie können entscheiden, wie diszipliniert Sie sich im Verkaufsprozess verhalten. Sie können entscheiden, strategisch vorzugehen, um Ihre Verhandlungsposition zu verbessern. Sie können entscheiden, wie Ihre Haltung und Ihre inneren Monologe beschaffen sein sollten. Sie können entscheiden, ob Sie Achtsamkeit oder Selbsttäuschung den Vorrang geben. In emotional angespannten Situationen haben Sie die absolute Kontrolle über Ihre Reaktionen.

Selbstwahrnehmung

Der Ursprung vieler Verhaltensweisen – gute und schlechte, destruktive und effektive – befindet sich außerhalb der Reichweite unseres Bewusstseins. Oft handeln wir, ohne die Handlung wahrzunehmen, bis wir entscheiden, unser Bewusstsein einzuschalten und unsere Aufmerksamkeit gezielt darauf zu richten. Um am Verhandlungstisch zu gewinnen, müssen Sie diszipliniert auf Ihre Emotionen und deren mögliche Auswirkungen auf andere achten.

Die eigenen Gefühle zu beherrschen, beginnt mit der Wahrnehmung, dass sie gerade auftreten. Damit gestatten Sie Ihrem rationalen Verstand, das Ruder zu übernehmen, den dahinter verborgenen Sinn zu ergründen, darüber hinauszuwachsen und Ihr Verhalten und Ihre Reaktionen zu bestimmen.

Achtsamkeit beinhaltet die gezielte und bewusste Entscheidung, die eigenen Emotionen zu beobachten, zu bewerten und zu regulieren, damit Ihre emotionalen Reaktionen auf die Menschen und die Umgebung, in der Sie sich befinden, mit Ihren Absichten und Zielen übereinstimmen.

Gezielte Achtsamkeit ist hier das A und O. Emotionen treten auch ohne Ihre Einwilligung auf. Deshalb können Sie Ihre Reaktionen, nicht aber Ihre Gefühle wählen.

Es besteht ein großer Unterschied zwischen dem Erleben von Gefühlen und der Verstrickung in Gefühlen. Achtsamkeit ermöglicht Ihnen, die rationale Kontrolle über Ihre Emotionen zu übernehmen und selbstbestimmt zu handeln.

Selbstwahrnehmung öffnet der Selbstkontrolle die Tür. Immer wenn Sie von Gefühlsstürmen gebeutelt werden, die durch Konflikte in Verkaufsverhandlungen entstehen, sollten Sie entscheiden, Ihre Emotionen an die Kandare zu nehmen und den Kurs zu ändern.

Sobald Sie spüren, dass ein Gefühlsausbruch droht, können Sie Ihr Verhalten mit Hilfe der Selbstkontrolle nach außen hin in den Griff bekommen, auch wenn die Emotionen wie ein Vulkan unter der Oberfläche brodeln. Damit sind Sie imstande, bei Verhandlungen ein entspanntes, selbstsicheres Pokerface aufzusetzen. Nach außen hin wirken Sie ruhig und gelassen, auch wenn innerlich Chaos herrscht.

Hürden-Immunität

Selbstwahrnehmung und Selbstkontrolle sind wie Muskeln. Je mehr sie trainiert werden, desto stärker werden sie. Die beste Trainingsmethode besteht darin, sich Widrigkeiten, Herausforderungen und emotionalen Hürden zu stellen. Mit anderen Worten, üben.

Während des Zweiten Weltkriegs machte der britische Reeder Lawrence Holt eine Beobachtung, aus der eine weitläufige Bewegung hervorging. Seine Handelsflotte wurde ständig von deutschen U-Booten ins Visier genommen und torpediert. Seltsamerweise waren die Überlebenden der Angriffe in der Mehrzahl ältere Seeleute und nicht ihre jüngeren Kameraden, die körperlich topfit waren.

Dieses Phänomen bewog ihn, sich an Kurt Hahn zu wenden, einen deutschen Reformpädagogen, der vor dem Krieg von den Nazis inhaftiert wurde, weil er Hitler kritisiert hatte. Holt engagierte Hahn, um Aufschluss darüber zu gewinnen, warum die Todesraten bei den Mitgliedern seiner Bootmannschaften, die jünger, kräftiger und physisch in bester Verfassung waren, nach den Angriffen alarmierend hoch waren.

Holt und Hahn gelangten gemeinsam zu der Erkenntnis, dass der Unterschied zwischen beiden Gruppen schlussendlich auf emotionaler Resilienz, Eigenverantwortung und innerer Stärke beruhte. Obwohl die jüngeren Männer offensichtlich über größere physische Kraft und Beweglichkeit verfügten, erwies sich die emotionale Widerstandskraft angesichts der zermürbenden Hindernisse bei den älteren, erfahreneren Seeleuten als Überlebenshilfe.

Holt sagte: »Ich würde lieber einen achtzigjährigen Seemann mit Segelerfahrung damit betrauen, ein Rettungsboot mitten auf dem Atlantik zu Wasser zu lassen, als einen jungen Meerestechniker, der ein umfassendes Training nach modernen Methoden absolviert, aber nie eine Salzwasserdusche erlebt hat.«

Die Erkenntnisse führten dazu, dass Hahn Outward Bound gründete, eine Organisation, die sich seither der Aufgabe verschrieben hat, Menschen durch die bewusste Konfrontation mit harschen Situationen bei der Entwicklung von mentaler Stärke, Selbstvertrauen, Beharrlichkeit, Durchhaltevermögen, Resilienz und Hürden-Immunität zu helfen.

Die Spartan Races und die militärische Ausbildung, die der US-amerikanische Extremsportler und Unternehmer Joe de Sena entwickelte, waren auf den gleichen Zweck ausgerichtet – Hürden-Immunität aufzubauen. Die Teilnehmer mussten sich Prüfungen unterziehen, die schmerzhaft waren und sie an die Grenzen ihrer Willenskraft brachten. Durch die Auseinandersetzung mit widrigen Situationen und leidvollen Erfahrungen lernten sie, ihren mentalen Zustand zu steuern und die Kontrolle über disruptive Emotionen zu gewinnen.

Sie bauen Ihren »emotionalen Disziplinmuskel« auf, wenn Sie sich bewusst auf Situationen mit einer Herausforderung einlassen, die Sie als Hürde wahrnehmen, beispielsweise Verhandlungen, und sich immer wieder den damit verbundenen Gefühlen stellen. Doch viele Menschen, die in einer westlichen Gesellschaft leben, haben keine verhandlungsspezifische Hürden-Immunität entwickelt, weil sie Verhandlungen scheuen.

Um das Problem bewusst anzugehen, sollten Sie einen Flohmarkt, einen Garagenverkauf oder einen Trödel- oder Antiquitätenladen besuchen, der Übung halber. Das in einem solchen Umfeld geradezu erwartete Verhandeln, bei dem für Sie nicht viel auf dem Spiel steht, ist perfekt geeignet, um die Selbstwahrnehmung zu verbessern und die Selbstkontrolle zu trainieren.

Sobald Sie beginnen, sich bewusst mit Ihren Ängsten und emotional unangenehmen Situationen auseinanderzusetzen, lernen Sie, die Angst, die unmittelbar vor der Konfrontation mit dem Hindernis eintritt, zu durchbrechen und zu neutralisieren. Sie beginnen, Ihre inneren Monologe und äußeren physischen Reaktionen zu verlagern, um über Ihre Emotionen hinauszuwachsen.

Dann werden Verhandlungen schon bald zur Gewohnheit. Anders ausgedrückt: Je häufiger Sie verhandeln, desto stärker wird Ihre emotionale Selbstkontrolle und desto leichter fällt es Ihnen, sie auszuüben. Die emotionalen Härtetests in Verkaufsverhandlungen werden Sie nicht länger aus der Fassung bringen.

Hürden-Immunität bedeutet, mentale Widerstandsfähigkeit und Aufmerksamkeitskontrolle zu entwickeln, um Spitzenleistungen zu erzielen, während man gleichzeitig eine positive Einstellung aufrechterhält, allen Widrigkeiten zum Trotz.

Vier Schritte zur Entwicklung von Hürden-Immunität in Verhandlungen
1. Seien Sie bereit und offen für die Möglichkeit, durch die Feuerprobe widriger Umstände und schmerzlicher Erfahrungen Resilienz zu entwickeln.

2. Entscheiden Sie bewusst, sich unangenehmen Situationen auszusetzen.

3. Stellen Sie sich aktiv den Konflikten, die mit Verhandlungen einhergehen, indem Sie Ihre Wünsche und Forderungen unumwunden zum Ausdruck bringen.

4. Überwinden Sie das Verlangen, in den alten Zustand der Bequemlichkeit und Selbsttäuschung zurückzufallen.

Wenn Sie das Hindernis überwunden haben, werden Sie ein Gefühl der Kompetenz und Selbstvertrauen gewinnen. Und das steigert Ihre Selbstachtung und Effektivität am Verhandlungstisch.

17 Entspanntes, souveränes Selbstvertrauen

Nichts trägt mehr dazu bei, Ihren Hebeln mehr Schlagkraft zu verleihen und Ihren Einfluss in Verkaufsverhandlungen zu verbessern, als entspanntes, souveränes Selbstvertrauen. Wenn Sie es noch mit einer gesunden Strategie und Exzellenz während des gesamten Verkaufsprozesses kombinieren, tragen Sie entschieden dazu bei, Ihre Gewinnwahrscheinlichkeit zu erhöhen.

Fakt ist, dass wir den affektiven Zustand anderer Menschen übernehmen. Mit anderen Worten, Gefühle und Emotionen sind buchstäblich ansteckend. Wir Menschen verstehen uns hervorragend darauf, sie ohne bewusste Anstrengungen zu erkennen und zu benennen.

Da wir in Gruppen leben und arbeiten, scannen wir automatisch die Menschen in unserem Umfeld, um Hinweise auf ihren Gefühlszustand zu erhalten – Mimik, Körpersprache, Ton und Klangfarbe der Stimme und die Wortwahl. Danach deuten wir diese Anhaltspunkte und passen unseren Umgang mit der jeweiligen Person auf der Grundlage dieser Wahrnehmungen an.

Das bezeichnet man als *emotionale Ansteckung*; sie erleichtert uns, das nachzuempfinden, was andere fühlen, und unsere Gefühle und Empfindungen auf andere zu übertragen. Das Wissen, wie man die emotionale Ansteckung als Hebel einsetzt, ist eine wirkmächtige Metafähigkeit für die positive Beeinflussung menschlichen Verhaltens im Verkaufsprozess und am Verhandlungstisch. Richtig umgesetzt, kann sie ungeheure Vorteile bieten.

Wenn Sie mit entspanntem, souveränem Selbstvertrauen an Verhandlungen herangehen, werden sich die Stakeholder gleichermaßen verhalten. Sie werden Ihnen mit Wertschätzung begegnen, positiv reagieren und Ihre Positionen respektieren. Dadurch gewinnen Sie Kontrolle über den Prozess, die Agenda und das Tempo der Verhandlung. Eine entspannte, souveräne und selbstsichere Haltung kann als Hebel dienen, um auf das Verhalten der Stakeholder einzuwirken und ihre Bereitschaft zu erhöhen,

- transparent zu sein,
- Ihre Argumentationskette zu akzeptieren,
- Ihren Erläuterungen zu Preispositionen oder Konditionen zu vertrauen,
- Ihren Anforderungen zu entsprechen und
- Zugeständnisse zu machen.

Tiefe Verwundbarkeit

Zugegeben, sich mit entspanntem, souveränem Selbstvertrauen an den Verhandlungstisch zu begeben und diese selbstsichere Haltung während der Verhandlungen aufrechtzuerhalten, bedeutet, dass Sie alles auf eine Karte setzen und ein emotionales Risiko eingehen, ohne Garantie, ohne Rückendeckung und ohne einen Zufluchtsort.

Es besteht immer die Gefahr, dass Ihre Herangehensweise abgelehnt und angefochten wird oder dass die Stakeholder Ihre Argumentationskette belächeln, Ihren Erläuterungen Einhalt gebieten, sich über die Verteidigung Ihrer Position hinwegsetzen und sich weigern, in gutem Glauben zu verhandeln.

Dieses Konflikt- und Zurückweisungspotenzial löst ein tiefgreifendes Gefühl der Verwundbarkeit aus und kann zur Folge haben, dass Sie in Zukunft passiver und defensiver vorgehen. Es erzeugt jede Menge disruptiver Emotionen, die Ihre Fähigkeit beeinträchtigen, sich als effektiver und starker Verhandlungspartner zu erweisen.

Meine Frau und ich waren im letzten Herbst in einem Einrichtungsgeschäft in North Carolina, um uns Möbel für unsere Berghütte anzuschauen. Das war jedoch kein typisches Möbelhaus. Sämtliche Einrichtungsgegenstände waren von lokalen Kunsthandwerkern handgefertigt. Jedes Teil war einzigartig und der Preis Verhandlungssache. Ich wusste das, weil wir, auf unsere Frage hin, bereits 20 Prozent Rabatt auf verschiedene Möbelstücke erhalten hatten.

Es war ein Kinderspiel. Die Verkäuferin zögerte nicht, uns einen Nachlass auf unsere Einkäufe einzuräumen. Seltsam war jedoch, je länger wir uns in dem Laden aufhielten, desto weniger war ich geneigt, das Thema Rabatt anzusprechen. Fakt ist, dass wir bei den letzten drei Einrichtungsgegenständen, die wir auswählten, den vollen Preis bezahlten, ohne den Versuch, zu handeln.

Als wir wegfuhren, haderte ich mit mir selbst. Ich hatte Geld auf dem Verhandlungstisch liegen lassen. Warum hatte ich mich nicht aktiv um weitere Preiszugeständnisse bemüht? Die ehrliche Antwort lautete: Ich hätte mich dabei schlecht gefühlt.

Ich änderte mein Verhalten, weil ich es als ungehörig empfand. Das Gefühl, nicht den Normen zu entsprechen, machte mich verletzlich. Ich wollte nicht zu viel Druck ausüben oder zu weit gehen. Ich wollte, dass mich die nette Verkäuferin sympathisch fand. Das war völlig irrational, denn sie hatte uns den Preisnachlass ja gerne gegeben und ich hatte nicht einmal hart verhandelt.

Handeln wird von vielen Menschen im Westen als unangenehm empfunden. Im Gegensatz zu anderen Kulturen, in denen das Feilschen bei gleich welchem Kaufvorgang die Norm ist, verzichten wir meistens darauf, zu handeln. Bei fast allem, was wir kaufen, nehmen wir den Preis, mit dem eine Ware ausgezeichnet ist, ungefragt hin. Es gibt ein paar Ausnahmen, beispielsweise beim Kauf eines Autos. Doch selbst die Automobilindustrie geht mehr und mehr zu einem Festpreis-Verkaufsmodell über, weil das »Geschacher« im Verhandlungsprozess vielen Käufern ein Gefühl des Unbehagens vermittelt.

Fakt ist, dass der Gedanke, verhandeln zu müssen, bei den meisten Menschen ein Gefühl der Beklommenheit und Verletzlichkeit hervorruft, und das ist der Grund, weshalb wir es vorziehen, darauf zu verzichten. In der Hitze eines Verhandlungsgefechts, wenn Sie im Begriff sind, um das zu bitten, was Ihnen vorschwebt, versuchen Körper und Geist, Ihnen mit aller Macht *Einhalt zu gebieten*. Sie zögern, weil Sie keinen Druck ausüben, mit Ihrer Forschheit keine roten Linien überschreiten oder anderen keinen Anlass geben wollen, schlecht über Sie zu denken.

Doch wenn Sie das fehlende Selbstvertrauen nach außen ausstrahlen, nehmen die Käufer diese Schwingungen auf. In Ihrem Bemühen, »liebenswerter« zu sein, vermitteln Sie ihnen ein Bild der Schwäche und Unsicherheit; damit laufen Sie Gefahr, von den Käufern in Ihrem Bemühen um Zugeständnisse über den Tisch gezogen zu werden.

18 Emotionale Ansteckung: Gefühlsübertragung

Ich hatte einen Großteil meines Lebens Pferde um mich. Pferde besitzen die angeborene Fähigkeit, Zögern, Unsicherheit und Angst bei Menschen zu erkennen. Sie stellen jeden neuen Reiter auf die Probe, und sobald sie spüren, dass jemand Angst hat oder es ihm an Selbstsicherheit mangelt, machen sie sich diesen Umstand zunutze.

Ein Pferd hat zehnmal mehr Gewicht und Umfang im Vergleich zu einem durchschnittlichen Menschen. Wenn das Pferd nicht spürt, dass Sie »fest im Sattel sitzen«, kann und wird es Sie unwillkürlich abwerfen.

Stakeholder verhalten sich keinen Deut anders. Ihre Gefühle übertragen sich auf sie. Wenn sie Angst, Schwäche, Unsicherheit oder mangelndes Selbstvertrauen bei Ihnen spüren, machen sie sich diesen Umstand zunutze.

Wenn Pferde oder Menschen Sie herausfordern, sollten Sie daher, ungeachtet Ihrer Gefühle und Empfindungen, mit einem nicht-komplementären Verhalten reagieren, das als Hebel dient, um das Verhaltensmuster Ihrer Verhandlungspartner zu durchkreuzen oder zu durchbrechen.

Wenn es Ihnen an Selbstvertrauen mangelt, neigen Stakeholder dazu, wenig Vertrauen in Sie zu setzen. Deshalb sollten Sie Techniken entwickeln und üben, die dem Aufbau und der Demonstration von entspanntem Selbstvertrauen und bewusster Souveränität dienen, selbst wenn Sie in diesem Augenblick das Gegenteil empfinden. Auch wenn Sie diese Haltung vortäuschen müssen, weil Sie innerlich zittern wie Espenlaub, müssen Sie den Anschein erwecken, alles unter Kontrolle zu haben, entspannt, souverän und selbstsicher zu sein. Sie müssen bei Verkaufsverhandlungen Ihr »Pokergesicht« aufsetzen.

Zu allererst gilt es, Ihre nonverbale Kommunikation zu steuern, um bestimmen zu können, was der Stakeholder sieht, hört und unbewusst registriert, einschließlich Tonlage und Klang der Stimme, Präsentation und Tempo des Verkaufsgesprächs, Körpersprache und Mimik. Tabelle 18.1 veranschaulicht den Unterschied zwischen der nonverbalen Kommunikation eines unsicheren und eines entspannten, selbstsicheren und souveränen Verkäufers.

Wenn Sie Worte, Formulierungen und eine Stimmlage wählen, die Souveränität und Selbstbewusstsein ausstrahlen, werden Sie stärker und glaubwürdiger wirken, wenn Sie am Verhandlungstisch Ihre Argumentationskette präsentieren.

Lässt auf mangelndes Selbstvertrauen, Unsicherheit und Angst schließen	Lässt auf eine entspannte, selbstsichere Haltung schließen
Schrille Stimmlage	Normaler Tonfall und tiefere Stimmlage
Stakkato-Sprechtempo: Schnellredner wirken wenig vertrauenswürdig	Entspanntes Sprechtempo mit angemessenen Pausen
Angespannter oder defensiver Tonfall	Freundlicher Ton – ein Lächeln in der Stimme und auf dem Gesicht
Zu laut oder zu leise reden	Angemessene Stimmmodulation mit angemessener emotionaler Betonung auf den richtigen Worten und Formulierungen
Schwacher oder nervöser Tonfall mit zu vielen Fülllauten (»Ähm« oder »äh«) und Verlegenheitspausen	Direkter beabsichtigter Tonfall in angemessenem Tempo und die Fähigkeit, auf den Punkt zu kommen
Mangelnder Augenkontakt – den Blick abwenden. Bringt eindeutig »Ich bin nicht vertrauenswürdig« oder »Ich fühle mich verunsichert« zum Ausdruck	Direkter, angemessener Augenkontakt
Hände in den Taschen	Hände befinden sich beim Sprechen vor oder neben dem Körper. Diese Haltung mag ungewohnt sein, vermittelt aber einen Eindruck von Stärke und Selbstvertrauen
Wildes Gestikulieren oder »Herumfuchteln« mit den Händen	Ruhige und kontrollierte Handbewegungen
Sich ständig über Gesicht oder Haare streichen, Zeigefinger in den Mund stecken – unmissverständliche Anzeichen, dass jemand nervös oder unsicher ist	Hände in einer Position der Stärke – an den Seiten oder vor dem Körper in einer Weise, die kontrolliert und nicht bedrohlich wirkt
Gebeugte Haltung, Kopf gesenkt, Arme vor der Brust verschränkt	Aufrechte Körperhaltung, Kinn erhoben, Schultern gerade und zurückgenommen. Diese Haltung fördert das Selbstvertrauen
Von einem Fuß auf den anderen treten oder hin- und herschaukeln	Stillstehen in einer Position, die Stärke andeutet
Starre Körperhaltung, Körpersprache, die Anspannung verrät	Entspannte, natürliche Körperhaltung
Zusammengepresster Kiefer, angespannte Miene	Entspanntes Lächeln. Lächeln ist ein allgemeingültiges nonverbales Signal, das besagt: »Ich bin freundlich und vertrauenswürdig«
Schwacher, lascher Händedruck, schweißnasse Handflächen.	Fester, selbstsicherer Handschlag mit direktem Augenkontakt

Tabelle 18.1: Nonverbale Kommunikation

Verändern Sie Ihre Physiologie

Studien zum Thema menschliches Verhalten aus buchstäblich jedem Winkel der akademischen Welt belegen, dass wir imstande sind, unsere Gefühle zu verändern und zu beeinflussen, wie andere unseren emotionalen Zustand wahrnehmen, indem wir einfach unsere Körperhaltung anpassen. Mit anderen Worten: Unsere Emotionen und deren Wahrnehmung werden durch die äußerlich sichtbare Physiologie geprägt.

Wenn wir uns unsicher oder verletzlich fühlen, neigen wir dazu, die Schultern hängen zu lassen, das Kinn zu senken und den Blick zu Boden zu richten – physische Anzeichen, die auf Unsicherheit und emotionale Schwäche hindeuten. Diese Veränderung der Körperhaltung hat zur Folge, dass wir rein äußerlich weniger selbstsicher erscheinen und uns innerlich weniger selbstsicher fühlen.

Untersuchungen der US-amerikanischen Sozialpsychologin Amy Cuddy von der Harvard University haben gezeigt, dass sich die sogenannte »Machtpose«, sprich eine selbstsichere, raumgreifende Haltung einzunehmen, auch wenn wir uns eigentlich nicht selbstsicher fühlen, auf den Testosteron- und Cortisolspiegel im Gehirn auswirkt und das Selbstvertrauen beeinflusst.[1]

Eine Veränderung der Körperhaltung löst nicht nur eine Gefühlsänderung[2], sondern auch eine neurophysiologische Reaktion aus.[3] Es ist bekannt, dass Hormone wie Cortisol und Testosteron eine wichtige Rolle für die Entstehung von Selbstvertrauen spielen.

Mütter, Lehrer und Trainer kennen diese grundlegende Wahrheit ebenfalls. Sie erteilen uns seit Jahren den gleichen Rat. Also: Kinn hoch. Schultern gerade. Aufrecht sitzen. Sie sehen nicht nur besser aus, sondern fühlen sich auch gleich besser.

---

[1] https://youtu.be/Ks-_Mh1QhMc
[2] https://jamesclear.com/body-language-how-to-be-confident
[3] https://lifehacker.com/the-science-behind-posture-and-how-it-affects-your-brain-1463291618

19 Vorbereitung und Probedurchlauf

Stressreiche Situationen wie Verkaufsverhandlungen lösen disruptive Gefühle aus, die Sie zu Fall bringen können. Unter solchen Umständen fällt es Ihnen vermutlich schwer, entspanntes, souveränes Selbstvertrauen auszustrahlen und das damit einhergehende »Pokerface« zu bewahren. Ihre Nervosität kann Unsicherheit erzeugen und dazu führen, dass Sie denken und handeln, als würde es Ihnen an Selbstvertrauen mangeln. Käufer sind imstande, Sie wie ein Buch zu lesen und sich die Gelegenheit zunutze zu machen.

Eine sorgfältige Vorbereitung auf die Verhandlungsgespräche ist der Schlüssel zur Aufrechterhaltung der emotionalen Disziplin. Inkompetente Verhandler improvisieren. Sie überlassen die ausgehandelten Ergebnisse dem Zufall und machen sich zum Spielball ihrer eigenen Gefühle und Empfindungen.

Top-Verhandler entwickeln bereits im Vorfeld ihre Strategie und planen den Ablauf der Verhandlungsgespräche. Bei transaktionalen und einfachen Verkaufsvorgängen gehen sie ihren »Schlachtplan« vor einer Verhandlung noch einmal durch. Bei komplexen Verkaufsvorgängen oder Verkaufsvorgängen auf Unternehmensebene benutzen sie einen Verhandlungsplaner; im 26. Kapitel finden Sie die sogenannte Murder-Boarding-Methode, ein Stresstest, mit dem Sie jeden Verkaufsvorgang in der Pipeline auf Herz und Nieren prüfen und Ihre Verhandlungsstrategie aufbauen können. Im nächsten Abschnitt werden wir diesen Prozess Schritt für Schritt unter die Lupe nehmen.

Die sorgfältige Planung vor einer Verkaufsverhandlung erlaubt Ihnen,

- eine eigene Agenda aufzustellen,
- die Ergebnisse der Best- und Worst-Case-Szenarien festzulegen,
- Alternativlösungen, sprich einen Plan B, zu entwickeln,
- die Auswirkungen von Zugeständnissen zu verstehen,
- sich Klarheit über Ziel- und Grenzzonen zu verschaffen,
- sich auf Anpassungen an die Kommunikationsstile der Stakeholder vorzubereiten,
- die Liste mit den Stakeholdern noch einmal zu überprüfen, sich in sie hineinzuversetzen und ihren Standpunkt zu berücksichtigen sowie
- verschiedene Verhandlungsszenarien vorherzusehen und zu *proben*.

Verschiedene Szenarien im Vorfeld zu proben und durchzuspielen, ist einer der Schlüsselfaktoren, um Ihre Gefühle in Schach zu halten. Gehen Sie die Verhandlungs- und Rollenspiel-Szenarien mit Ihrem Vorgesetzten oder Mitgliedern Ihres Teams durch. Lassen Sie alle Worst-Case-Szenarien Revue passieren, damit Sie für alle Eventualitäten gerüstet sind. Diese Übungen stellen eine schnelle und leichte Möglichkeit dar, Hürden-Immunität in einer spezifischen Situation zu entwickeln.

Vor einem Abschluss-Meeting oder einem geplanten Verhandlungsgespräch üben wir in meinem Team den Ablauf gemeinsam und sprechen offen darüber, wo und wie unsere disruptiven Emotionen uns aus der Bahn werfen könnten. Wir einigen uns bereits im Vorfeld darauf, wer für welche Erläuterungen zuständig ist, wer welche Fragen beantwortet und wo wir bei Zugeständnissen die roten Linien ziehen. Wir legen Signale fest, um einander auf disruptive Emotionen aufmerksam zu machen, die bewirken könnten, dass unser Verhalten Amok läuft.

Die Vorbereitung wirkt beruhigend und stärkt das Selbstvertrauen. Sie werden feststellen, dass die Verhandlungen später erheblich glatter über die Bühne gehen, wenn Sie sich vorab die Zeit genommen haben, die verschiedenen Szenarien durchzuspielen. Ihr Gehirn ist darauf geeicht, disruptive Emotionen vorherzusehen, sodass Sie darüber hinauswachsen und für Ihr Team gewinnen können.

Machen Sie sich Ihre emotionalen Trigger bewusst

Es gibt Situationen, Worte, Personen und Umstände in Ihrem Verkaufsalltag, die disruptive Gefühle auslösen.

Einige dieser emotionalen Trigger, wenn Ihnen beispielsweise im Straßenverkehr jemand die Vorfahrt nimmt oder wenn Sie von einer rüden Person angegangen werden, werden ohne Ihr Einverständnis oder Zutun ausgelöst. In anderen Fällen, beispielsweise beim Einstieg in Verkaufsverhandlungen, wenn Sie müde, hungrig oder durch andere Probleme belastet sind, haben Sie selbst dazu beigetragen, dass die Gefühle hohe Wellen schlagen.

In manchen Situationen werden disruptive Emotionen durch den Kommunikationsstil bestimmter Personen ausgelöst. Professionelle Einkäufer, die in Schulungen darauf gedrillt wurden, ihre Verhandlungsstrategien und Taktiken durchzuboxen, legen es geradezu darauf an, Frustration, Wut, Beflissenheit und Unsicherheit herbeizuführen. Sie wissen, wie man emotional auf Distanz geht und jeden Versuch Ihrerseits, eine emotionale Verbindung aufzubauen, durchkreuzt. Sie sind sich der Tatsache bewusst, dass Sie sich angesichts eines solchen Verhaltens noch mehr ins Zeug legen, um ihre Zustimmung zu gewinnen, und dabei Zugeständnisse ohne Gegenleistung machen.

Wenn Sie die spezifischen emotionalen Trigger kennen, die Sie aus dem Konzept bringen, und wissen, wie und wo sie ausgelöst werden könnten, ist es wesentlich einfacher, sie zu vermeiden, einzuplanen, vorherzusehen und entsprechend darauf zu reagieren. Damit fördern Sie Ihre Stärke und Resilienz.

Während Sie planen und für den Ernstfall proben, sollten Sie sich in die stressreichen Situationen hineinversetzen, die entstehen könnten. Lernen Sie, Trigger vorherzusehen und sich Ihre physiologischen und emotionalen Reaktionen darauf bewusst zu machen, sowohl vorher als auch in dem Augenblick, in dem der Trigger ausgelöst wird. Dank dieser Achtsamkeit werden Sie die Fähigkeit entwickeln, über Ihre Emotionen hinauszuwachsen, Ihr Pokerface aufrechtzuerhalten, Ihre Reaktion zu wählen und Ihr Ziel zu erreichen.

Positive Visualisierung und innere Monologe

Gefühle zu überwinden, die das Selbstvertrauen erschüttern, gehört zu den größten Herausforderungen, denen sich Verkaufsprofis gegenübersehen. Es ist keineswegs ungewöhnlich, sich bei Besprechungen mit Angehörigen des Topmanagements eingeschüchtert zu fühlen, im Umgang mit geschulten Verhandlern aus dem Beschaffungswesen Selbstbewusstsein einzubüßen oder am Ende eines Quartals, wenn die Gefahr besteht, dass die prognostizierten Umsatzziele nicht erreichen werden, verunsichert und verzweifelt zu reagieren.

Unsere größten Misserfolge am Verhandlungstisch haben wir uns oft selbst zuzuschreiben. Unser Gehirn ist darauf programmiert, sich Worst-Case-Szenarien auszumalen und darin zu schwelgen. Wenn Sie mit einer emotional unangenehmen Aufgabe konfrontiert werden, liegt es in der menschlichen Natur begründet, sich erst einmal die schlimmstmöglichen Ergebnisse zusammenzureimen. Ohne rationale Intervention können diese inneren Erzählungen zu sich selbst erfüllenden Prophezeiungen werden.

Ein Beispiel: Rahul rechnet damit, von seinem potenziellen Kunden während der Vertragsverhandlungen in die Mangel genommen zu werden. Er ist besorgt, weil seine Preise möglicherweise zu hoch sind und er nicht genug Zugeständnisse machen kann. Er sieht direkt vor sich, wie sein Gesprächspartner in Wallung gerät, wie er den Auftrag an die Konkurrenz verliert und wie enttäuscht sein Chef sein wird, wenn er seine Umsatzprognose nicht erfüllt.

Diese negative Visualisierung verursacht Sorge und ein Gefühl der Unsicherheit. In diesem Zustand geht er in die Verkaufsverhandlung und verschenkt 100 Prozent seiner bewilligten Rabatte, bevor der Käufer auch nur einen Finger rührt. Und zum Schluss platzt er in einem Anflug von Verzweiflung damit heraus, dass er seinen Vorgesetzten unter Umständen dazu bringen könnte, mit dem Preis noch weiter herunterzugehen.

Hätte sich Rahul mit entspanntem, souveränem Selbstvertrauen in die Verhandlung begeben, wäre allein sein Auftreten einem positiveren Ergebnis förderlich gewesen. Und genau deshalb leisten Planung und Probedurchläufe der Szenarien, die Sie entwickelt haben, einen wichtigen Beitrag, um das Selbstvertrauen und die Herangehensweise zu untermauern.

In Ihrem Kopf findet ein endloses, fortlaufendes »Geschnatter« statt, das Ihre Gefühle und die sichtbaren Verhaltensweisen prägt. Der innere Monolog kann Selbstvertrauen aufbauen oder zerstören.

Im Gegensatz zu den Gefühlen und Empfindungen, die ohne Ihr Einverständnis oder Zutun aktiviert werden, unterliegen die inneren Monologe ausschließlich Ihrer Kontrolle. *Sie entscheiden,* ob Sie positiv oder negativ denken. Ob Sie sich aufbauen oder niedermachen. Ob Sie ein Glas als halbvoll oder halbleer betrachten. Ob Sie die Realität bewusst wahrnehmen oder sich Illusionen hingeben.

Vor dem Einstieg in eine Abschlussbesprechung oder ein Verhandlungsgespräch sollten Sie sich in aller Ruhe hinsetzen und dem Diskurs lauschen, der in Ihrem Kopf abläuft – auf die Worte, die Sie benutzen, und die Fragen, die Sie stellen. Dann wandeln Sie negative Formulierungen in positive um, die das Bild des souveränen Verhandlungs- und Abschlussexperten untermauern, der Sie sein möchten, um die damit einhergehenden Verhaltensweisen und Gefühle heraufzubeschwören. Treffen Sie die bewusste Entscheidung, mit Ihrer inneren Stimme auf der gleichen Wellenlänge zu bleiben. Wenn Sie merken, dass sie ins Negative abzugleiten droht, halten Sie inne und ändern gezielt den Tenor Ihres »Selbstgesprächs«.

Das ist der Grund, warum sowohl Elite-Athleten[1] als auch Elite-Verkäufer die Visualisierung nutzen, um den unbewussten Teil ihres Gehirns zu programmieren und ihren inneren Monolog zu ändern. Wenn Sie sich den Erfolg in allen Einzelheiten vorstellen, lernt Ihr Gehirn, Aktivitäten anzustoßen, die mit der Realisierung des Erfolgs übereinstimmen.[2]

Beginnen Sie damit, sich auf Ihre Atmung zu konzentrieren. Atmen Sie langsam und tief ein und aus. Dann lassen Sie, Schritt für Schritt, jeden Teil der Verhandlung vor Ihrem inneren Auge Revue passieren – spulen Sie jedes nur erdenkliche Szenario ab. Fokussieren Sie sich darauf, wie es sich anfühlt, selbstsicher aufzutreten. Stellen Sie sich genau vor, was Sie sagen wollen, was Sie fragen wollen. Malen Sie sich aus, was Sie in dem Moment empfinden, wenn Sie den Erfolg erzielen. Wiederholen Sie diesen Prozess wieder und wieder, bis Sie Ihren Verstand darauf trainiert haben, disruptive Emotionen, die Sie aus der Bahn werfen, umgehend in den Griff zu bekommen.

---

1 https://www.nytimes.com/2014/02/23/sports/olympics/olympians- use-imagery-as-mental-training.html?_r=0
2 https://www.sportpsychologytoday.com/sport-psychology-forcoaches/ the-power-of-visualization/

20 Die Plateautechnik

Die biologischen Kräfte, die unsere neurophysiologischen und emotionalen Reaktionen antreiben, sind stark. In Situationen, in denen wir uns bereits aktiv und mutwillig in eine verletzliche Position manövriert haben, empfinden wir Angst. Der Puls erhöht sich, die Atmung wird flach, die Nervosität steigt.

Die evolutionären Kräfte, die einen Sturm disruptiver Emotionen entfesseln, brechen über uns herein. Die neurophysiologische Reaktion auf das Gefühl der Verletzlichkeit macht es zu einer Herausforderung, Selbstvertrauen und Haltung zu bewahren.

In dieser Situation ist es zudem schwierig, die Aufmerksamkeit zu steuern. Oder rational zu denken. Studien belegen, dass angesichts eines solchen Gefühlsaufruhrs sogar der IQ sinkt – ein großes Problem, wenn Sie Ihre intellektuelle Schärfe zu 100 Prozent brauchen, um am Verhandlungstisch für Ihr Team zu gewinnen.

In der emotional aufgeheizten Atmosphäre einer Verkaufsverhandlung werden die unkontrollierten Gefühle und Empfindung zu Ihrem schlimmsten Feind. Wenn Sie in disruptive Emotionen verstrickt sind, können Sie nicht effektiv sein.

Der Fluch der Kampf-oder-Flucht-Reaktion

Das menschliche Gehirn, die komplexeste biologische Struktur der Welt, ist zu unglaublichen Leistungen fähig. Doch trotz seiner beinahe grenzenlosen Vielschichtigkeit konzentriert es sich fast immer auf eine überaus einfache Aufgabe: Sie vor Bedrohungen zu schützen, um Ihr Überleben zu sichern.

Der Harvard-Professor und Psychologe Dr. Walter Cannon prägte als erster den Begriff *Kampf-oder-Flucht-Reaktion*, um zu beschreiben, wie das Gehirn auf Bedrohungen reagiert.[1] In einigen Situationen kann diese Reaktion Sie vor dem sicheren Tod bewahren, doch in anderen Fällen löst sie eine Welle disruptiver Emotionen aus, die Sie zu Fall bringen können, wenn Sie sich beispielsweise bei Verhandlungen einem hartgesottenen Käufer gegenübersehen.

Die Flucht-oder-Kampf-Reaktion vollzieht sich automatisch und instinktiv; sie bewirkt, dass wir uns entweder einer Herausforderung stellen und uns mit allen Mitteln zur Wehr setzen oder das Weite suchen. In Situationen, in denen die Emotionen komplett aus dem Ruder laufen, sind Sie so erstarrt wie ein Reh, das vom Scheinwerferlicht erfasst wird. Ein denkbar schlechter Zustand bei Verhandlungen – und genau der Moment, in dem ausgebuffte Stakeholder Sie plattwalzen.

Ihr Körper und Ihr Gehirn reagieren auf zwei Arten der Bedrohung.

---

[1] https://www.ncbi.nlm.nih.gov/pmc/articles/PMC1447286/

- **Physische Bedrohungen**: Sie werden als Gefahr für Ihre körperliche Sicherheit oder die Sicherheit eines Menschen wahrgenommen, der Ihnen nahesteht.
- **Soziale Bedrohungen**: Sie werden als Gefahr für Ihren sozialen Status wahrgenommen, beispielsweise Ausschluss aus der Gruppe, der Sie sich zugehörig fühlen, im Beisein anderer das Gesicht verlieren, fehlende Akzeptanz, Herabsetzung, Ausgrenzung und Zurückweisung.

Die Kampf-oder-Flucht-Reaktion ist heimtückisch, denn sie ist eine neurophysiologische Reaktion, die das rationale Denken umgeht. Sie beginnt in der Amygdala, einem Dreh- und Angelpunkt aller affektbetonten Empfindungen im Gehirn.

Die Amygdala (auch Mandelkern genannt, ein Teil des limbischen Systems oder emotionalen Zentrums im Gehirn) deutet die Bedrohung anhand der übermittelten Sinneswahrnehmungen und macht das Cerebellum (das Kleinhirn, das für Bewegungen und deren Koordination zuständig ist) auf die Bedrohung aufmerksam. Das Cerebellum löst die Ausschüttung von neurochemischen Substanzen und Hormonen aus, die in den Blutkreislauf gelangen und uns auf Flucht oder Kampf vorbereiten.

Um den Körper für die Abwehr zu rüsten, werden Sauerstoff und glukosereiches Blut verstärkt in die Muskeln gepumpt. Um die zusätzlich benötigte Energie zur Verfügung zu stellen, wird außerdem Blut aus allen nicht überlebenswichtigen Organen abgezogen und in die Muskeln geleitet.

Einer dieser nicht überlebenswichtigen Bereiche ist der Neocortex – das rationale, logische Zentrum des Gehirns. Aus der evolutionären Warte betrachtet, ist das Abwägen Ihrer Optionen kein Aktivposten, wenn es gilt, mit Bedrohungen fertigzuwerden. Sie müssen blitzschnell reagieren, um am Leben zu bleiben.

Während das Blut aus dem Neocortex abfließt, werden Ihre kognitiven Fähigkeiten auf eine Ebene reduziert, die derjenigen eines betrunkenen Affen gleicht. Im Würgegriff der Kampf-oder-Flucht-Reaktion können Sie keinen klaren Gedanken fassen, ringen nach Worten, fühlen sich ausgeliefert. Ihr Verstand rast, die Handflächen werden schweißnass, der Magen verkrampft sich und die Muskeln sind angespannt. Die Herzfrequenz steigt, die Haut rötet sich und die Pupillen sind erweitert. Sie verlieren die periphere Sicht, sprich das Seitenblickfeld, die Blutgefäße ziehen sich zusammen und vielleicht beginnen Sie zu zittern.

Wenn die Kampfreaktion die Oberhand gewinnt, nehmen Sie vielleicht eine Abwehrhaltung ein, sind wütend, aggressiv und gehen dazu über, Stakeholder mit Worten zu attackieren. Sie unterbrechen sie, um Ihre Argumente durchzuboxen. Der daraus resultierende verbale Schlagabtausch blockiert den Prozess, die entgegengesetzten Standpunkte Schritt für Schritt zu klären und sich gemeinsam auf eine Einigung zuzubewegen.

Sollten Sie zur Fluchtreaktion neigen, werden Sie passiv und unsicher, wenn es gilt, um Zusagen zu bitten; Sie klappen zusammen wie ein billiger Liegestuhl und geben alle Trümpfe ohne Gegenwert aus der Hand.

Im Kampf-oder-Flucht-Zustand werden Sie ohne rationale Intervention von Ihren disruptiven Gefühlen vereinnahmt und verlieren die Kontrolle, der Hauptgrund dafür, dass Verkäufer in Verhandlungen krachend scheitern.

Die Herausforderung, der Sie und alle Menschen auf der Welt sich stellen müssen, besteht darin, dass Sie null Kontrolle über die Kampf-oder-Flucht-Reaktion und ihre unangenehmen körperlichen Manifestationen haben. Die neurophysiologische Kampf-oder-Flucht-Reaktion setzt ohne Ihr Einverständnis oder Zutun ein – aber Sie haben die Möglichkeit, Ihre Emotionen zu steuern.

Die magische Viertelsekunde

Am Verhandlungstisch werden Sie von den Stakeholdern in einen extrem emotionalen Zustand versetzt; sie fechten Ihren Standpunkt an, ziehen den Wert Ihres Lösungskonzepts in Zweifel, setzen Ihnen mit harten Fragen zu und geben Ihnen das Gefühl, einer von vielen und daher völlig unwichtig zu sein. Sie vertreten unlogische Standpunkte, greifen zu Machtspielchen und zielen darauf ab, Sie mit ihren Äußerungen emotional aus dem Lot zu bringen. Sie wurden darauf trainiert, solche Strategien anzuwenden, um die Wahrscheinlichkeit zu erhöhen, Sie zu mehr Zugeständnissen zu bewegen.

Das Geheimnis, disruptive Emotionen auf Anhieb in den Griff zu bekommen, besteht einfach darin, Ihrem rationalen Gehirn die Chance zu geben, sich auf die Situation einzustellen und die Kontrolle zu übernehmen, damit Sie über diese aufwühlenden Gefühle hinauswachsen, Ihre Fassung wiedergewinnen und Ihre Reaktion bewusst wählen können.

In ihrem Buch *Emotionale Alchemie* bezeichnet die Autorin Tara Bennett-Goleman diesen Augenblick als »magische Viertelsekunde«[2], die verhindert, dass disruptive Emotionen, die wir empfinden, zu emotionalen Reaktionen werden, die wir zum Ausdruck bringen. In Situationen, die sich rasant entwickeln und emotional aufgeladen sind, ist die wirksamste Methode, um diese magische Viertelsekunde zu erzeugen, die sogenannte *Plateautechnik*, die auf Anhieb zu einem Abbau der Spannungen und Konflikte führt. Sie kann in einer Aussage, einer Bestätigung oder einer Frage bestehen, mit der Sie die Situation entschärfen. Oder Sie entscheiden sich für eine Reaktion (entspanntes, souveränes Selbstvertrauen), mit der Sie die Verhaltensmuster und Erwartungen der Stakeholder bezüglich Ihrer weiteren Vorgehensweise durchkreuzen. Hier einige Beispiele:

- »Ich verstehe – können Sie mir sagen, warum das wichtig für Sie ist?«
- »Wieso ...?«

---

2 Tara Bennett-Goleman, *Emotionale Alchemie: Der Schlüssel zu Glück und innerem Frieden*, Fischer Verlag, Frankfurt 2004

- »Ich wäre Ihnen sehr dankbar, wenn Sie mir helfen würden, diesen Punkt besser zu verstehen.«
- »Interessant – gehen wir doch einmal im Einzelnen Ihre Bedenken durch, einverstanden?«
- »Nur um sicherzugehen, dass ich Sie richtig verstanden habe, könnten Sie Ihre Frage näher ausführen?«
- »Das klingt ganz so, als hätten Sie schlechte Erfahrungen auf diesem Gebiet gemacht.«
- »Gibt es noch etwas, was Ihnen daran Kopfzerbrechen bereitet?«
- »Genau deshalb haben wir … … in unser Lösungskonzept integriert.«
- »Ich dachte mir schon, dass Sie das sagen würden.«
- »Diese Frage stellen viele Leute, bevor … … «
- »Mir ist klar, warum Sie dieses Gefühl haben.«
- »Das ist sinnvoll.«

Die Plateautechnik ist ein machtvolles Instrument, um auf Anhieb für Entspannung zu sorgen und die Kontrolle über disruptive Emotionen zu gewinnen. Wenn Sie von einem Stakeholder mit einer schwierigen Frage, einer Finte oder einer direkten Herausforderung konfrontiert werden und spüren, dass Ihre Gefühle in Aufruhr geraten und Sie aus der Bahn zu werfen drohen, können Sie den Prozess mit dieser Technik stoppen und umsteuern.

Sie ist vor allem deshalb so wirkungsvoll, weil es sich um eine Reaktion handelt, die sich leicht einprägt und automatisch erfolgt, ohne dass Sie bewusst darüber nachdenken. Das ist wichtig, denn sobald unser alter evolutionärer Freund, die Kampf-oder-Flucht-Reaktion, die Oberhand gewinnt, sind unsere kognitiven Fähigkeiten beeinträchtigt.

Statt eine unsinnige Antwort zu geben, als jemand wahrgenommen zu werden, der in die Defensive geht, schwach und schwer von Begriff ist oder die Beziehung mit einer verbalen Auseinandersetzung beschädigt, sollten Sie die Plateautechnik mit einer Frage oder Aussage einleiten, die Sie sich bereits im Vorfeld zurechtgelegt haben. Damit gewinnen Sie die Millisekunden, die Sie brauchen, um über Ihre Gefühle und die damit einhergehende neurophysiologische Reaktion hinauszuwachsen, Ihre Gelassenheit wiederzugewinnen, Ihre Reaktion bewusst zu wählen und einmal mehr die Kontrolle über das Gespräch zu übernehmen.

21 Die Grenzen der Willenskraft und emotionalen Disziplin

Die Regulierung und Steuerung disruptiver Emotionen ist ein schwieriger und fortlaufender Prozess. Sobald Sie in Ihrer Wachsamkeit nachlassen, neigen Ihre Gefühle dazu, die Kontrolle zu übernehmen – vor allem, wenn Sie müde, hungrig oder gestresst sind.

Stellen Sie sich einen Moment lang vor, Sie befänden sich in einem Fitnessstudio und würden Gewichte heben. Sie haben Hanteln in beiden Händen und trainieren Bizeps-Curls. Zu Beginn der Übungseinheit – bei den ersten zwei bis drei Wiederholungen – fällt Ihnen dieser Kraftakt noch relativ leicht. Bei der zwölften finden Sie es bereits erheblich anstrengender, die Gewichte zu stemmen.

Das Gewicht ist jedes Mal dasselbe, doch das Anheben der Hanteln bis zur Schulter wird schwieriger, wenn Sie die Übung richtig ausführen wollen. Sie stöhnen, wenn Sie die Arme beugen. Sie beginnen, den ganzen Körper einzusetzen, um die Gewichte kontrolliert zu stemmen. Bei der fünfzehnten Wiederholung machen Sie schlapp. Ihre Arme sind außerstande, die Gewichte zu heben.

Das bezeichnet man als Muskelermüdung. Und es spielt keine Rolle, ob Sie Gewichte heben, Gartenarbeit verrichten, Möbel umstellen, laufen, Radfahren, wandern oder Bergsteigen, Ihre Fähigkeit, ununterbrochen Spitzenleistungen bei anstrengenden Aktivitäten zu erbringen, ist begrenzt.

Die Steuerung Ihrer Gefühle stellt in dieser Hinsicht keine Ausnahme dar und Käufer, die erstklassige Verhandler sind, wissen das. Sie wissen, dass Ihre emotionale Willenskraft in der Anfangsphase der Verhandlung ihren Höchststand erreicht und sich verflüchtigt und abschwächt, je länger die Verhandlungen andauern. Gute Verhandler auf der anderen Seite des Tisches ziehen die Diskussionen in die Länge, spielen mit nervtötenden Details auf Zeit oder stimmen zu und ändern dann ihre Meinung, um Ihre emotionale Disziplin zu untergraben.

Vermeiden Sie Verhandlungen, wenn Sie müde, hungrig oder emotional ausgelaugt sind

Unlängst verbrachten wir sage und schreibe sechzig Tage damit, die Konditionen eines voluminösen Beratungsvertrags auszuhandeln. Beide Parteien einigten sich schon in einer frühen Phase des Prozesses auf das Honorar, aber wir mussten noch bestimmte Einzelheiten des Vertrags bezüglich des Urheberrechts klären.

Unser Topmanagement-Sponsor und wichtigster Entscheider war nicht befugt, die Details zu verhandeln, sodass wir mit den Beschaffungs- und Rechtsexperten des Unternehmens zusammenarbeiten mussten. Nervtötend beschreibt nicht annähernd den Prozess, den wir durchliefen, um juristische Formulierungen zu schmieden, die beide Parteien zufriedenstellten.

Nach sechzig Tagen war ein federführendes Mitglied der Stakeholder-Gruppe frustriert, weil die Verhandlungen zäh waren und nur langsam vorankamen. Sie setzte uns unter Druck, nach Möglichkeiten Ausschau zu halten, um den drakonischen Forderungen der Beschaffungsabteilung zu entsprechen.

Eine Gratwanderung: Einerseits wollten wir unbedingt verhindern, dass unser Kunde die Geduld verlor und das gesamte Projekt abblies, doch andererseits sollten wir einen gemeinsamen Nenner mit einer äußerst hartgesottenen Beschaffungsabteilung finden, die beabsichtigte, uns jeden Rechtsschutz zu entziehen.

Schließlich gelang uns ein Durchbruch bei einem der Rechtsbeistände des Unternehmens, mit dem wir Formulierungen aushandelten, auf die sich beide Seiten einigen konnten. Alle waren froh, dass wir endlich loslegen konnten.

Die Beschaffungsabteilung versprach, uns am folgenden Tag die überarbeitete Leistungsbeschreibung und den Master-Service-Vertragsentwurf zuzuschicken. Doch nichts geschah. Sie zögerte den Vorgang eine weitere Woche hinaus. Zu diesem Zeitpunkt waren mein Team und ich restlos frustriert. Wir wollten nur noch einen Schlussstrich unter die Verhandlungen ziehen.

Als wir endlich den aktualisierten Vertragsentwurf erhielten, entdeckten wir, dass die Beschaffungsabteilung unser Honorar für das Projekt gekürzt hatte. Ein hinterhältiger Schachzug, der darauf angelegt war, sich die Ermüdung unserer Willenskraft und Disziplin zunutze zu machen. Wir hatten eisern auf Formulierungen bestanden, die unsere Urheberrechte schützten. Und als nach Monaten des Tauziehens endlich eine Übereinkunft erzielt wurde, hatten wir uns entspannt, in unserer Wachsamkeit nachgelassen und damit begonnen, uns auf das Beratungsprojekt vorzubereiten.

Wir hatten die Nase gestrichen voll von den Verhandlungen und Konflikten und wollten endlich anfangen. Ehrlich gestanden waren wir so erschöpft, dass wir die Veränderung, die von der Beschaffungsabteilung vorgenommen worden war, um ein Haar übersehen und den Vertrag unterschrieben hätten. Zum Glück hatten wir unsere Finanzchefin mit ihrem Taschenrechner im Boot.

Drei Mitglieder unseres Teams, einschließlich des Kundenbetreuers, der bei Auftragserteilung eine Provision von 20 Prozent kassieren würde, sprachen sich dafür aus, die Preisänderung stillschweigend zu akzeptieren und den Deal über die Bühne zu bringen. Ihre Rechtfertigung lautete: »So viel macht das unter dem Strich nicht aus.«

Die Vertragsunterzeichnung hätte uns einen bequemen Ausweg aus dem Dilemma geboten. Die Tortur hätte ein Ende, unser Kunde wäre glücklich und unser Team könnte mit der Arbeit beginnen. Das Problem war, dass diese Preisänderung einen Präzedenzfall für alle weiteren Vereinbarungen mit dem Klienten schaffen würde. Damit würden wir die Integrität unserer Preispolitik untergraben und dem Beschaffungsteam zeigen, mit welcher Strategie man uns gefügig machen konnte.

Trotz unserer Erschöpfung läuteten wir eine weitere Verhandlungsrunde ein und bestanden darauf, den Preis, auf den wir uns bereits geeinigt hatten, wieder in den Vertrag aufzunehmen. Die Beschaffungsabteilung versuchte, uns in dieser Hinsicht ein Zugeständnis abzunötigen, aber in diesem Punkt waren wir moralisch überlegen und unsere gleichermaßen frustrierten Stakeholder*in schaltete sich ein und ergriff unsere Partei. Endlich war der Vertrag besiegelt, doch dieser Prozess brachte unsere emotionale Disziplin, unsere psychische Widerstandsfähigkeit und unsere Willenskraft, den Deal im wahrsten Sinne des Wortes durchzuziehen, an ihre Grenzen.

Die Regulierung und Steuerung disruptiver Emotionen während einer Verhandlung ist physisch erschöpfend. Wenn Sie mental ausgelaugt, müde, körperlich abgekämpft oder hungrig sind, leidet Ihre Verhandlungskompetenz. Wenn Sie feststellen, dass Sie sich in diesem Zustand befinden, sollten Sie innehalten und eine Ruhepause einlegen, Ihre Entscheidungen noch einmal überschlafen und, falls Sie an Ihre Grenzen gelangen, eine weitere Person (bei uns die Finanzchefin) hinzuziehen, die imstande ist, die Situation objektiv zu beurteilen und zu verhindern, dass Sie schlechte Entscheidungen treffen.

22 Die Pipeline als Lebenselixier: Das wahre Geheimnis emotionaler Disziplin

Leider verbringen die meisten Verkäufer ihre Zeit auf einer Achterbahn der Gefühle mit Höhen und Tiefen, die sie zur Verzweiflung treiben. Prospecting und die Aktivitäten an der Spitze des Verkaufstrichters werden nicht als Aufgaben von höchster Priorität behandelt und bestenfalls zufällig oder unregelmäßig mit Aufmerksamkeit bedacht. Diese Verkaufsmitarbeiter befassen sich nur dann mit der Identifizierung und Gewinnung potenzieller Neukunden und Interessenten, wenn sie mit ihrer leeren Pipeline den Tiefpunkt erreicht haben. In solchen Fällen erfahren sie das universelle Gesetz der Dringlichkeit hautnah und persönlich, das besagt: *Je dringender Sie den Geschäftsabschluss brauchen, desto mehr verschenken und opfern Sie am Verhandlungstisch, um ihn zustande zu bringen. Je dringender Sie einen Geschäftsabschluss brauchen, desto geringer die Wahrscheinlichkeit, ihn zu erreichen.*

Wenn Sie verzweifelt sind, sinkt die Wahrscheinlichkeit, für Ihr Team zu gewinnen. Gewiefte Käufer haben gelernt, Verkäufer zu übervorteilen, die bedürftig, verzweifelt und pathetisch erscheinen.

Leidenschaftliche Neukundenakquisition

Der einfachste Weg zu emotionaler Disziplin ist eine Pipeline, die mit qualifizierten Verkaufschancen gefüllt ist. Wenn Sie nicht auf den Abschluss eines bestimmten Deals angewiesen sind, ist es leichter, emotional auf Distanz zu gehen und so zu verhandeln, als könnten Sie durchaus auf den potenziellen Kunden verzichten – weil andere Mütter auch schöne Töchter/Söhne haben, wie es heißt. In einer Position, in der Sie über eine Fülle weiterer Optionen verfügen, treffen Sie bessere Entscheidungen, können sich entspannt zurücklehnen und Souveränität und Selbstvertrauen ausstrahlen.

Leidenschaftliche Prospecting-Experten haben ihre Taschen stets mit Visitenkarten gefüllt. Sie bahnen telefonisch, persönlich, in den sozialen Medien oder per E-Mail Kontakte an und halten überall dort nach ihnen Ausschau, wo sie potenzielle Kunden und Interessenten ausgemacht haben. Sie werden aktiv, übernehmen Verantwortung und bemächtigen sich ihrer Pipeline. Sie generieren ihre eigenen qualifizierten Leads – sie helfen durch harte Arbeit, Entschlossenheit und Durchhaltevermögen ihrem Glück auf die Sprünge.

Leidenschaftliche Prospecting-Experten hängen sich schon am Vormittag ans Telefon. Tagsüber klopfen sie an zahlreiche Türen. Zwischen den Besprechungen bauen Sie mit E-Mails und Textnachrichten ihre Kontakte weiter auf. Abends verbinden sie sich mit potenziellen Kunden und Interessenten in den sozialen Medien und rühren bei ihnen die Werbetrommel. Wenn sie müde und hungrig sind oder glauben, keine weiteren Zurückweisungen mehr ertragen zu können, führen sie noch *ein weiteres Telefonat*.

Top-Verhandler im Verkauf sind sich der Gefahren bewusst, die mit einer leeren Pipeline einhergehen. Die ungeschönte und unbestreitbare Wahrheit ist, dass eine starke Position am Verhandlungstisch von einer konsequenten, fortlaufenden Neukundenakquisition abhängig ist.

Eine volle Verkaufspipeline ist mit emotionaler Kontrolle und Macht gleichzusetzen. Ist die Pipeline gut gefüllt, erhöht sich die Wahrscheinlichkeit, dass Sie bei Verhandlungen Ihre Preise und Konditionen durchsetzen können und das bekommen, was Sie sich verdient haben. Deshalb sollten Sie niemals vergessen:

Die Pipeline ist Ihr Lebenselixier!

Teil V
Verhandlungsplanung

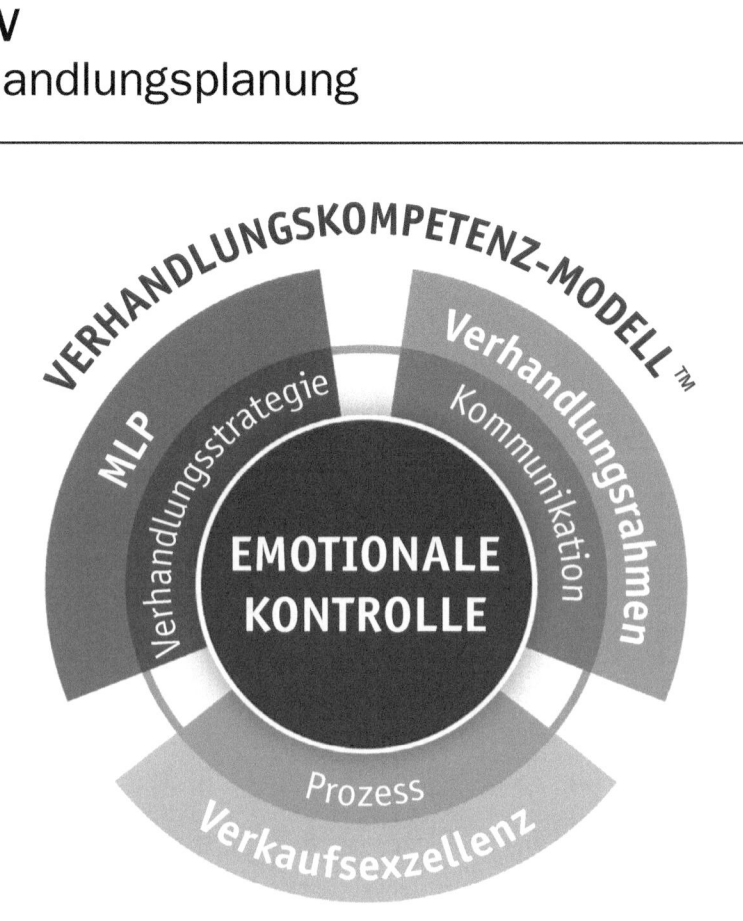

VERHANDLUNGSKOMPETENZ-MODELL™

MLP · Verhandlungsstrategie · Kommunikation · Verhandlungsrahmen · Prozess · Verkaufsexzellenz

EMOTIONALE KONTROLLE

23 Verhandlungsvorbereitung

Die meisten Verkaufsverhandlungen gehen mit Lichtgeschwindigkeit über die Bühne. Sie verhandeln im gegenwärtigen Augenblick, in Realzeit, mit wenig Raum zum Atemholen – von Angesicht zu Angesicht, via Telefon, Video oder Textnachricht. Sie präsentieren Ihr Lösungskonzept, die Stakeholder beißen an, das Spiel ist eröffnet.

Einsatz, Druck und Tempo erhöhen sich, wenn die Uhr tickt und es um Liefertermine, Budgetfenster, Quoten, Umsatzprognosen, die Qualifikation für den Topverkäufer-Club oder andere Auszeichnungen und eine üppige Provision geht, die auf dem Spiel stehen.

Wenn Sie sich planlos in eine Verkaufsverhandlung begeben, landen Sie schnell auf verlorenem Posten, wenn Sie sich Käufern gegenübersehen, die mit allen Wassern gewaschen sind und genau wissen, wie sie Ihre emotionale Standfestigkeit ins Wanken bringen, um die Oberhand zu gewinnen und zu behalten.

Achtsamkeit versus Selbsttäuschung

Objektivität zu bewahren, ist ein großes Problem für Verkaufsmitarbeiter in der emotional aufgeladenen Atmosphäre am Verhandlungstisch. Wenn man hart arbeiten musste, um die Pipeline mit Leads zu füllen, die einzelnen Schritte des Verkaufsprozesses durchlaufen und die Verhandlungs- und Abschlussphase erreicht hat, ist das Letzte, was man sich wünscht, so kurz vor dem Ziel noch zu scheitern.

Angesichts so bedeutsamer Investitionen in den Verkaufsprozess kann es eine echte Herausforderung sein, emotional loszulassen und die Verhandlungsphase des Verkaufsprozesses rational anzugehen.

- Die Bestätigungsneigung, sprich der menschliche Hang, eine rosarote Brille aufzusetzen und sich auf das zu fokussieren, was man sehen will, ist stark. Man missversteht die andere Seite, verpasst Schlüsselpunkte oder wichtige Hinweise oder deutet die Spielstrategien auf dem Verhandlungsschachbrett falsch.
- Optimismus kann die Objektivität beeinträchtigen und blinde Flecken schaffen.
- Überzogenes Selbstvertrauen, sprich die Überzeugung, dass man den Abschluss bereits »in der Tasche hat«, kann zu dem Gedanken verleiten, dass sich die Stakeholder weichkochen lassen und Ihre Bedingungen akzeptieren, sodass Ihrer Ansicht nach keine Notwendigkeit besteht, eine Verhandlungsstrategie einzuplanen.
- Die natürliche menschliche Eigenschaft, sich im Wettbewerb mit anderen zu messen, führt oft dazu, dass der Ehrgeiz, zu gewinnen, den Blick trübt. Das kann den geradlinigen Weg zu einem erfolgreichen Abschluss des Verkaufsvorgangs verschleiern und zur Folge haben, dass Sie mit Arroganz statt Selbstvertrauen in eine Verhandlung hineingehen oder auf Konfrontation statt Kooperation setzen.

Ich möchte noch einmal darauf hinweisen: In jeder Verhandlung hat der Teilnehmer mit der größten emotionalen Selbstkontrolle die besten Chancen, das gewünschte Ergebnis zu erzielen.

Die sorgfältige Planung von Verkaufsverhandlungen hilft Ihnen, über Ihre disruptiven Emotionen, blinden Flecken und Voreingenommenheit hinauszuwachsen, um objektiv zu entscheiden, wie Sie an eine Verhandlung herangehen wollen. Damit können Sie das Verhandlungsschachbrett und die verfügbaren Schachzüge aus der Vogelperspektive betrachten.

Den Planungsmaßstab auf die Größe des Deals abstimmen

Jeder Verkaufsvorgang ist anders. Bei kleineren Verkaufsvorgängen mit weniger Variablen, einem oder zwei Stakeholdern, geringeren langfristigen Risiken und dem Hauptaugenmerk auf dem Preis hat es wenig Sinn, sich in einer Kommandozentrale zu verschanzen und einen komplexen strategischen Plan auszuarbeiten. In solchen Situationen ist es sinnvoller, sich Zeit zu nehmen, um Ihre Befugnisse und Grenzen zwanglos unter die Lupe zu nehmen, die Ziel- und Grenzzonen für das ausgehandelte Ergebnis festzulegen und eine einfache Geben-Nehmen-Playlist (Give-Take-Playlist, GTP) zu entwickeln.

Bei komplexeren Verkaufsvorgängen, mehr Stakeholdern und größeren Risiken sollte die Verhandlungsplanung ein formaler Prozess sein, der *vor* der finalen Präsentation und dem Angebot, den Vertragsüberprüfungen und anberaumten Nachverhandlungsterminen stattfindet.

Zehn Elemente der Verhandlungsplanung

Es gibt zehn grundlegende Elemente, die bei der Verhandlungsplanung im Verkauf eine wichtige Rolle spielen:

1. Befugnisse und nicht verhandelbare Positionen,
2. Verhandlungsprofil der Stakeholder,
3. Verhandlungsliste und BATNA-Analyse der Stakeholder,
4. Qualifikationsmerkmale des Verkaufsvorgangs und Kongruenzanalyse,
5. Einschätzung der Motivation und Machtposition,
6. Verhandlungsparameter,
7. Geschäftsergebnis-Roadmap und Metriken, die zählen,
8. Entwicklung der Ziel- und Grenzzone,
9. Bestandsverzeichnis der Verhandlungshebel,
10. Geben-Nehmen-Playlist.

Im Verlauf des Prozesses ist es von entscheidender Bedeutung, dass Sie die Disziplin aufbringen, Lücken und Schwachstellen in Ihrem Plan zu erkennen, Ihre Annahmen einem Test zu unterziehen, schonungslose Fragen zu stellen und der Wahrheit über Ihre eigene Motivation, Hebel und Verhandlungsposition ins Gesicht zu sehen. Bei Ihren größten Verkaufschancen sollten Sie die Perspektiven und Meinungen von anderen Experten als Hebel einsetzen. Spielen Sie verschiedene Szenarien durch. Lassen Sie nicht zu, dass Logik und Objektivität durch emotionale Fixierung, kognitive Neigungen und Selbsttäuschung verschleiert werden.

24 Befugnisse und nicht verhandelbare Positionen

Die Regeln für das Engagement in Verkaufsverhandlungen sind für jedes Unternehmen und jede Vertriebsfunktion anders geartet. Sie können sich sogar auf der Grundlage der Betriebszugehörigkeit und des Vertrauens ändern, das Ihre Vorgesetzten Ihnen entgegenbringen. Es ist jedoch wahrscheinlich, dass Sie zumindest ein gewisses Ausmaß an Verhandlungsbefugnissen besitzen.

In einem Unternehmen, in dem ich tätig war, erhielten wir eine Preisliste für die angebotenen Dienstleistungen. Außerdem gab es bestimmte Parameter, die unseren Verhandlungsspielraum festlegten. War die Grenze erreicht, musste die Genehmigung unseres Vertriebsleiters eingeholt werden. Außerdem hatten wir die Befugnis, innerhalb eines vorgegebenen Rahmens einige Vertragsbedingungen auf eigene Faust auszuhandeln.

Unsere Provisionszahlungen waren an die Zugeständnisse geknüpft. Wenn Verkäufer Deals an der Spitze der Preisliste aushandelten und die vorgegebenen Liefer- und Zahlungsbedingungen durchsetzen konnten, beispielsweise die Vertragsdauer, war die Provision hoch. Sie verdienten um ein Vielfaches mehr als ihre Kollegen, die alle nur erdenklichen Abstriche machten, um einen Abschluss zu erzielen.

Sie sollten wissen, über welche Verhandlungsbefugnisse Sie verfügen

Vor dem Einstieg in eine Verhandlung sollten Sie wissen, welche Befugnisse Sie haben. Die meisten Organisationen legen genau fest, wo sie ihre roten Linien ziehen und wo Ihre Verhandlungsvollmacht beginnt und endet. Andere Unternehmen haben den Verhandlungsrahmen weniger klar definiert. In diesem Fall sollten Sie nachfragen, damit Sie die Grenzen nicht überschreiten. Tabelle 24.1 trägt dazu bei, Ihre Verhandlungsbefugnisse, die Verhandlungsbefugnisse anderer Mitglieder Ihres Teams und die Vertragsbedingungen, auf die sie bestehen müssen, zu ordnen und aufzulisten.

Sie sollten wissen, über welche Verhandlungsbefugnisse andere Mitglieder Ihres Teams verfügen

Organisationen sind bestrebt, das Gleichgewicht zwischen Profitabilität, Geschäftsabschlüssen und Wachstum zu erhalten. Wo Ihre Verhandlungsbefugnisse als Verkaufsmitarbeiter enden, beginnen meistens die Befugnisse eines anderen Teammitglieds, und dort, wo ihm Grenzen gesetzt sind, ist jemand anders bevollmächtigt, grünes Licht zu geben usw. Dieses System der gegenseitigen Kontrolle soll gewährleisten, dass im emotionalen Hexenkessel der Verkaufsverhandlungen kluge Entscheidungen getroffen werden.

Ihre Verhandlungsbefugnisse	Die Verhandlungsbefugnisse anderer Mitglieder Ihres Teams	Nicht verhandelbare Aspekte und Exit-Positionen

Tabelle 24.1: Die Grenzen Ihrer Befugnisse

Verkaufsprofis mit Köpfchen wissen, wo diese Linien verlaufen und wer im Unternehmen ermächtigt ist, Zugeständnisse zu machen. Wenn ich mich beispielsweise in einer Verkaufssituation mit beinhartem Wettbewerb und einem Megakunden befand, arbeitete ich selten allein. Ich nahm stets meinen Teamchef zur finalen Angebotsbesprechung mit, denn wenn die Verhandlungsphase begann, war er befugt, das Geschäft abzuschließen und den Vertrag zu besiegeln.

Zugeständnisse mit Bedingungen verknüpfen

Wenn Sie niemanden mitnehmen können, der befugt ist, den Deal in letzter Instanz abzusegnen, können Sie Ihre Zugeständnisse mit bestimmten Bedingungen verknüpfen und diese als Hebel einsetzen. Ein Beispiel:

Stakeholder: »Schauen Sie, ich gehe mit allem konform bis auf die jährliche automatische Preiserhöhung. Solche Verträge bereiten uns Unbehagen.«

Verkaufsmitarbeiter: »Ist das der einzige Einwand? Der Punkt, gegen den Sie Bedenken haben?«

Stakeholder: »Ja. Unsere Rechtsabteilung wird niemals zustimmen, weil wir grundsätzlich keine Verträge mit automatischen Preiserhöhungen abschließen. Wenn es eine Möglichkeit gibt, diese Klausel zu umgehen, werden wir handelseinig.«

Verkaufsmitarbeiter: »Ich bin leider nicht befugt, sie zu streichen. Aber ich mache Ihnen einen Vorschlag. Wir schließen die Preiserhöhungsklausel aus, sodass Sie den Vorvertrag unterschreiben können. Ich lege ihn dann meiner Vorgesetzten vor und schildere ihr den Fall. Die gute Nachricht ist, dass sie dieser Änderung vermutlich viel eher zustimmen wird, wenn der Vorvertrag unterzeichnet ist.«

Nach der Unterzeichnung des Vorvertrags geht der Verkaufsmitarbeiter zu derjenigen Person, der es obliegt, ihre Zustimmung zu geben. Da das Geschäft in trockenen Tüchern ist, erfolgt diese fast immer. Wie das alte Sprichwort besagt: »Ein Spatz in der Hand ... «

Das zweischneidige Schwert der Verhandlungsbefugnisse

Mit Verhandlungsbefugnissen hat es eine merkwürdige Bewandtnis. Sie können sich als zweischneidiges Schwert erweisen. Oft beklagen sich Verkaufsprofis, dass sie nicht die Vollmacht besitzen, bestimmte Positionen zu verhandeln. Sie fürchten, dass Käufer darin ein Anzeichen von Schwäche sehen.

Doch das genaue Gegenteil ist der Fall. Dass nicht Sie entscheidungsbefugt sind, kann sich als Vorteil oder Stärke erweisen. Sie können zum Fürsprecher der Käufer werden und sich bei Verhandlungen für ihre Belange einsetzen – indem Sie im Wesentlichen ein Team bilden und gemeinsam an einer Übereinkunft arbeiten.

Außerdem erhalten Sie dadurch Rückendeckung, da Sie den Verkaufsvorgang entschleunigen und Raum schaffen, um Ihre Optionen zu überdenken. Das ist einer der Gründe, warum ich mich gerne bedeckt halte, wenn es um meine Verhandlungsbefugnisse geht.

Wenn der Weg zum Geschäftsabschluss schnell und problemlos bewältigt wird, nutze ich meine Vollmachten, ihn über die Bühne zu bringen. Doch wenn die geforderten Zugeständnisse tiefe Einschnitte in die Unternehmensgewinne oder mein Einkommen mit sich bringen, ziehe ich es vor, die Verhandlungsbefugnis abzugeben. Damit verschaffe ich mir Zeit, meine Strategie zu überprüfen, meinen Taschenrechner herauszuholen und entweder einen nichtmonetären wertebasierten Handel abzuschließen (Spielgeld), den ich als Hebel einsetzen kann, um den Unternehmensgewinn zu erhalten, oder zu den Metriken zurückzukehren, die zählen, und eine bessere Wertebrücke zu bauen.

Sie sollten wissen, welche Positionen nicht verhandelbar sind und wie Sie diese effektiv zum Ausdruck bringen

Einige Dinge sind nicht verhandelbar. Dazu gehören im Allgemeinen bestimmte Konditionen – vertragliche Verpflichtungen, Zahlungsbedingungen, Vertragserfüllung usw. Darüber hinaus gibt es normalerweise Preisuntergrenzen, die Sie nicht unterschreiten dürfen.

In Bezug auf die nicht verhandelbaren Positionen sollten Sie vorsichtig sein. Unter Umständen landen Sie am Ende in der Zwickmühle und müssen sie durch andere kostspielige Zugeständnisse ersetzen, wenn Sie beispielsweise

- fälschlicherweise Zugeständnisse bezüglich einer nicht verhandelbaren Position machen, die Sie später zurückziehen müssen (was Sie teuer zu stehen kommt) oder
- andeuten, dass diese Positionen verhandelbar sind (was Sie teuer zu stehen kommt).

Deshalb ist es hilfreich, sich genau über die nicht verhandelbaren Positionen zu informieren und sie sich vor Verhandlungseintritt noch einmal durch den Kopf gehen zu lassen.

Menschen wünschen sich oft das, was sie nicht haben können

Was sich die Menschen am meisten wünschen, ist oft das, was sie nicht haben können. Wenn Käufer feststellen, dass eine Position nicht verhandelbar ist, wird der Wunsch, dass Sie in diesem Punkt Zugeständnisse machen, umso dringlicher. Und dieser dringliche Wunsch hat zur Folge, dass man Sie maximal unter Druck setzt. Der Druck, dem Sie ausgesetzt sind, kann wiederum dazu führen, dass Sie in Verkaufsverhandlungen ins Stolpern geraten.

Wenn es Ihnen nicht gelingt, Ihre Gefühle zu kontrollieren, reagieren Sie verunsichert oder gehen in die Defensive. Statt mit entspanntem, souveränem Selbstvertrauen auf Fakten hinzuweisen, versuchen Sie wortreich, die nicht verhandelbaren Positionen Ihres Unternehmens, auf die Sie keinen Einfluss haben, zu rechtfertigen.

In diesem Zustand klingen Sie nicht besonders glaubwürdig und der Käufer setzt Ihnen noch härter zu. Manchmal versuchen Sie, den Druck abzubauen, indem Sie sich selbst einreden, Sie könnten bei den nicht verhandelbaren Positionen doch noch irgendwie an den Stellschrauben drehen. Glauben Sie mir, wenn Sie sich in diese Sackgasse hineinmanövrieren, ist der Ärger geradezu vorprogrammiert.

Einige dieser kontroversen nicht verhandelbaren Positionen tauchen immer wieder in Verkaufsgesprächen auf – Lieferzeiten, Zahlungsbedingungen, Mindestabnahmemengen, professionelle Dienstleistungen, Einrichtungsgebühren, Vertragsbedingungen usw. Wenn Sie deswegen regelmäßig unter Beschuss geraten, besteht die Gefahr, risikoscheu zu werden. In dem Versuch, sich selbst zu schützen, entschuldigen Sie sich schon in den Anfangsphasen des Verkaufsprozesses für die nicht verhandelbaren Positionen, die Einwände auslösen könnten.

Das ist keine gute Idee. Wenn Sie gleich zu Beginn die nicht verhandelbaren Aspekte zur Sprache bringen, öffnen Sie den verfügbaren Alternativen Ihrer Konkurrenten Tür und Tor. Wenn Sie sich entschuldigen oder andeuten, dass Sie mit den Strategien Ihres Unternehmens nicht einverstanden sind, schwächen Sie Ihre Verhandlungsposition, weil Sie den Eindruck erwecken, dass Sie nicht von Ihrem Produkt oder Ihrer Dienstleistung überzeugt sind. Außerdem sind Sie eher geneigt, wertvolle Zugeständnisse ohne Gegenleistung zu machen, als Ausgleich für die nicht verhandelbaren Positionen.

Drei Regeln für nicht verhandelbare Positionen

Es gibt drei Regeln, die Ihnen ermöglichen, unbeschadet durch das klippenreiche Gewässer der nicht verhandelbaren Positionen zu navigieren:

- **Nicht erwähnen.** Halten Sie die nicht verhandelbaren Positionen unter Verschluss, es sei denn, der Käufer spricht Sie direkt darauf an.
- **Nie ins Wanken geraten.** Gehen Sie mit entspanntem, souveränem Selbstvertrauen auf die nicht verhandelbaren Positionen ein, als wären diese Vorgehensweisen Ihres Unternehmens Routine und eine von allen Käufern anstandslos akzeptierte Praxis.

- **Die Botschaft rüberbringen.** Zeigen Sie die nicht verhandelbaren Positionen mit logischen, leicht verständlichen Worten auf.

Die gute Nachricht ist: Wenn Sie Ihre Anmerkungen klar und zuversichtlich vortragen, werden die meisten Käufer sie akzeptieren und in anderen Bereichen zu punkten versuchen. Nehmen Sie sich nun einen Augenblick Zeit, um Ihre nicht verhandelbaren Positionen aufzulisten (siehe Tabelle 24.2). Danach entwickeln Sie eine leicht verständliche Erläuterung, die Sie am Verhandlungstisch mit Kompetenz und Selbstvertrauen präsentieren.

Nicht verhandelbare Positionen	Erläuterung

Tabelle 24.2: Nicht verhandelbare Positionen und Erläuterungen

25 Verhandlungsprofil der Stakeholder, Verhandlungsliste, BATNA-Ranking

Die Entwicklung eines Verhandlungsprofils für jeden Stakeholder, der – direkt oder indirekt – an den Verkaufsverhandlungen beteiligt ist, ist ein Schlüsselelement bei der Vorbereitung der Verkaufsgespräche.

Sie analysieren bei jedem Stakeholder:

- den Motivationsgrad,
- die Rolle während der Verhandlungen,
- die ACED-Käuferpersona (siehe 28. Kapitel),
- die individuellen Erfolgskriterien,
- die Verhandlungsliste,
- die verfügbaren Alternativen.

Versetzen Sie sich in die Lage der Stakeholder und überlegen Sie, was ihnen wichtig sein könnte.

- Überlegen Sie, wie sie an die Verhandlungen herangehen.
- Identifizieren Sie Ihre Befürworter – Stakeholder, bei denen Sie das Gefühl haben, dass sie in Ihnen die beste Alternative sehen – und überlegen Sie, mit welchen Hebeln Sie ihre Unterstützung gewinnen könnten.
- Identifizieren Sie die Stakeholder, die anderen Alternativen den Vorzug geben und daher weniger geneigt sein könnten, mit Ihnen zusammenzuarbeiten; überlegen Sie, wie sich ihr Einfluss neutralisieren ließe.

Die Befugnisse der Stakeholder

Es ist unmöglich, alles über die Stakeholder herauszufinden, was für die Verhandlungen relevant sein könnte. Das heißt nicht, dass Sie keine Fragen stellen oder nicht versuchen sollten, aus den Gesprächen mit ihnen mehr über das Ausmaß ihrer Verhandlungsbefugnisse in Erfahrung zu bringen.

Bemühen Sie sich nach besten Kräften, die Verhandlungsbefugnisse jedes einzelnen Stakeholders im Team zu verstehen und Klarheit zu gewinnen, wer *letztendlich die Entscheidung trifft*. Bei Business-to-Business-Verkäufen hat man nicht selten mit Käufern zu tun, die den Auftrag erteilen können, aber wenig Einfluss auf die Vertragsbedingungen haben oder nicht befugt sind, den Vertrag zu unterzeichnen. Zugegeben, es wäre uns gewiss lieber, mit einem Käufer zusammenzuarbeiten, der berechtigt ist, den Vertrag und die Finanzierung abzusegnen. Doch in der realen Welt ist das nicht immer möglich.

NAME:	BASIC-ROLLE
MOTIVATIONSSKALA NIEDRIG **1 – 2 – 3 – 4 – 5** HOCH	
VERHANDLUNGSROLLE DER STAKEHOLDER – **ACED**-KOMMUNIKATIONSSTIL	
STAKEHOLDER-VERHANDLUNGSLISTE UND ERFOLGSKRITERIEN	
VERFÜGBARE ALTERNATIVEN DER STAKEHOLDER	

Abb. 25.1: Verhandlungsprofil der Stakeholder

Obwohl Stakeholder vielleicht nicht die Vollmacht besitzen, grünes Licht für einen Kauf zu geben, verfügen sie über ein gewisses Maß an Einfluss. Sie haben beispielsweise die Möglichkeit, die Experten der Rechts- oder Beschaffungsabteilung »zurückzupfeifen«, wenn ein Deal ihretwegen zu platzen droht.

Die Grenzen der Stakeholder-Befugnisse zu kennen, kann verhindern, dass Sie auf dem Verhandlungsweg eine Übereinkunft erzielen, die von der Rechtsabteilung, dem Beschaffungsteam oder einem Vorgesetzten rückgängig gemacht wird. Diese Aufhebung verlangsamt den Prozess und bringt Sie emotional in die Klemme, weil Sie ein zweites Mal um dasselbe Terrain kämpfen müssen.

Wenn Stakeholder nicht befugt sind, ein spezifisches Ergebnis zu verhandeln, ist es besser, einen Schritt zurückzutreten und Ihren Hebel einzusetzen, um die bevollmächtigten Parteien ans Telefon oder in den Verhandlungsraum zu bekommen.

Wenn Sie im Begriff sind, ein wertvolles Zugeständnis zu machen, um die Verhandlungen zum Abschluss zu bringen und den Vertrag zu besiegeln, ist dieses Zugeständnis Ihr Hebel. Halten Sie ihn so lange zurück, bis Sie jeden »im Raum« haben, der die nötigen Befugnisse besitzt, damit eine endgültige Entscheidung erfolgen und das Geschäft unter Dach und Fach gebracht werden kann.

Stakeholderliste und BATNA-Ranking

Sobald Sie das Verhandlungsprofil jedes einzelnen Stakeholders aufgebaut haben, stellen Sie eine konsolidierte Liste mit den Erfolgskriterien, Wünschen, Bedürfnissen, unverzichtbaren Forderungen, Dealbreakern und Kernmotivationen der wichtigsten Stakeholder zusammen (siehe Abbildung 25.2). Im Anschluss listen Sie alle verfügbaren Alternativen auf und ordnen die besten Alternativen zum ausgehandelten Ergebnis in die BATNA-Rangfolge ein.

ZUSAMMENGESTELLTE STAKEHOLDERLISTE	ALTERNATIVEN DER STAKEHOLDER	BATNA-RANKING

Abb. 25.2: Stakeholderliste und BATNA-Ranking

Nutzen Sie diese Informationen, um die kollektive Motivation und Positionsstärke aller Mitglieder der Stakeholder-Gruppe zu analysieren. Dieser Prozess trägt dazu bei, Ihre Verhandlungsliste mit der Verhandlungsliste der Stakeholder zu vergleichen, um Gemeinsamkeiten zu entdecken, Ihre Geben-Nehmen-Playlist zu entwickeln und eine Strategie zu entwickeln, mit der Sie die Alternativen neutralisieren und Ihre Verhandlungsposition verbessern.

Motivation, Machtposition, Analyse der Qualifikationsmerkmale und Parameter

Sie wissen nun, dass die Partei mit der stärksten Motivation, ein Geschäft abzuschließen, eher bereit ist, Zugeständnisse zu machen, um dieses Ziel zu erreichen. Sie wissen, dass die Macht am Verhandlungstisch in unmittelbarem Bezug zu der Anzahl der Alternativen steht, über die ein Verhandlungspartner verfügt.

Die Motivation leitet sich aus Emotionen und Wünschen her. Motivation und Macht stehen in der Regel in einem umgekehrten Verhältnis zueinander. Die kollektive Motivation der Stakeholder-Gruppe lässt sich als Hebel einsetzen, um die Tauglichkeit der wahrgenommenen Alternativen zu schmälern.

MOTIVATIONS- UND MACHTPOSITIONSSKALA	
IHRE MOTIVATION NIEDRIG ←——————→ HOCH 1 – 2 – 3 – 4 – 5	STAKEHOLDER-MOTIVATION NIEDRIG ←——————→ HOCH 1 – 2 – 3 – 4 – 5
IHRE MACHTPOSITION SCHWACH ←——————→ Stark 1 – 2 – 3 – 4 – 5	STAKEHOLDER-MACHTPOSITION SCHWACH ←——————→ STARK 1 – 2 – 3 – 4 – 5

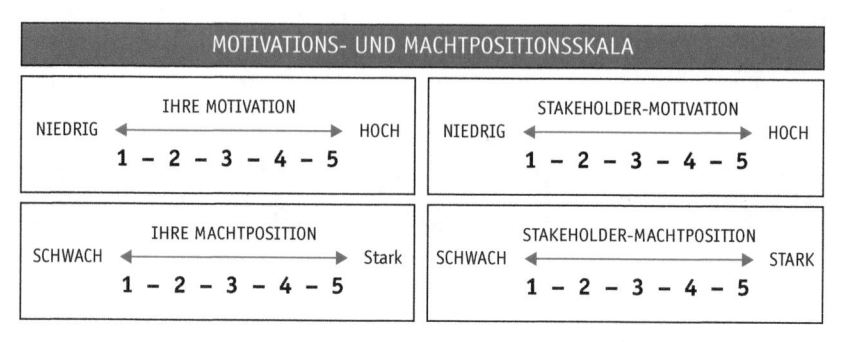

Abb. 25.3: Motivations- und Machtpositionsskala

Da Motivation und Macht den größten Einfluss auf die verhandelten Ergebnisse haben, ist es wichtig, die Motivation und kollektive Machtposition der Stakeholder zu analysieren (siehe Abbildung 25.3). Wenn Sie genau wissen, wo Sie stehen, können Sie eine effektivere Strategie und Herangehensweise an die Verkaufsverhandlungen entwickeln.

Wiederum gilt es, die rosarote Wolke der Selbsttäuschung zu vertreiben, die Ihre Sicht trübt, um Klarheit über das Ausmaß Ihrer eigenen Motivation und die tatsächliche Stärke Ihrer Verhandlungsposition zu erhalten. Damit stärken Sie Ihre emotionale Disziplin am Verhandlungstisch.

Das gelingt Ihnen beispielsweise mit Hilfe einer raschen Bewertung der Verkaufschancen. Kehren Sie noch einmal zur Neun-Felder-Qualifikationsmatrix im 14. Kapitel zurück und listen Sie die Kongruenzmerkmale eines Verkaufsvorgangs auf (siehe Abbildung 25.4):

- hohe Kongruenz, hohes Ertragspotenzial,
- hohe Kongruenz, niedriges Ertragspotenzial,
- geringe Kongruenz, hohes Ertragspotenzial,
- geringe Kongruenz, niedriges Ertragspotenzial.

Bestimmen Sie auf der Grundlage dieser Analyse:

1. Wie dringlich ist Ihr Bedürfnis, einen Abschluss zu erzielen?

2. Zu welchen Zugeständnissen sind Sie bereit, um den Deal über die Bühne zu bringen?

3. Welche Alternativen haben Sie, falls Sie beschließen sollten, aus den Verhandlungen auszusteigen?

MANGELNDE KONGRUENZ HOHES ERTRAGSPOTENZIAL	HOHE KONGRUENZ HOHES ERTRAGSPOTENZIAL
MANGELNDE KONGRUENZ NIEDRIGES ERTRAGSPOTENZIAL	HOHE KONGRUENZ NIEDRIGES ERTRAGSPOTENZIAL

Abb. 25.4: Analyse der Kongruenzmerkmale

Vergleichen Sie die Position des Käufers mit Ihrer Position. Ermitteln Sie Bereiche, in denen gemeinsame Interessen bestehen. Überlegen Sie, wie Sie Geschäftsbeziehungen, Informationen, Erkenntnisse oder Zugeständnisse als Hebel verwenden könnten, um Alternativen zu neutralisieren und Ihre Position zu stärken. Dieser Prozess hilft Ihnen, Ihren Verhandlungskorridor mit Ihren Ziel- und Grenzzonen festzulegen und Ihre Geben-Nehmen-Playlist zu entwickeln.

26 Entwicklung der Geben-Nehmen-Playlist

Sie brauchen Hebel für das Hin und Her der Verhandlungen, um zu einer Übereinkunft mit dem Käufer zu kommen. Wenn die andere Seite Zugeständnisse fordert – Ihre Hebel –, sollten Sie eine entsprechende Gegenleistung verlangen.

Bittet der Käufer Sie beispielsweise, Ihre Service-Bereitstellungsgebühren um zehn Prozent zu senken, könnten Sie sich damit einverstanden erklären, sofern die Laufzeit des Servicevertrags um ein Jahr verlängert wird.

Das ist ein einfacher Wertetausch. Wenn Sie auf einen Hebel verzichten, sollten Sie im Gegenzug etwas von gleichem oder höherem Wert erhalten. Ihr vorrangiges Ziel besteht darin, etwas aus der Hand zu geben, was für Sie geringe, für die andere Partei jedoch hohe Priorität hat, und dafür Zugeständnisse zu erwirken, die auf Ihrer Wunschliste weit oben stehen.

Sie sollten nie in eine Verkaufsverhandlung einsteigen, ohne einen Plan für den Ablauf dieser Geben-Nehmen-Spiele in petto zu haben. Ohne entsprechende Vorbereitung geben Sie möglicherweise einen Trumpf aus der Hand und erhalten vom Käufer im Austausch etwas zurück, auf das er gut verzichten kann. Oder schlimmer noch, Sie machen ein Zugeständnis, das für Sie, aber nicht für die andere Seite von Wert sind, womit Sie dessen Bedeutung schmälern.

Analyse der Verhandlungsparameter

Der erste Schritt bei der Entwicklung der Geben-Nehmen-Playlist (Give-Take-Playlist, GTP) besteht darin, einzuschätzen, wie jede Partei die fünf Kernparameter einer Verkaufsverhandlung werten könnte. Die Situationsanalyse des Verkaufsprozesses liefert Ihnen dabei wichtige Informationen hinsichtlich der Kriterien, die Ihr potenzieller Kunde bei der Bewertung der Anbieter zugrunde legt (siehe Abbildung 26.1).

1. **Risiko.** Wie hoch ist das Risiko, das für jede Partei mit dem Geschäftsabschluss einhergeht? Diese Einschätzung ist wichtig, denn für die Partei, die sich mit dem höchsten Risiko konfrontiert sieht, haben Dinge, die das Risiko neutralisieren, großes Gewicht.

2. **Wert.** Wie wichtig ist der Deal auf der Werteskala jeder Partei in Anbetracht ihrer spezifischen Situation? Wenn Sie beispielsweise mit einem kleinen Unternehmen zu tun haben, stellt Ihre Software für den Inhaber dieser Firma vielleicht die größte Investition dar, die man dort jemals getätigt hat. Für Sie wäre das Geschäft dagegen nur ein Tropfen auf den heißen Stein. Umgekehrt könnte ein Abschluss für Sie bahnbrechend sein, aber eine Routine-Transaktion für das Fortune-100-Unternehmen, mit dem Sie in Verhandlung stehen. Den entsprechenden Wert zu kennen, ist von entscheidender Bedeutung, um sowohl Ihre Emotionen zu steuern als auch Informationen und Metriken als Hebel einzusetzen, wenn es gilt, in Ihrem Sinne auf das Verhalten der anderen Partei einzuwirken.

Verhandlungsparameter									
Ihre Verhandlungsparameter	Gering	Mittel	Hoch	Kritisch	Verhandlungsparameter des Käufers	Gering	Mittel	Hoch	Kritisch
Risikoprofil					Risikoprofil				
Wert					Wert				
Preisstellung/ Kosteneffizienz					Preisstellung/ Kosteneffizienz				
Liefer- und Zahlungsbedingungen					Liefer- und Zahlungsbedingungen				
Beziehung					Beziehung				

Abb. 26.1: Analyse der Verhandlungsparameter

3. **Preisgestaltung.** Es ist von Vorteil, zu verstehen, wie jede Partei die Preisgestaltung beurteilt und welche Preispunkte dabei am meisten zählen. Sie möchten wissen, ob der Preis oder die Liefer- und Zahlungsbedingungen stärker ins Gewicht fallen.

- Wo entsteht Ihr Profit und welche Preispunkt müssen geschützt werden?
- Versteift sich der Käufer auf einen Stückpreis, Gesamtpreis oder einen Preis, der auf einer Analyse der Gesamtbetriebskosten basiert?
- Über welches Budget verfügt die andere Seite und ist dieses Budget flexibel oder festgelegt?
- Wie wirkt sich der verhandelte Preis auf das Risiko, die Servicebereitstellung und die langfristige Kundenbeziehung aus?

4. **Geschäftsbedingungen.** Bei Verkaufsvorgängen auf Unternehmensebene mit hohem Risiko sind die spezifischen Geschäftsbedingungen von großer Bedeutung. Sie möchten wissen, welche von ihnen vorrangig sind und in welchem Ausmaß sie ins Gewicht fallen, welche Positionen für sie nicht verhandelbar sind und in welchem Ausmaß sie mit der Verhandlungsliste der anderen Seite kollidieren könnten.

5. **Beziehungen.** Sie möchten Aufschluss über den CLV, den Lifetime Value Ihres potenziellen Kunden gewinnen. Das Wissen über diesen Deckungsbeitrag, den er während seines gesamten »Kundenlebens« leistet, kann verhindern, dass Sie auf geringfügigen Forderungen beharren, mit denen Sie kurzfristig eine Schlacht gewinnen, auf lange Sicht jedoch den Krieg verlieren. Sie möchten außerdem herausfinden, wie die andere Seite die Partnerschaft mit Ihnen beurteilt. Werden Sie wertgeschätzt oder besteht die Gefahr, dass der Kunde zum nächstbesten Verkäufer überwechselt, der ihm einen niedrigeren Preis bietet?

Die Analyse der Verhandlungsparameter ist äußerst hilfreich für die Planung der verschiedenen Szenarien und die Vorbereitung auf das Verhandlungsgespräch. Sie liefert Ihnen Erkenntnisse über den Motivationsgrad und die Machtposition der anderen Partei – vor allem aber über die Bewertung der Alternative, nichts zu tun.

Geschäftsergebnis-Roadmap und Metriken, die zählen

Der nächste Schritt beim Aufbau Ihrer Geben-Nehmen-Playlist besteht darin, die unternehmerischen Herausforderungen Ihres potenziellen Kunden, Ihre eigenen Empfehlungen und die angestrebten Geschäftsergebnisse, die mit Ihrem Lösungskonzept erzielt werden sollen, noch einmal genau zu überprüfen (siehe Abbildung 26.2).

GESCHÄFTSERGEBNIS-ROADMAP UND METRIKEN, DIE ZÄHLEN			
KUNDENPROBLEM	EMPFEHLUNG	DAMIT VERBUNDENE GESCHÄFTSERGEBNISSE	METRIKEN, DIE ZÄHLEN (MTM)
1			
2			
3			
4			
5			

Abb. 26.2: Geschäftsergebnis-Roadmap zur Überprüfung der Probleme eines potenziellen Kunden und Ihrer Empfehlungen

Wenn die Stakeholder-Gruppe Sie als VOC, als Anbieter ihrer Wahl, bestätigt hat, geht sie mit einiger Sicherheit davon aus, dass Ihre Empfehlungen zur Realisierung der angestrebten Geschäftsergebnisse beitragen. Anders ausgedrückt, sie haben den Wert oder Nutzen Ihres Konzepts gesehen – zumindest in diesem Augenblick.

Am Verhandlungstisch stellt sich jedoch oft heraus, dass Stakeholder ein kurzes Gedächtnis haben oder sich schwertun, den Mehrwert des Lösungskonzepts mit dem Preis in Verbindung zu bringen, den sie zahlen müssen, um die damit verbundenen Geschäftsergebnisse zu realisieren. Helfen Sie ihnen auf die Sprünge, indem Sie sie nochmals daran erinnern.

Sie sollten in der Lage sein, unmissverständlich und klar den Mehrwert zum Ausdruck zu bringen, den Sie in Form messbarer Geschäftsergebnisse liefern. Am wirksamsten untermauern Sie Ihre Ausführungen mit hieb- und stichfesten Berechnungen.

Vor dem Eintritt in eine Verkaufsverhandlung sollten Sie Ihren Taschenrechner zur Hand nehmen und den Stakeholdern anhand der unternehmensrelevanten Kennziffern oder Metriken, die für sie zählen, schwarz auf weiß vor Augen führen, welchen

Mehrwert sie von Ihrem Angebot ableiten können. Ihre Fähigkeit, diese Wertebrücken klar zu definieren und zu artikulieren, ist der Schlüssel zum Erhalt der Vertrags- und Preisintegrität und erspart Ihnen das Tauziehen um Rabatte.

Verhandlungslandkarte

Der Ausgangspunkt in der Verkaufsverhandlung ist Ihr Lösungskonzept – der formale Kaufvorschlag. Offen gestanden: Wenn Sie den Verkaufsprozess perfekt durch alle Phasen gesteuert und den Wert Ihres Angebots wirksam demonstriert haben, bleiben wahrscheinlich nur wenige Fragen, die es zu beantworten, oder milde Einwände, die es auszuräumen gilt, bevor der Vertrag besiegelt wird. Das ist das bestmögliche Szenario: *keine weiteren Verhandlungen.*

Sie können und werden vermutlich nicht alle Ihre Wünsche realisieren, was aber nicht heißt, dass Sie es gar nicht erst versuchen sollten. Gehen Sie in der Angebotsphase zuversichtlich von der Annahme aus, dass der Käufer ja sagt, ohne langes Hin und Her.

Es zahlt sich jedoch immer aus, auf dem Boden der Tatsachen zu bleiben. Aus diesem Grund lohnt es sich, als Orientierungshilfe eine Ziel- und Grenzzone für die Geben-und-Nehmen-Rückzugspositionen festzulegen, falls Sie hart verhandeln müssen. Das ist Ihre Verhandlungslandkarte (siehe Abbildung 26.3).

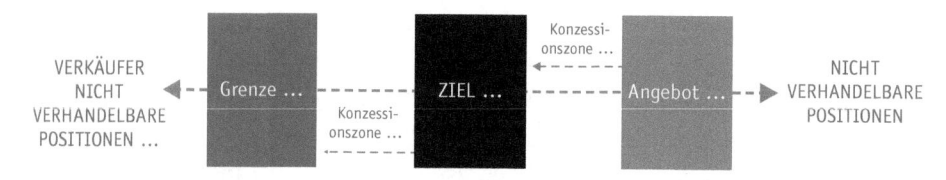

Abb. 26.3: Verhandlungslandkarte

Die Zielzone ist eine Rückzugsposition oder Alternativlösung, die von Ihrem Originalkonzept abweicht, aber trotzdem noch ein Gewinn für Ihr Team ist. Sie stellt ein ausgehandeltes Ergebnis dar, das den Profit, Ihr Einkommen und die Fähigkeit Ihres Unternehmens schützt, seine Zusagen einzuhalten.

Die Grenzzone umfasst die absoluten Mindestanforderungen, die erfüllt sein müssen, damit ein Geschäftsabschluss zustande kommt. Jenseits dieses Limits sind die nicht verhandelbaren Positionen verortet, die einen Ausstieg aus den Verhandlungen erzwingen würden.

Ihre Ziel- und Grenzzonen werden nachhaltig von Ihrer Motivation beeinflusst, ein Geschäft unter Dach und Fach zu bringen. Nutzen Sie die Qualifikationsbewertungen – die Neun-Felder-Matrix und die Kongruenzmatrix – als Leitlinie für die Entwicklung Ihrer Verhandlungslandkarte (Sales Negotiation Map, SNM) bei jedem Verkaufsvorgang.

Leverage-Verzeichnis

Die Zugeständnisse, zu denen Sie bereit sind, dienen Ihnen als Hebel in Verhandlungen – sie stellen einen Wert dar, den Sie am Verhandlungstisch gegen Konzessionen auf Seiten des Käufers eintauschen. Solche Tauschgeschäfte ebnen den Weg zum Interessenausgleich und Verkaufsabschluss.

Zugeständnisse können Tauschgeschäfte von hohem Wert sein, die sich auf Provision und Profit auswirken, oder unter »Spielgeld« verbucht werden – Tauschgeschäfte, die Sie wenig oder nichts kosten. Ihr Ziel am Verhandlungstisch besteht darin, Konzessionen als Hebel zu nutzen, die Sie nur wenig kosten, um den Erhalt Ihres Einkommens, der Unternehmensgewinne und Geschäftsbedingungen zu sichern.

Beginnen Sie damit, ein vollständiges Verzeichnis aller Konzessionen anzulegen, die Sie machen könnten (siehe Tabelle 26.1). Notieren Sie alles, was sich als Hebel in den Verhandlungen einsetzen ließe. Es spielt keine Rolle, wie geringfügig oder unbedeutend ein potenzielles Zugeständnis auf den ersten Blick erscheinen mag; alles ist für irgendjemanden von Wert.

Konzessionsverzeichnis	Auswirkung auf Provision und Profit

Tabelle 26.1: Konzessionsberechnung

Als Nächstes ermitteln Sie die unmittelbare Auswirkung jeder einzelnen Konzession auf Ihr Einkommen, Boni, die Qualifikation für Verkaufsprämien, Incentive-Reisen, Club-Mitgliedschaften, was auch immer. Achten Sie insbesondere darauf, wie sich die Provisionskurve verändert, wenn Sie ein Paket aus verschiedenen Zugeständnissen schnüren. Notieren Sie, welche für Sie persönlich von Bedeutung sind und welche Sie ohne große schmerzliche Einschnitte zum Tausch anbieten können.

Ziehen Sie danach die negativen Auswirkungen der Zugeständnisse auf die Unternehmensgewinne, den Customer Lifetime Value (CLV) des potenziellen Kunden, auf andere Mitglieder Ihres Teams, die Servicebereitstellung, die zugesagten Lösungen und die Geschäftsergebnisse in Betracht. Beziehen Sie auch die unbeabsichtigten Folgen jedes einzelnen Zugeständnisses ein.

Der Wert liegt in den Augen des Betrachters

Nach der Entwicklung des Konzessionsverzeichnisses und der Analyse der Folgen dieser Zugeständnisse fällt es Ihnen leichter, vor jeder individuellen Verkaufsverhandlung eine Konzessionshebel-Strategie auszuarbeiten, indem Sie sich auf das fokussieren, was der Käufer wertschätzt.

Denken Sie an Ihr Ziel am Verhandlungstisch: *Konzessionen, die für Sie von geringer Bedeutung, für die Käufer jedoch von hohem Wert sind, lassen sich als Verhandlungshebel einsetzen, um sie zu Zugeständnissen, zur Beendigung der Verhandlungen und zur Vertragsunterzeichnung zu bewegen.*

Um Klarheit zu gewinnen, was die andere Seite als wertvoll erachtet, sollten Sie als Erstes eine Analyse der Verhandlungsparameter durchführen. Danach überprüfen Sie noch einmal die Verhandlungsliste der Stakeholder, ihre Erfolgskriterien, die Geschäftsergebnis-Roadmap und die Kriterien des potenziellen Kunden für die Bewertung der Anbieter.

Anhand dieser Informationen erstellen Sie nun ein Leverage-Werteverzeichnis (siehe Abbildung 26.4), das in dieser individuellen Situation relevant ist. Im Anschluss schätzen Sie den relativen Wert jedes einzelnen Hebelpunktes für Sie und den Käufer ein.

VERHANDLUNGSHEBEL	WERT FÜR SIE		WERT FÜR STAKEHOLDER	
	GERING	HOCH	GERING	HOCH

Abb. 26.4: Leverage-Werteverzeichnis

Halten Sie nach Chancen Ausschau, »Spielgeld« als Hebel einzusetzen. Damit sind nicht-monetäre Zugeständnisse gemeint, die für die andere Seite von Bedeutung sind, Sie aber wenig kosten.

Ein Beispiel wäre ein videobasiertes Training, das Sie als Teil des Gesamtpakets anbieten. Damit sind geringe Kosten für Sie und Ihr Unternehmen verbunden. Während des Verkaufsprozesses haben aber mehrere Stakeholder angedeutet, dass dieser Punkt für sie wichtig ist, weil ein Schulungsvideo die Einführung des neuen Systems in ihrem Unternehmen vorantreiben würde.

Wenn die Stakeholder um Preiskonzessionen bitten, könnten Sie sich einverstanden erklären, aber darauf hinweisen, dass Sie dann leider außerstande sind, die Schulung kostlos durchzuführen. Wenn die Stakeholder vor einem Verzicht auf ein professionelles Training zurückscheuen, haben Sie einen Hebel in der Hand, mit dem Sie einen Interessenausgleich erzielen und den Weg zu einer Übereinkunft ebnen können.

Die Geben-Nehmen-Playlist

Sie haben nun ein Konzessionsverzeichnis angelegt und den Wert jedes einzelnen Zugeständnisses für Sie und die andere Seite eingeschätzt; der nächste Schritt besteht in der Entwicklung Ihrer Geben-Nehmen-Playlist (Give-Take-Playlist, GTP, siehe Abbildung 26.5). Diese Liste ist Ihr Rückzugsspielplan, wenn es gilt, vom ursprünglichen Angebot abweichend in Ihrer Zielzone oder, falls erforderlich, in Ihrer Grenzzone zu verhandeln.

GEBEN	NEHMEN

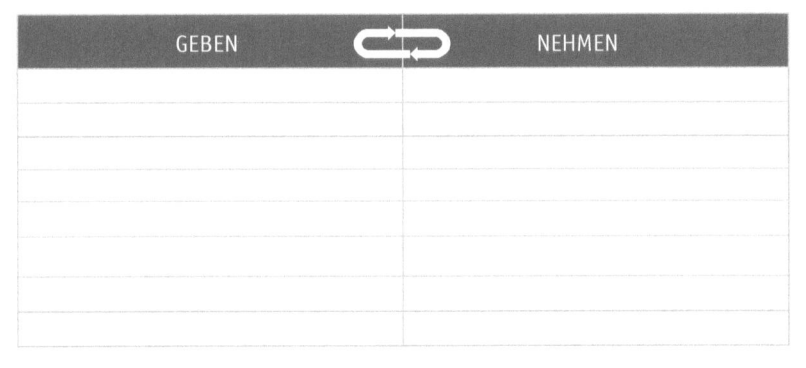

Abb. 26.5: Geben-Nehmen-Playlist

Bei der Entwicklung der Geben-Nehmen-Playlist sollten Sie die relevanten Zugeständnisse entweder alleine oder in Kombination überdenken, um Übereinstimmungen mit der Stakeholder-Liste und den Verhandlungsparametern zu erzielen. Überlegen Sie, wie Sie bestimmte Zugeständnisse einsetzen könnten, um die verfügbaren Alternativen der Käufer zu neutralisieren. Richten Sie Ihre Aufmerksamkeit auf die Entwicklung von Geben-Nehmen-Positionen, die den Weg zu einem Interessenausgleich und einer ausgehandelten Übereinkunft ebnen, mit der Sie einen Gewinn für Ihr Team erzielen.

Ihre Geben-Nehmen-Playlist fördert diese Übereinkunft mit Hilfe von Zugeständnissen, die für Sie von untergeordnetem, für Ihren Käufer jedoch von großem Nutzen oder Wert sind, während Sie im Gegenzug Zugeständnisse von Ihrem Käufer erhalten, die für Sie hohe Relevanz haben. Wenn der Punkt erreicht ist, an dem der Käufer auf weitere Konzessionen verzichtet, können Sie meistens eine Einigung erzielen und zur Unterzeichnung des Vertrags übergehen.

Die Entwicklung der Geben-Nehmen-Playlist ist unmittelbar mit der Entwicklung Ihrer Verhandlungs-Roadmap verbunden. Sie beginnt mit der Beantwortung der folgenden fünf Fragen:

1. Was möchten Sie erreichen – Ihr gewünschtes Ergebnis?

2. Welches ist für Sie und Ihr Team das beste und das schlechteste, gerade noch akzeptable Ergebnis?

3. Was würden Sie aufgeben, weggeben oder opfern, um den Deal abzuschließen?

4. Welche absoluten Untergrenzen haben Sie für jede einzelne Verhandlungsposition gesetzt?

5. Welche Positionen sind nicht verhandelbar?

Die Aufstellung Ihrer Geben-Nehmen-Playlist erfordert, dass Sie verschiedene Szenarien in Betracht ziehen. Das ist ähnlich, als würden Sie mental Schach spielen. Überlegen Sie sich Ihre Gegenzüge und die unbeabsichtigten Folgen jedes Gegenzugs.

Ich finde es hilfreich, verschiedene Szenarien zu entwickeln, die auf den potenziellen Eröffnungszügen des Käufers basieren. Ein Eröffnungszug könnte beispielsweise folgendermaßen aussehen:

- »Ihr Angebot hat uns überzeugt. Wo unterschreiben wir?«
- »Der Preis ist zu hoch; ich bin nicht bereit, mehr als 50 000 Dollar zu zahlen.«
- »Ein Vertrag mit einer fünfjährigen Laufzeit kommt für uns nicht in Frage.«
- »Sie müssten den Stückpreis für Steuerelement X senken, um mit dem Preis unseres jetzigen Anbieters für das gleiche Produkt mithalten zu können.«
- »Die Installationskosten sind zu hoch.«
- »Die automatische Verlängerungsklausel in Ihrem Vertrag gefällt uns nicht.«
- »Wir können nicht bis Februar auf die Installation warten; das muss innerhalb der nächsten dreißig Tage über die Bühne gehen.«

Danach erstelle ich eine Rangliste dieser Eröffnungszüge auf der Grundlage ihrer Wahrscheinlichkeit und entwickle meine Geben-Nehmen-Playlist für diejenigen, die höchstwahrscheinlich erfolgen. Das ist ein einfacher »Wenn-dann«-Prozess:

- Wenn mich der Käufer bittet, die Lizenzgebühren pro Arbeitsplatz zu reduzieren, dann werde ich ihm einen Nachlass von 7,79 Dollar pro Arbeitsplatz einräumen, im Austausch gegen eine *Garantie* von 50 Arbeitsplätzen.
- Wenn der Käufer nicht bereit ist, diese Garantie zu gewähren, dann räume ich ihm einen Nachlass von 5,25 Dollar ein, sofern er mit einer jährlichen statt monatlichen Rechnungsstellung einverstanden ist.
- Wenn der Käufer um einen Vertrag mit einer kürzeren Laufzeit als fünf Jahre bittet, dann werde ich einem auf drei oder vier Jahre befristeten Vertrag zustimmen, dafür aber das kostenlose Schulungsprogramm streichen, das in meinem Angebot enthalten ist.

- Wenn der Käufer verlangt, dass wir auf eine jährliche Preiserhöhung verzichten, dann werde ich ihm entgegenkommen, wenn der Vertrag im Gegenzug um ein Jahr verlängert wird.

Die Planung der Geben-Nehmen-Playlist ist von grundlegender Bedeutung, um die emotionale Disziplin zu stärken und am Verhandlungstisch vorteilhaftere Ergebnisse zu erzielen. Wenn Sie diesen Prozess durchlaufen, bereiten Sie sich mental auf das Geben und Nehmen während der Phase der Annäherung an eine Übereinkunft vor.

Sie werden feststellen, dass Sie sich allein durch die Übung besser mit der Verhandlungsliste der Stakeholder und den Dingen verbinden können, die ihnen wirklich wichtig sind. Sie trägt dazu bei, sich in sie hineinzuversetzen und zu überlegen, welche Ihrer »Zugaben« den größten Hebel-Effekt haben könnten. Und schließlich erleichtert sie die Planung der kleinen, stufenweisen Schachzüge statt der großen Zugeständnisse, mit denen Sie Ihr Verhandlungsarsenal leeren und sich in eine Position der Schwäche manövrieren.

Der Verhandlungsplaner als Hebel für ein Murder Boarding

Einer der besten Verkaufsleiter, für den ich jemals gearbeitet habe, griff bei jedem großen Deal in unserer Pipeline auf ein Spiel zurück, das er als *Murder Boarding* bezeichnete. Das gesamte Team kam zusammen und erforschte jedes einzelne Szenario, das uns während einer Verkaufsverhandlung in unsere Grenzzone katapultieren oder den Verkaufsvorgang zum Scheitern bringen könnte.

Das war keine breitgefächerte Unterhaltung, um einen Blick auf das übergeordnete Bild zu werfen. Wir tauchten vielmehr tief in die Einzelheiten jedes einzelnen Falls ein, um die »Dealkiller« zu identifizieren. Nichts war uns heilig. Alle Stakeholder, Zugeständnisse, unbeabsichtigten Folgen, potenzielle unbekannte Größen, Konkurrenten und die Schwächen unserer eigenen Motivation, Hebel und Verhandlungsposition wurden als mutmaßliche Schurken im Rahmen unserer Ermittlungen unter die Lupe genommen.

Diese Sitzungen, normalerweise mit mehreren meiner Kollegen durchgeführt, waren schmerzhaft und mitunter peinlich. Das Murder Boarding förderte blinde Flecken, überzogenes Selbstvertrauen, Löcher in unseren Wertebrücken, Bestätigungsneigungen und Wissenslücken zutage:

- Es war unangenehm, zu erfahren, dass uns wichtige Informationen fehlten, weil wir uns nicht getraut hatten (disruptive Emotion), unverblümte Fragen zu stellen.
- Es tat weh, wenn uns plötzlich bewusst wurde, dass wir nicht ausreichend vorbereitet waren.
- Es war schmerzlich, der Tatsache ins Gesicht zu sehen, dass wir uns zu früh auf Verhandlungen eingelassen hatten – bevor wir als Anbieter der Wahl bestätigt worden waren.

- Es war bisweilen schwer zu akzeptieren, dass wir viel mehr Zugeständnisse eingeplant hatten, als für die Vertragsunterzeichnung erforderlich gewesen wäre.
- Es war peinlich, wenn wir bei dem Versuch, die eigene Position in der Verhandlung zu erläutern, ein gnadenloses »Na und?« an den Kopf geworfen bekamen.

Die Pipeline-Verkaufschance einem solchen Murder Boarding zu unterziehen, war kein Zuckerschlecken. Aber es öffnete uns die Augen. Mir gefiel der Prozess, weil ich die Sitzungen mit einem besseren Plan in der Tasche verließ, der meine Effektivität am Verhandlungstisch erheblich zu steigern versprach. Ich konnte zahlreiche Geschäfte über die Bühne bringen – zu meinen Bedingungen –, die mir ohne die Erkenntnisse im Rahmen des Murder Boarding verloren gegangen oder in meiner Grenzzone gelandet wären.

Der Verhandlungsplaner

Um Ihnen bei der Planung der Verkaufsverhandlung, der Strategie und beim Murder Boarding zu helfen, haben wir einen Verhandlungsplaner entworfen und perfektioniert, der sich hervorragend bewährt hat. Er vereinigt alle Kernelemente der Verhandlungsplanung, die in den vorherigen Kapiteln beschrieben wurden.

Einen kostenlosen Planer und die Anleitungen für die individuelle Nutzung finden Sie unter https://free.salesgravy.com/snp.

Benjamin Franklin hat einmal gesagt: Wer versagt, sich vorzubereiten, bereitet sein Versagen vor. Beim Eintritt in ein Verkaufsverhandlungsgespräch verleiht ein gut durchdachter Verhandlungsplan Stärke, Selbstvertrauen, einen Vorteil am Verhandlungstisch und erheblich höhere Gewinnchancen.

Teil VI
Verhandlungskommunikation

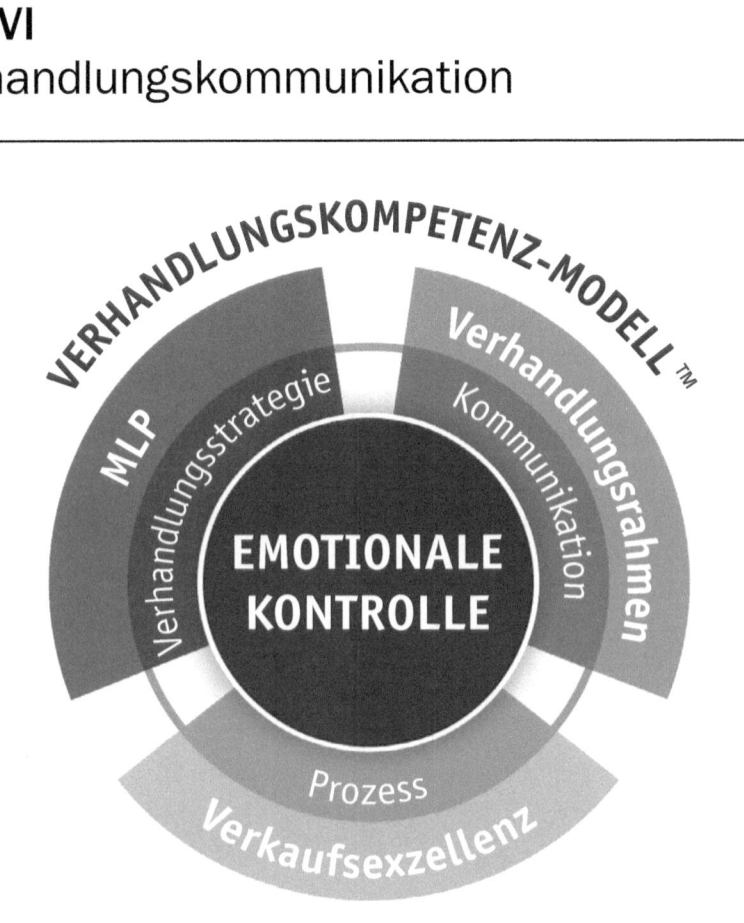

27 Die sieben Regeln einer effektiven Verhandlungskommunikation

Ungeachtet dessen, ob es sich bei Ihrem Verhandlungstisch um ein echtes Möbelstück, ein Telefonat, einen Videoanruf, eine E-Mail oder eine Textnachricht handelt, es geht um eine Mensch-zu-Mensch-Kommunikation und die Möglichkeit, Konflikte, die in das unvollkommene Geflecht menschlicher Emotionen und Logik eingewoben sind, bewusst zu kontrollieren.

Am Verhandlungstisch sorgt eine effektive Kommunikation dafür, dass Sie die Kontrolle im Gespräch behalten, sodass Sie eine gemeinsame Linie finden und den Weg zu einer Übereinkunft ebnen können.

Kommunikationsfehler verlangsamen den Prozess, öffnen Alternativen Tür und Tor, beeinträchtigen die Geschäftsbeziehung und führen zu kostenintensiven Missverständnissen.

Es gibt sieben Regeln, die eine effektive Kommunikation bei Verkaufsverhandlungen fördern und dazu beitragen, Fehler zu vermeiden. Diese Regeln sind immer im Spiel, und sie zu beachten, bietet Ihnen einen Vorteil bei Verhandlungsgesprächen.

Die Kontrolle über das Verkaufsgespräch setzt die Kontrolle über die eigenen Emotionen voraus

Emotionale Disziplin stellt, wie bereits erwähnt, das Herzstück einer effektiven Verkaufsverhandlung dar. Die Kontrolle über ein Verkaufsgespräch beginnt jedoch mit der Kontrolle über die eigenen Emotionen. Deshalb ist es wichtig, bereits im Vorfeld verschiedene Szenarien einzuplanen und durchzuspielen. Der Planungsprozess bereitet Sie darauf vor, über Ihre Gefühle hinauszuwachsen.

Komplementäres Verhalten

Emotionen wirken ansteckend. Deshalb neigen Menschen dazu, auf das Verhalten anderer in gleicher Weise zu reagieren, sich spiegelbildlich oder komplementär zu verhalten.

Am Verhandlungstisch setzen Käufer Taktiken ein, die darauf ausgelegt sind, Sie emotional aus dem Lot zu bringen. Sie können unverblümt, tyrannisch, fordernd und penetrant sein oder zuckersüß und voll des Lobes. Ihr Ziel besteht darin, emotionale Resonanz bei Ihnen hervorzurufen, damit Sie in gleicher Weise reagieren und Ihr Verhalten entsprechend ändern. Wenn sie damit Erfolg haben, übernehmen sie die Kontrolle über die Situation.

Wenn Sie Ihrerseits versuchen, komplementäres Verhalten bei anderen herbeiführen, haben Sie die Möglichkeit, den Umgangston, das Tempo und die Struktur des Gesprächs zu steuern. Ihre Verhandlungspartner dazu zu bringen, sich auf Sie zuzubewegen und in den gleichen Kommunikationsmodus umzuschwenken, erfordert nichtkomplementäres Verhalten Ihrerseits, das Sie als Hebel einsetzen. Einfacher ausgedrückt: Sie reagieren völlig anders, als man von Ihnen in diesem Augenblick erwartet.

Wenn Ihre potenziellen Kunden beispielsweise darauf drängen, die Verhandlungen zu beschleunigen, schalten Sie einen Gang herunter. Wenn man Sie verbal angreift, lehnen Sie sich entspannt zurück und reagieren höflich und freundlich.

Nichtkomplementäres Verhalten ist äußerst wirkungsmächtig und spiegelt entspanntes, souveränes Selbstvertrauen wider. Wenn Sie sich in diesem Modus befinden, reagieren Ihre Gesprächspartner in gleicher Weise, schwenken um, bringen sich aktiv in den Prozess ein und behandeln Sie mit Respekt.

Fragen steuern den Gesprächsfluss

Die meisten Verkäufer glauben, dass sie endlose Monologe halten müssen, um die Kontrolle über ein Gespräch zu gewinnen. Ich versichere Ihnen: Das genaue Gegenteil ist der Fall. Die Kontrolle hat die Person, die Fragen stellt.

Wenn Sie Fragen stellen, haben Sie prägenden Einfluss auf den Gesprächsverlauf, können ihn in jede gewünschte Richtung steuern. Damit halten Sie die Kommunikation in den gewünschten Bahnen, fokussiert auf Ihre Agenda, während Sie Ihren Stakeholdern gleichzeitig das Gefühl geben, gehört und als wichtig wahrgenommen zu werden.

Denken Sie immer daran, dass eine einzige Frage, die Sie stellen, größeres Gewicht haben kann als alles, was Sie jemals sagen.

Sie können nur dann wissen, was andere denken, wenn sie es Ihnen mitteilen

Lernen Sie, zuzuhören, ohne voreilige Schlussfolgerungen zu ziehen oder spontan zu urteilen. Halten Sie sich vor Augen, dass Ihre Verhandlungspartner die Sprache nutzen, um ihre Gedanken und Gefühle zum Ausdruck zu bringen. Gehen Sie nicht davon aus, dass Sie diese Gedanken und Gefühle kennen; deshalb sollten Sie es tunlichst unterlassen, einen Satz für sie zu beenden.

Wenn Stakeholder innehalten oder versuchen, ihre Gedanken zu ordnen, um nach einer Möglichkeit Ausschau zu halten, ihre Gefühle oder Ideen in Worte zu kleiden, besteht die Gefahr, dass man ungeduldig wird, ihnen auf die Sprünge helfen möchte und den Satz für sie beendet. In den meisten Fällen landet man damit weitab vom Schuss, weil man keine Ahnung hat, was ihnen wirklich durch den Kopf geht. An einem emotional aufgeladenen Verhandlungstisch kann ein solches Verhalten die Atmosphäre vergiften, die betreffende Person veranlassen, dichtzumachen, und das Einvernehmen trüben.

Menschen haben die schlechte Angewohnheit, davon auszugehen, dass sie wissen, was andere denken. Sie sollten Kommunikation nie mit Konsens verwechseln. Sie können nur dann wissen, was andere denken, wenn sie es Ihnen mitteilen. Die Worte müssen über ihre Lippen kommen.

Wenn Ihnen nicht ganz klar ist, was Ihre Stakeholder sagen wollen, oder Sie nicht verstehen, was sie zum Ausdruck zu bringen versuchen, sollten Sie innehalten und nachhaken. Klärende Fragen zum richtigen Zeitpunkt zeigen ihnen, dass Sie aufmerksam zuhören und bemüht sind, sie zu verstehen.

Die Kommunikation scheitert, wenn die andere Partei nicht das Gleiche denkt wie Sie

Als ich in der vierten Klasse war, ging unsere Lehrerin Ms. Gibbons an einem warmen Frühlingstag mit uns nach draußen. Wir mussten uns hintereinander aufstellen, ungefähr 25 Schüler, und dann flüsterte sie dem ersten Kind in der Reihe eine Botschaft ins Ohr, die sie von einer Karteikarte ablas. Das Kind drehte sich zu seinem Hintermann um und flüsterte ihm die gleiche Botschaft zu; so ging es weiter, bis das Ende der Schlange erreicht war.

Dann forderte Ms. Gibbons das letzte Kind in der Reihe auf, die Botschaft laut zu wiederholen. Alle glucksten und kicherten. Wir schüttelten den Kopf. Das waren nicht die Worte, die wir weitergegeben hatten.

Schließlich las Ms. Gibbons den Text auf der Karteikarte vor. Der Wortlaut war uns allen unbekannt, mit Ausnahme des ersten Kindes in der Schlange. Im Verlauf von 25 Wiederholungen war die Botschaft so vernebelt und verfälscht worden, dass sie dem Original nicht länger glich.

Ich erinnere mich noch deutlich daran, dass ich völlig fassungslos war. Diese Demonstration, wie schlecht wir zuhören, hatte eine nachhaltige Wirkung auf mich. Ich denke jedes Mal daran, wenn ich miterleben muss, wie die Kommunikation scheitert, und sie scheitert daran, dass wir nicht *aufmerksam zuhören*.

Wenn Sie und Ihre Käufer nicht das Gleiche denken, kann keine Übereinkunft erzielt werden und die Kommunikation führt zu nichts. Hüten Sie sich also davor, voreilige Schlussfolgerungen zu ziehen. Halten Sie inne, klären Sie ab, was Ihren Stakeholdern durch den Kopf geht, und lassen Sie sich bestätigen, ob und wieweit Sie übereinstimmen.

Die Kommunikation scheitert, wenn die andere Partei über Ihr Verhalten statt über den Verkaufsvorgang nachdenkt

In der emotional aufgeladenen Atmosphäre einer Verkaufsverhandlung sind Sie vermutlich nervös. Sie stehen wahrscheinlich unter Druck, einen Abschluss herbeizuführen. Sie sind gestresst und besorgt. Sie möchten unbedingt gewinnen.

In emotional extremen Situationen wie diesen brechen viele Menschen aus ihren gewohnten Verhaltensmustern aus und greifen zu Aktivitäten, die einer Beziehung schaden. Sie neigen dazu,

- sich auf einen verbalen Schlagabtausch einzulassen und Dinge zu sagen, die verletzen,
- grob oder respektlos zu werden,
- eine überhebliche Haltung einzunehmen,
- in Wut zu geraten,
- nervös zu werden und den Eindruck zu vermitteln, dass sie schlecht informiert, schwach oder nicht vertrauenswürdig sind,
- Monologe zu halten und anderen ins Wort zu fallen, um ihre Position zu erläutern,
- Versprechen abzugeben, die sie nicht halten können,
- nicht richtig zuzuhören,
- zu übertreiben,
- zu manipulieren,
- zu lügen.

Wenn Ihr Verhalten in den Mittelpunkt der Aufmerksamkeit rückt, wird es schwierig, eine gemeinsame Linie zu finden und zu einer Übereinkunft zu gelangen, weil sich Ihre Käufer nicht den Kopf über den Verkaufsvorgang, sondern über Sie zerbrechen. Das ist einer der Hauptgründe dafür, dass emotionale Disziplin für effektive Verhandlungen von zentraler Bedeutung ist.

Immer, wenn Käufer so viel Druck machen, dass Sie an Ihre Grenzen gelangen und die Kampf-oder-Flucht-Reaktion einzusetzen droht, sollten Sie bewusst innehalten, um Ihre Gedanken zu sammeln. Andernfalls könnten Ihre disruptiven Emotionen Sie und den Verkaufsabschluss zu Fall bringen.

Lassen Sie sich nicht von der Stille einschüchtern

Stille ist einer der wirkungsvollsten Hebel am Verhandlungstisch. Viele Menschen fühlen sich dadurch genötigt, Fragen zu beantworten, Probleme aufzudecken, Einspruch geltend zu machen und sich aktiv einzubringen.

Wenn am Verhandlungstisch Stille herrscht, gibt es meistens irgendjemanden, der sie mit Worten füllt, weil er sie als unangenehm und bedrohlich empfindet. Diese Worte enthalten Hinweise oder bieten sogar Einblick in die Karten, die er in der Hand hält.

Es erstaunt mich immer wieder, dass Verkaufsprofis ein Zugeständnis machen und im Bruchteil von Sekunden, während Stille herrscht, weil die Stakeholder noch darüber nachdenken, ein weiteres Zugeständnis hinzufügen.

Um die Kontrolle zu behalten, dürfen Sie sich von der Stille nicht einschüchtern lassen. Beantworten Sie niemals Ihre eigenen Fragen. Füllen Sie die Stille nicht mit Worten. Halten Sie Ihre Gefühle in Schach und Ihre Zunge im Zaum. Üben Sie sich in Geduld und warten Sie ab, bis jemand anderes darauf reagiert.

28 ACED: Navigation durch die vier primären Kommunikationsstile der Stakeholder

Jeder Mensch hat seinen eigenen bevorzugten Kommunikationsstil. Einige kommen direkt zur Sache, während andere um den heißen Brei herumreden. Einige sprechen langsam und lassen kaum Gefühle erkennen, während andere lebhafter sind. Menschen können unverblümt, getrieben, analytisch, umsichtig, auf Konsens bedacht, sozial und extrovertiert sein und diese Eigenschaften spiegeln sich auch in ihrem Kommunikationsstil wider.

Sie können tiefere emotionale Verbindungen aufbauen und mehr Zugeständnisse erzielen, wenn Sie die Interaktionen mit den Stakeholdern an ihrem bevorzugten Kommunikationsstil ausrichten. Wir neigen dazu, Menschen, die uns ähnlich sind, sympathisch zu finden, uns zu ihnen hingezogen zu fühlen und ihnen mit mehr Vertrauen zu begegnen. Gleich und Gleich gesellt sich gern, heißt es. Das bezeichnet man als Ähnlichkeitsneigung.

Wenn Sie Ihren bevorzugten Kommunikationsstil daher auf denjenigen Ihres Gesprächspartners abstimmen, wird dieser eher bereit sind, mit Ihnen zu kooperieren, um eine gemeinsame Linie zu finden und den Weg zu einer Übereinkunft zu ebnen.

Die Abstimmung Ihres Kommunikationsstils bedeutet, dass Sie Ihre Herangehensweise und Ihre Interaktionen bei jedem einzelnen Stakeholder anpassen müssen, damit sie die Zusammenarbeit mit Ihnen als angenehm empfinden, Bedenken abbauen und die Tür für eine emotionale Verbindung öffnen.

ACED

Es gibt vier vorherrschende Kommunikationsstile (siehe Abbildung 28.1). Die Bezeichnungen unterscheiden sich von einem psychometrischen Test zum anderen und von einem Trainingsprogramm zum anderen. Ungeachtet der Benennungen lassen sich jedoch die Stilmerkmale, die in den zahlreichen Theorien zum Thema menschliches Verhalten und angeborene Kommunikationspräferenzen beschrieben werden, in vier dominanten Stilrichtungen und Verhaltensmustern zusammenfassen: analytisch, konsensorientiert, energetisierend und dirigistisch (ACED = Analyzer, Consensus Builder, Energizer, Director).

Sie finden relativ leicht heraus, welchem Kommunikationsstil Sie sich gegenübersehen, wenn Sie sich auf die andere Person einstimmen und ihre Verhaltensmuster im Blick behalten. Im Berufsleben neigen die Leute häufig, wenngleich nicht immer dazu, Tätigkeitsbereiche zu wählen, die auf einem bestimmten primären Kommunikationsstil basieren. Finanzchefs sind in der Regel analytisch veranlagt, Personaler sind konsensorientiert, Verkäufer sind meistens energiegeladen und CEOs haben eine dirigistische Ader.

- Datengetrieben
- Lineares Denken
- Methodisch
- Emotionale Mauer

- Passiv
- Unentschlossen
- Fragen
- Zuhören

Analytischer Stil (analyzer)

Konsensorientierter Stil (consensus Builder)

Energetisierender Stil (energizer)

Dirigistischer Stil (director)

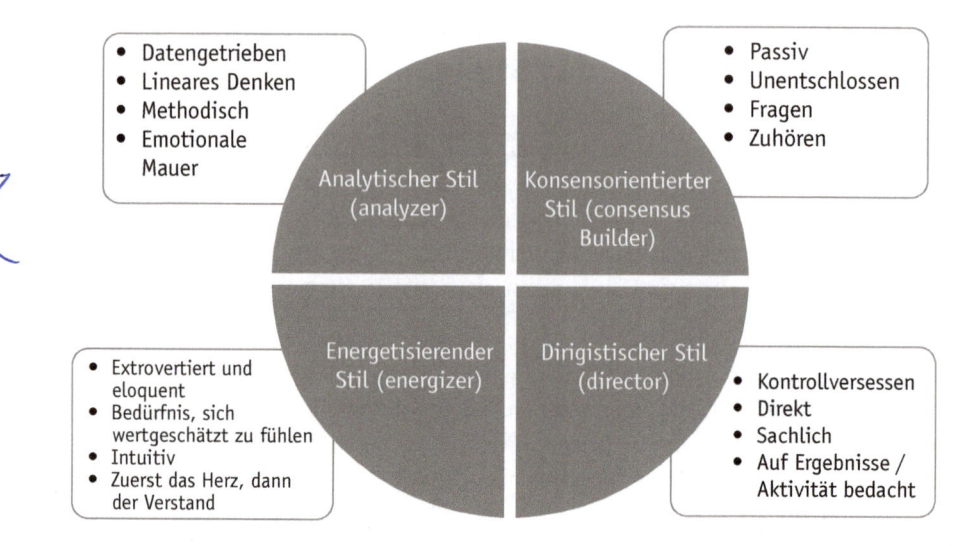

- Extrovertiert und eloquent
- Bedürfnis, sich wertgeschätzt zu fühlen
- Intuitiv
- Zuerst das Herz, dann der Verstand

- Kontrollversessen
- Direkt
- Sachlich
- Auf Ergebnisse / Aktivität bedacht

Abb. 28.1: ACED-Kommunikationsstilverzeichnis

Es kommt gleichwohl selten vor, dass sich Menschen der Welt und ihrem Umfeld mit einem einzigen dominanten Kommunikationsstil präsentieren. Stattdessen haben sie eine Mischung aus verschiedenen Stilen entwickelt, wobei in stressreichen oder emotionalen Situationen ein Stil vorherrscht – beispielsweise bei Verkaufsverhandlungen, wenn wichtige Entscheidungen getroffen werden müssen.

Analytischer Kommunikationsstil

Stakeholder mit analytischem Kommunikationsstil findet man typischerweise in der Rolle der Käufer, die für die Finanzierung zuständig sind; sie dienen als Kontrollinstanz für Käufer mit energetisierender und dirigistischer Persona, denen häufig die Vertragsunterzeichnung obliegt. In ihrer Rolle als Influencer machen sie ihren Einfluss oft als Neinsager geltend, die Ihre Argumentationskette zerpflücken.

Analytische Stakeholder oder Käuferpersonae gehen systematisch und methodisch vor. Sie lehnen großes Getöse und Effekthascherei bei Präsentationen ab, ziehen es vor, sich auf Daten und Fakten zu konzentrieren. Sie reagieren am besten auf eine lineare Kommunikation und hieb- und stichfeste Fallstudien. Sie wirken oft kalt und unzugänglich. Da sie sich leicht von Emotionen abkoppeln können, stellen sie am Verhandlungstisch eine harte Nuss dar.

Analytische Stakeholder ziehen ihre emotionalen Mauern hoch, wenn sie in Verhandlungsgespräche eintreten. Diese Mauern lassen sich nur mit Geduld, mit der Kontrolle Ihres disruptiven emotionalen Bedürfnisses nach Akzeptanz und mit fundierten Zahlenkenntnissen durchbrechen.

Bei analytischen Stakeholdern bauen Sie nur langsam eine Vertrauensbasis auf. Die beste Strategie, an sie heranzukommen, ist eine Reihe kurzer Besprechungen, mit denen Sie die Beziehung systematisch festigen.

Leiten Sie das Gespräch mit der Frage ein, welcher Teil des Entscheidungsfindungsprozesses für sie der wichtigste ist. Lassen Sie persönliche Fragen aus dem Spiel, es sei denn, sie bringen das Thema von sich aus zur Sprache. Fokussieren Sie sich stattdessen auf die sachlichen Aspekte. Erkundigen Sie sich nach dem Verfahren, das sie bei der Bewertung von Anbietern wie Ihnen zugrunde legen. Fragen Sie nach dem, was sie wertschätzen.

Bevor Sie mit analytischen Stakeholdern verhandeln, sollten Sie sich mehr als gründlich vorbereiten. Ziehen Sie jede Frage in Betracht, die gestellt werden könnte; vergewissern Sie sich, dass Ihre Antworten stichhaltig sind und mit Fakten und Zahlen belegt werden können. Versuchen Sie gar nicht erst, ihnen Märchen zu erzählen.

Überprüfen Sie noch einmal sämtliche Unterlagen, Tabellen und Arbeitsblätter auf Tippfehler, Ungereimtheiten und Fehler. Analytische Stakeholder sind Pedanten. Sie schießen sich auf ungenaue Informationen, Irrtümer oder unübersichtliche Daten ein und reiten endlos darauf herum.

Für analytische Stakeholder sind Sie nicht vertrauenswürdig, wenn Sie unfähig sind, Fragen zu beantworten, Vorschläge mit Fakten zu untermauern oder beim ersten Anlauf alles richtig zu machen; damit disqualifizieren Sie sich als brauchbarer Anbieter oder würdiger Gegner.

Konsensorientierter Kommunikationsstil

Konsensorientierte Stakeholder legen Wert darauf, alle Beteiligten zufriedenzustellen und gut organisiert und vorbereitet zu sein. Sie sind meistens berechenbar, freundlich und gute Zuhörer.

Sie ziehen Routineaktivitäten vor und meiden Risiken und Veränderungen. Sie verabscheuen Konflikte und neigen zu passiv-aggressivem Verhalten statt direkten Aktionen, wenn sie Probleme mit anderen haben. Wenn Sie konsensorientierte Stakeholder kränken, bringen sie ihre Gefühle selten zur Sprache; stattdessen entwickeln sie heimlichen Groll und reagieren nachtragend. Sie werden als Anbieter abserviert und erfahren nie, warum.

Konsensorientierte Stakeholder oder Personae bewegen sich in stetigem, aber oft langsamem Tempo. Weil sie sicher sein möchten, dass sich alle in Entscheidungen einbezogen fühlen, geben sie sich die größte Mühe, jeden ins Boot zu holen und zu überprüfen, ob alles in Ordnung ist. Sie bitten häufig um mehr Informationen – weitere Produktvorführungen, Daten und Fallstudien, eine zusätzliche Präsentation –, weshalb sie als »Info-Freaks« gelten.

Da konsensorientierte Stakeholder Risiken meiden und alles gut organisiert und vorbereitet sein muss, bevor sie handeln, erweisen sie sich am Verhandlungstisch oft als Ärgernis. Just in dem Moment, in dem Sie glauben, dass jetzt die Vertragsunterzeichnung stattfinden wird, bitten sie um mehr Zeit, um sich Ihr Angebot noch einmal durch den Kopf gehen zu lassen und mit ihrem Team zu besprechen.

Wenn Sie ungeduldig werden und zu viel Druck ausüben, mauern sie. Da konsensorientierte Stakeholdern Konflikte scheuen, ist es sehr schwirig, sie wieder in Verkaufsverhandlungen einzubinden, sobald sie dichtgemacht haben.

Sie sind jedoch fantastische Zuhörer und verstehen sich meisterhaft darauf, Sie zum Reden zu bringen. Sie geben Ihnen das Gefühl, wichtig und wertgeschätzt zu sein. Sie »löchern« Sie mit Fragen und geben Ihnen die Chance, Ihr Herz auszuschütten.

Besprechungen mit konsensorientierten Stakeholdern verlassen Sie mit einem guten Gefühl, weil Sie viel Zeit mit Reden verbracht haben. Doch dummerweise haben Sie sich dabei in die Karten schauen lassen und sämtliche Trümpfe aus der Hand gegeben.

Bei Verhandlungen mit konsensorientierten Stakeholdern sollten Sie besonders darauf achten, zu entschleunigen und sich ihr Vertrauen zu verdienen. Nehmen Sie sich vorab die Zeit, gemeinsam herauszufinden, was sie sehen, hören, fühlen und wissen müssen, um eine Entscheidung zu treffen. Versuchen Sie, einen Konsens bezüglich der Zeitachse und der einzelnen Verhandlungsschritte zu erzielen.

Der schnellste Weg zu einer Übereinkunft besteht darin, alle Personen, die sie in den Prozess einbeziehen möchten, zur gleichen Zeit im gleichen Raum zu einer Besprechung zusammenzubringen. Es ist empfehlenswert, alle Vereinbarungen, die getroffen wurden, sofort schriftlich festzuhalten, denn im Nachgang können konsensorientierte Stakeholder leicht kalte Füße bekommen.

Energetisierender Kommunikationsstil

Energetisierende und analytische Stakeholder könnten nicht unterschiedlicher sein. Letztere pflegen einen linearen und methodischen Kommunikationsstil und Erstere gehen nicht geradlinig, sondern oft ungeordnet und unzusammenhängend vor, nach dem Motto: Schießen, zielen, laden.

Sie lassen sich leicht aus dem Konzept bringen und vergeuden am Verhandlungstisch viel Zeit mit irrelevanten Themen. Um den Kurs zu halten, ist es wichtig, mit einer klaren Agenda zu beginnen und mit einer schriftlichen Kommunikation nachzufassen, in der die verbalen Vereinbarungen dokumentiert sind.

Energetisierende Stakeholder oder Personae eignen sich hervorragend als Coach und Champion, denn sie genießen es, sich mit anderen zu vernetzen und Informationen zu teilen. Wenn Sie in eine Pattsituation geraten, können sie Ihnen dabei helfen, andere Stakeholder zu überzeugen und Ihre Partei zu ergreifen.

Zwischenmenschliche Beziehungen haben bei ihnen einen hohen Stellenwert. Im Gegensatz zu dirigistischen und analytischen Stakeholdern steht die Beziehung an erster Stelle; der geschäftliche Aspekt ist von nachgeordnetem Interesse. Sie neigen dazu, wortreich zu kommunizieren, sind emotional und voller Tatendrang, und sie verfügen nicht nur über ein hohes Maß an Energie, sondern über ein gleichermaßen ausgeprägtes Bedürfnis nach Anerkennung.

Sie stehen gerne im Mittelpunkt der Aufmerksamkeit. Sie lieben Komplimente und Schmeichelei, fühlen sich vor allem dann wertgeschätzt, wenn sie reden und wissen, dass Sie ihnen aufmerksam zuhören. Dieses Bedürfnis nach Anerkennung sollten Sie nicht unterschätzen. Energetisierende Stakeholder lassen sich auf Zugeständnisse am Verhandlungstisch ein, weil Sie ihnen sympathisch sind. Wenn Sie bereit sind, zuzuhören, kooperieren sie. Ihr unstillbares Bedürfnis, sich wertgeschätzt zu fühlen, kann objektive, rationale Entscheidungsprozesse außer Kraft setzen.

Die Beziehung zu energetisierenden Stakeholdern leidet, wenn Sie im Gespräch versuchen, mit ihnen um Raum und Redezeit zu konkurrieren. Bei der Zusammenarbeit mit ihnen sollten Sie den Lohn der Mühen im Auge behalten; fokussieren Sie sich auf das gewünschte Ergebnis statt auf Ihr eigenes Bedürfnis nach Aufmerksamkeit.

Der Schlüssel zum Erfolg bei Verhandlungen mit energetisierenden Stakeholdern besteht in offenen Fragen, die Sie stellen, um ihren Redefluss in Gang zu halten und gleichzeitig das Gespräch zu steuern, ohne ihnen das Gefühl zu geben, unterbrochen zu werden.

Dirigistischer Kommunikationsstil

Dirigistische Stakeholder treffen ihre Entscheidungen binnen kürzester Zeit. Sie haben eine starke Handlungsneigung und fühlen sich am wohlsten, wenn sie mit Verkaufsprofis zusammenarbeiten, die zupacken können.

Sie sind Kontrollfreaks. Wenn Sie bei ihnen punkten möchten, sollten Sie nicht auf die Idee kommen, sich mit ihnen messen zu wollen. Selbst wenn sie Entscheidungsbefugnisse an jemand anderen delegiert haben, schalten sie sich oft im letzten Augenblick ein und üben auf subtile Weise Kontrolle aus, indem sie der Übereinkunft »ihren Stempel aufdrücken«.

Verkäufer verspielen in diesen Situationen mitunter den Abschluss, weil sie sich auf eine verbale Auseinandersetzung mit dirigistischen Stakeholdern einlassen, die sie möglicherweise unmittelbar herausfordern – nicht etwa, weil sie mit den Entscheidungen ihrer Mitarbeiter nicht einverstanden sind, sondern um sicherzugehen, dass alle wissen, wer der Boss ist.

Dirigistische Stakeholder oder Personae schätzen Selbstvertrauen. Sie neigen dazu, unsichere Verkäufer ohne Gewissensbisse »plattzumachen«. Sie sollten sich davor hüten, Antworten auf Fragen zu erfinden, über Ihre eigenen Aussagen zu stolpern und im

Zuge Ihrer Aktivitäten Schwäche oder Besorgnis zu zeigen. Dadurch würden dirigistische Stakeholder-Personae zuerst den Respekt vor Ihnen verlieren und Sie danach in Grund und Boden stampfen. Gestehen Sie lieber selbstbewusst ein, dass Sie etwas nicht wissen, sich aber kundig machen werden. Nennen Sie den genauen Zeitpunkt, an dem Sie die Informationen liefern, und vergessen Sie diese Zusage nicht.

Dirigistische Stakeholder haben keine Geduld, sich langwierige Erläuterungen anzuhören. Wenn Sie am Verhandlungstisch Ihre Argumentationskette präsentieren, dann bitte stichpunktartig und mit kurzen, präzisen Botschaften. Liefern Sie ihnen ein paar Informationsbausteine, dann halten Sie kurz inne und prüfen, ob die Botschaft angekommen ist; diese drei Schritte wiederholen Sie.

Wenn Sie die Zeit der dirigistischen Stakeholder verschwenden, klinken sie sich aus. Wenn Sie mit Informationen aufwarten, die für ihre Situation irrelevant sind, klinken sie sich aus. Für sie sind nur die eigenen Belange und Probleme wichtig und wie Sie diese zu lösen gedenken.

Dirigistische Stakeholder können bei Verkaufsverhandlungen anspruchsvoll und einschüchternd sein. Manchmal neigen sie dazu, Sie herauszufordern, unter Druck zu setzen oder hart zur Sache zu gehen, um zu sehen, ob Sie damit umgehen können. Wenn Sie sich nicht unterkriegen lassen, respektvoll bleiben und unerschütterliches Selbstvertrauen demonstrieren, ohne ihre Autorität in Frage zu stellen, werden sie Ihnen Achtung entgegenbringen. Damit ist die Tür für die Suche nach einer gemeinsamen Linie und einer Übereinkunft geöffnet.

Es ist durchaus möglich, eine tiefe, vertrauensvolle Beziehung zu dirigistischen Stakeholdern aufzubauen, aber für sie hat das Geschäftliche und die Erledigung der Aufgaben oberste Priorität, während die zwischenmenschliche Komponente den letzten Platz einnimmt. Doch wenn sie zu der Auffassung gelangen, damit rechnen zu können, dass Sie Ihre Zusagen einhalten, kaufen sie bei Ihnen, und nicht nur einmal.

Die unbekannte Gefahr und die Beschaffungsfalle

Eine der unberechenbarsten Situationen entsteht, wenn plötzlich Unbekannte eingeschaltet werden, deren Aufgabe darin besteht, die endgültigen Vereinbarungen mit Ihnen auszuhandeln. Die Stakeholder-Gruppe hat Sie als Anbieter der Wahl bestätigt und reicht Sie im Anschluss an Personen weiter, mit denen Sie bisher noch nicht zu tun hatten.

Käufer mit Finanzbefugnis, beispielsweise professionelle Einkäufer, Anwälte oder ein Finanzvorstand, werden bisweilen erst spät ins Spiel gebracht. Sie haben wahrscheinlich noch keine Chance erhalten, eine Beziehung zu ihnen aufzubauen, und werden oft als unwichtiger Störenfried betrachtet.

Dass große Unternehmen die Feinheiten der Kaufverhandlungen gerne den hauseigenen Beschaffungsexperten überlassen, liegt nicht zuletzt daran, dass diese Unbekannten keine emotionale Verbindung zum Verhandlungsergebnis haben. Die bisherigen Geschäftsbeziehungen oder Absprachen, die Sie vielleicht schon getroffen haben, interessieren sie nicht. Sie sehen sich einer grundlegenden Aufgabenstellung gegenüber: Ihnen so viele Preiszugeständnisse wie möglich abzuringen und Sie zur Annahme von Vertragsbedingungen zu nötigen, von denen ihre Organisation profitiert.

Diese »unbekannte Gefahr« macht vor allem Verkäufern mit einem energetisierenden Kommunikationsstil zu schaffen (der bei den meisten überwiegt). Sie bauen auf ihre Fähigkeit, emotionale Verbindungen und Beziehungen aufzubauen, die sie am Verhandlungstisch als Hebel nutzen können.

Da Verkaufsmitarbeiter in hohem Maß von guten Geschäftsbeziehungen abhängig sind, die als Hebel dienen, büßen sie auf einen Schlag ihre gesamte Munition ein, wenn ein Unbekannter beauftragt wird, die Abschlussverhandlungen zu führen. Zu allem Unglück handelt es sich dabei häufig um einen professionellen Verhandler mit einer analytischen Persona (und einer Buchstabenkette als Abkürzung für Titel oder Berufsbezeichnung) – der reinste Horror für Verkaufsmitarbeiter mit einem energetisierenden Kommunikationsstil.

Am Tisch zeigt dieser Verhandlungsprofi kaum Gefühle und bleibt unbeeindruckt von den Versuchen des Verkäufers, eine emotionale Verbindung herzustellen. Der Analytiker demonstriert entspanntes, souveränes Selbstvertrauen und methodische Entschlossenheit, konzentriert sich auf Fakten und Zahlen. Bei anderen Rope-a-Dope-Taktiken, die den Gegner ermüden und zu Fehlern verleiten sollen, reiben sie den Verkäufer langsam, aber sicher auf und plündern ihr Verhandlungsarsenal, ohne echte Zugeständnisse zu machen. Der Verkäufer reagiert frustriert und emotional. Und dann wird er aufgerieben.

In diese Beschaffungsfalle zu geraten, zehrt an den Nerven. Sie ist unmenschlich und beraubt Sie Ihrer Selbstachtung. Deshalb stelle ich schon zu Beginn des Verkaufsprozesses folgende Fragen, die den weiteren Ablauf klären:

»Wie geht es weiter, wenn wir eine Übereinkunft erzielt haben?«

Wenn die Endrunde der Verhandlungen den Beschaffungsexperten überlassen wird, möchte ich es beizeiten wissen. Das ermöglicht mir, wichtige Entscheidungen hinsichtlich meiner nächsten Schritte zu treffen und eine Strategie für den Umgang mit ihnen zu entwickeln.

Wenn neue Stakeholder während der Verhandlungsphase in das Setting einbezogen werden, sollten Sie sich an Ihren Coach oder Unterstützer aus dem Topmanagement wenden, um Informationen über diese Personen einzuholen.

Wenn ich gezwungen werde, mich mit einem Unbekannten auseinanderzusetzen, achte ich darauf, ein Verhandlungsdreieck zwischen mir, dem Topmanagement-Sponsor und dem Beschaffungsexperten aufzubauen, das ich als Hebel einsetze. Es ermöglicht mir, mit gleichermaßen harten Bandagen gegen die unbekannten Beschaffungsexperten zu kämpfen und meine Machtposition zu stärken, indem ich mir die Unterstützung meines Topmanagement-Sponsors sichere und die möglichen Alternativen der Beschaffungsabteilung ausräume.

Am wichtigsten ist jedoch die Zahlenkenntnis. Bereiten Sie sich mental darauf vor, Ihr Lösungskonzept mit mathematischen Belegen zu untermauern, hieb- und stichfeste Wertebrücken zu errichten und Ihr Lösungskonzept für sich selbst sprechen zu lassen.

29 Empathie und Ergebnisorientierung: Der duale Prozessansatz

Wie bereits erwähnt, beinhalten effektive Verkaufsverhandlungen einen Prozess, in dem es darum geht, für Ihr Team zu gewinnen *und gleichzeitig* die Beziehung zu Ihrem potenziellen Kunden aufrechtzuerhalten. Das Ziel effektiver Verkaufsverhandlungen besteht darin, sowohl ein profitables Geschäft für Ihr Unternehmen abzuschließen als auch Ihrem Kunden einen Mehrwert zu bieten.

Verstehen Sie mich nicht falsch – Beziehungen sind ungemein wichtig. Ich möchte nur noch einmal unmissverständlich darauf hinweisen, dass Ihr Hauptziel die Unterzeichnung des Vertrags sein sollte. Verkaufsmitarbeiter, die diese schlichte Wahrheit vergessen, sind zu Mittelmäßigkeit verurteilt, weil sie es zwar verstehen, Freunde zu gewinnen, aber keine Ahnung haben, wie man Verhandlungsergebnisse erzielt, die den Gewinn ihres Unternehmens, den Kundennutzen und das eigene Einkommen maximieren.

Verkaufsmitarbeiter, die in diese Falle tappen, besitzen oft eine außergewöhnliche Gabe, die Gefühle und Empfindungen anderer wahrzunehmen und darauf zu reagieren. Die Leute finden sie sympathisch und sie möchten es allen Leuten recht machen. Doch in Verkaufsverhandlungen versagen sie, weil sich die zwischenmenschlichen Beziehungen als Hindernis erweisen. Sie sind überzeugt, dass »Win-win« bedeutet, die andere Seite glücklich zu machen.

Da sie ihr disruptives emotionales Bedürfnis, beliebt und akzeptiert zu sein, nicht regulieren können, verschenken sie die Gewinne des Unternehmens und ihre Provision an ihre »Freunde«, die sie mit dem größten Vergnügen annehmen. Ihre Beflissenheit, es den Stakeholdern recht zu machen, bringt sie am Verhandlungstisch zu Fall.

Denken Sie daran: Sie sitzen nicht am Verhandlungstisch, um Freundschaften zu schließen, sondern um Kunden zu gewinnen. Das primäre Ergebnis, das Sie anstreben, ist nicht der Schulterschluss, sondern der bestmögliche Deal, den Sie für Ihr Team aushandeln.

Beziehungen sind jedoch keineswegs unwichtig. Wenn Sie sich auf das selbstzentrierte Ergebnis konzentrieren, das Ihnen vorschwebt, geschieht das nicht in einem Vakuum.

Die menschliche und emotionale Komponente, die bei Verkaufsverhandlungen zum Tragen kommt, sollten Sie nicht ignorieren. Je enger die Beziehung zu den Stakeholdern und je mehr Leute Sie sympathisch finden, desto höher die Wahrscheinlichkeit, dass Sie eine gemeinsame Linie finden, eine Übereinkunft erzielen, den Deal klarmachen, den Kunden halten und seinen Customer Lifetime Value (CLV) maximieren, sprich den Deckungsbeitrag, den er während seines gesamten »Kundenlebens« realisiert.

Sie sollten weder lügen noch manipulieren, unredlich handeln, die andere Partei übervorteilen oder in einer Weise verhandeln, die auf einer der beiden Seiten heimlichen Groll erzeugt. Sie sollten nicht so blind auf den Gewinn für Ihr Team fixiert sein, dass Sie Chancen für Kompromisslösungen verpassen, Ihre Verhandlungspartner brüskieren, Verkaufschancen in den Sand setzen und Geschäftsbeziehungen zerstören.

Verkaufsspezifischer EQ und Kommunikation im dualen Prozess

Top-Verhandler im Verkauf haben einen hohen EQ entwickelt – *eine verkaufsspezifische emotionale Intelligenz*. Er schafft einen Ausgleich zwischen der Wahrnehmung und Regulierung der eigenen disruptiven Gefühle, während man gleichzeitig die Gefühle anderer genau erspürt, versteht und angemessen darauf reagiert.

Top-Verhandler nutzen den verkaufsspezifischen EQ, um die Investitionen in zwischenmenschliche Beziehungen *und* die Realisierung ihres primären Ziels, für ihr Team zu gewinnen, auszubalancieren. *Empathie* für die Position der Stakeholder zu entwickeln und gleichzeitig das gewünschte *Ergebnis* anzustreben, ist ein dualer Prozess.

Der US-amerikanische Schriftsteller F. Scott Fitzgerald hat einmal gesagt, dass sich eine herausragende Intelligenz durch die Fähigkeit auszeichnet, »zwei gegensätzliche Vorstellungen gleichzeitig zu vertreten und dennoch handlungsfähig zu bleiben«. Der duale Prozess beinhaltet die mentale und emotionale Kompetenz, sich in die Lage der Stakeholder hineinzuversetzen, die Situation aus ihrer Perspektive zu betrachten (Empathie) und sich gleichzeitig auf das Verhandlungsziel zu fokussieren – für Ihr Team zu gewinnen.

Das ist eine der größten emotionalen Herausforderungen für Verkaufsprofis.

- Es geht nicht darum, es Ihren Stakeholdern um jeden Preis recht zu machen – und zu glauben, dass Sie entweder für oder gegen sie sind.
- Es geht auch nicht um die eiskalte, berechnende Herangehensweise narzisstischer Manipulatoren – und sich darauf zu konzentrieren, binnen kürzester Zeit mit der geringsten emotionalen Investition so viel wie möglich aus den Stakeholdern herauszuholen.

Wir alle besitzen Empathie – die Fähigkeit und Bereitschaft, sich in andere Menschen einzufühlen, uns emotional mit ihnen zu verbinden.

- Empathie ist, genau wie emotionale Selbstkontrolle, eine Metafähigkeit bei Verkaufsverhandlungen.
- Empathie ist die Fähigkeit, sich in andere hineinzuversetzen und Emotionen aus ihrer Warte nachzuempfinden. Sie ermöglicht Ihnen, sich mit den Gefühlen und Motiven anderer zu identifizieren.
- Empathie bietet Ihnen Einblicke in die Sichtweisen Ihrer Verhandlungspartner.

Mit Hilfe dieses Perspektivwechsels können Top-Verhandler einen Schritt vom emotionalen Hexenkessel am Verhandlungstisch zurücktreten und individuelle Wege zu den angestrebten Ergebnissen finden, während sie gleichzeitig die Gewinne ihres Unternehmens und ihr Einkommen schützen.

Richtig angewendet, kann Empathie verhindern, andere Menschen absichtlich zu verletzen. Sie bietet Ihnen einen Ausblick auf die Zukunft und schärft das Bewusstsein dafür, dass potenzielle Aktivitäten oder Zugeständnisse im Nachgang heimlichen Groll und Verachtung hervorrufen könnten.

Dennoch kann sich Empathie als disruptive Emotion entpuppen, die in Verhandlungen einen hohen Preis fordert, wenn Sie sich dadurch veranlasst fühlen, Haus und Hof aufs Spiel zu setzen, um andere zufriedenzustellen oder (schlimmer noch) den Umfang Ihrer eigenen finanziellen Mittel auf das Budget des Käufer zu projizieren.

Das Problem mit der Projektion

Vor einigen Jahren haben meine Frau und ich unser Traumhaus gekauft. Es befand sich auf einem weitläufigen Anwesen in einer ländlichen Region – genau das, was wir uns immer gewünscht hatten. Wir beide wussten tief in unserem Innern, dass es die letzte Immobilie sein würde, die wir jemals käuflich erwerben würden. Hier wollten wir den Rest unseres Lebens verbringen.

Das Haus musste jedoch von Grund auf renoviert werden. Die Arbeiten waren so umfangreich, dass der Bauunternehmer schätzte, es würde eineinhalb Jahre dauern, bis wir einziehen könnten.

Im Laufe der Jahre hatten meine Frau und ich elf Häuser renoviert. Jedes Mal mit einem knappen Budget und der Bereitschaft, Opfer zu bringen, um es nicht zu überschreiten. Dieses Mal hatten wir jedoch das Geld, um das Haus nach unseren Wünschen zu gestalten. Wir gelobten, uns nicht auf Abkürzungen einzulassen und keine Kompromisse einzugehen. Wir wollten es von Anfang an richtig machen.

Nach einigen Monaten waren endlich die Badezimmer fertig und es war Zeit, die Glastüren für die Duschen zu bestellen. Ein Mitarbeiter der Glasfirma kam ins Haus. Wir erklärten sorgfältig und ganz genau, was uns vorschwebte. Er nahm Maß und machte sich Notizen.

Die letzte Station war das Bad in unserem großen Schlafzimmer. Er führte seine Messungen durch und begann, das schriftliche Angebot zusammenzustellen. Plötzlich setzte er eine besorgte Miene auf und schüttelte den Kopf. Dann hob er den Blick. »Wissen Sie, diese vielen Maßanfertigungen werden richtig teuer. Sind Sie sicher, dass Sie nicht lieber unsere Standardtüren nehmen wollen? Sie würden eine Menge Geld sparen.«

»Wie groß ist der Preisunterschied?«, erkundigte ich mich.

»Mindestens 20 Prozent. Vermutlich mehr«, erwiderte er, immer noch kopfschüttelnd.

Ihm war mit Sicherheit entgangen, dass die Wände und Böden des renovierten Badezimmers gerade erst mit importiertem Marmor gefliest worden waren, der über 30 000 Dollar gekostet hatte. Statt uns auf höherwertige oder teurere Produkte und Optionen hinzuweisen, versuchte er, uns die günstigere Alternative schmackhaft zu machen, und ging dabei von seiner eigenen Geldbörse statt unseren finanziellen Mitteln aus.

Diese Projektionen, die bei vielen Verkäufern gang und gäbe sind, kommen Sie am Verhandlungstisch teuer zu stehen. Wenn Sie mit dem Inhalt Ihrer eigenen Geldbörse im Hinterkopf verhandeln, entschuldigen Sie sich regelmäßig für Ihre Preise, machen unaufgefordert Zugeständnisse und entscheiden für Ihre Käufer, was sie sich leisten können.

Die Empathie-Skala

Jeder Mensch lässt sich auf der Empathie-Skala an einem bestimmten Platz verorten. Einige können sich mühelos in die Gedanken und Gefühle anderer hineinversetzen, während andere sich bewusst anstrengen müssen.

Meine Frau ist beispielsweise hochgradig empathisch. Es gelingt ihr mühelos, sich in andere einzufühlen. Ich bin dagegen von Natur aus eher selbstzentriert. Aufgrund dieser Eigenschaft muss ich bewusst an mir arbeiten, um meine emotionalen blinden Flecken wahrzunehmen und meine Empathie gezielt zu entwickeln.

Das natürliche Ausmaß an Empathie ist weitgehend angeboren – festgeschrieben in den Genen. Deshalb ist es unerlässlich, ehrlich mit sich selbst zu sein, wenn Sie Ihre Weltsicht ergründen. Obwohl wir das natürliche Ausmaß an Einfühlungsvermögen nicht verändern können, ist es möglich, darüber hinauszuwachsen und zu entscheiden, wie wir auf andere Menschen zugehen wollen.

Sind Sie mehr auf andere fokussiert, wie meine Frau, oder mehr auf sich selbst fokussiert, wie ich? Die meisten Menschen lassen sich irgendwo in der Mitte der Empathie-Skala verorten – die Selbstzentrierten bei drei und vier, und die empathischen bei sechs und sieben (siehe Abbildung 29.1).

Um herauszufinden, an welcher Stelle der Empathie-Skala Sie sich einordnen können, sollten Sie überlegen, wie Sie die Verhaltensweisen, den Kommunikationsstil und die Emotionen anderer deuten. Ihre spontanen Bewertungen enthüllen einiges über Ihre Fähigkeit, sich in andere einzufühlen. Die meisten Menschen interpretieren das Verhalten anhand von zwei verschiedenen Zuordnungsmöglichkeiten:

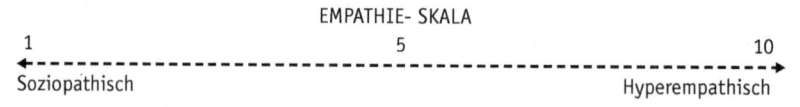

EMPATHIE- SKALA

1　　　　　　　　　　　5　　　　　　　　　　　10
◆---◆
Soziopathisch　　　　　　　　　　　　　　Hyperempathisch

Abb. 29.1: Empathie-Skala

- **Situationsbezogene Zuordnungen**: Wenn sie einen Menschen beobachten, der wütend ist, bedeutet das nach ihrer Auffassung, dass er einen schlechten Tag hat oder sich gerade in einer schwierigen Situation befindet.
- **Dispositionsbezogene Zuordnungen**: Wenn sie einen Menschen beobachten, der wütend ist, glauben sie, seine zugrunde liegende Persönlichkeitsstruktur sei die Ursache, und betrachten ihn als Hitzkopf oder Idioten.

Wer das Verhalten anderer anhand situationsbezogener Zuordnungen deutet, ist meistens empathischer als diejenigen, die sich auf dispositionsbezogene Zuordnungen und »Etiketten« stützen.

Bewusste Entscheidung

Um den dualen Prozess zu meistern, müssen Sie sich als Erstes klarmachen, an welcher Stelle der Empathie-Skala Sie verortet sind. Anders ausgedrückt, um sich in andere einfühlen zu können, gilt es, mit den eigenen Emotionen in Kontakt zu treten und die blinden Flecken wahrzunehmen. Der nächste Schritt besteht darin, über Ihre DNA hinauszuwachsen und sich bewusst für ein bestimmtes Verhalten zu entscheiden.

- **Bewusste Empathie**: Wenn Sie eher ergebnisorientiert sind wie ich, sollten Sie sich bewusst darauf fokussieren, aufmerksam zuzuhören, geduldig zu sein, auf Nuancen zu achten und sich in die Emotionen anderer einzufühlen.
- **Bewusste Ergebnisorientierung**: Wenn Sie eher empathisch sind wie meine Frau, sollten Sie sich bewusst darauf fokussieren, Projektionen zu vermeiden, selbstbewusst aufzutreten, Ihre Wünsche klar zu äußern und Vereinbarungen schriftlich zu fixieren.

Menschen, die im unteren Bereich der Empathie-Skala verortet sind, verstehen sich im Allgemeinen besser darauf, ihre Wünsche unmissverständlich zum Ausdruck zu bringen und Zusagen schriftlich festzuhalten, aber sie sind oft schlechte Zuhörer, ungeduldig und selbstzentriert.

Wenn diese Beschreibung auf Sie zutrifft, sollten Sie vor Eintritt in ein Verhandlungsgespräch bewusst entscheiden, im Umgang mit den Stakeholdern Ihren Fokus auf andere zu richten. Beschließen Sie bewusst und aktiv,

1. den Stakeholdern zuzuhören und dabei alle Sinnesorgane einzubeziehen (Ohren, Augen und Intuition),

2. den Stakeholdern Ihre uneingeschränkte Aufmerksamkeit zu widmen,

3. an sich zu arbeiten, um die Dinge aus ihrer Perspektive zu betrachten,

4. sich Gedanken über ihre Gefühle zu machen und

5. konsensbasierte Lösungen für Hindernisse zu finden.

Menschen, die im oberen Bereich der Empathie-Skala verortet sind, verstehen sich im Allgemeinen besser darauf, zuzuhören, Verständnis aufzubringen und Verbindungen zu anderen aufzubauen. Doch ihnen fällt es auf der emotionalen Ebene schwer, sich Konflikten zu stellen, ihre Position selbstbewusst zu erläutern, ihre Wünsche offen zum Ausdruck zu bringen und Vereinbarungen hieb- und stichfest zu machen.

Wenn Sie sich in dieser Beschreibung wiedererkennen, sollten Sie sich gründlich auf Verkaufsverhandlungen vorbereiten und bewusst entscheiden, wie Sie Ihre Position verfechten und welche Forderungen Sie stellen wollen. Beschließen Sie bewusst,

1. bereits im Vorfeld ein Ergebnis zu entwickeln, auf das Sie abzielen wollen, und souverän die Kontrolle über die Gespräche zu übernehmen, indem Sie die Agenda vorgeben,

2. Projektionen zu vermeiden,

3. Ihre Forderungen zu definieren und zum Ausdruck zu bringen,

4. Ihre Position in einem Probedurchlauf zu überprüfen und sie bestmöglich zu vertreten und

5. entspanntes, souveränes Selbstvertrauen zu demonstrieren – selbst dann, wenn Sie das Gegenteil empfinden.

Verkaufsprofis, die den dualen Prozess der Empathie- und Ergebnisfokussierung aus dem Effeff beherrschen, verstehen sich meisterhaft darauf, ihre disruptiven Emotionen bei Verhandlungen in Schach zu halten. Sie sind empathisch und verständnisvoll, verbinden sich auf der emotionalen Ebene mit den Stakeholdern und investieren in zwischenmenschliche Beziehungen. Dennoch gelingt es ihnen, sich über das egozentrische Bedürfnis hinwegzusetzen, nirgendwo anzuecken, sodass sie erfolgreich gewinnträchtige Deals aushandeln und für ihr Team gewinnen können.

Wie empathisch sind Sie?

Testen Sie Ihre Empathiefähigkeit kostenlos unter:

- http://greatergood.berkeley.edu/quizzes/take_quiz/14
- https://psychology-tools.com/empathie-quotient/

Dort finden Sie 2 mögliche Tests in englischer Sprache.

30 Die sieben Schlüsselelemente des aufmerksamen Zuhörens

Auf der strategischen Ebene haben Verkaufsverhandlungen Ähnlichkeit mit einer Schachpartie, aber auf der taktischen Ebene gleichen sie eher einer Pokerrunde. Die Beteiligten verbergen ihre wahren Gefühle und Empfindungen hinter dem »Pokergesicht«, das sie bei dem Versuch aufsetzen, die wahre Stärke ihrer Karten zu verschleiern, bisweilen zu bluffen und sich nicht in die Karten schauen zu lassen.

Die wirksamste Möglichkeit, Einblick in ihre Karten zu gewinnen, besteht darin, die Augen offen und den Mund geschlossen zu halten.

Zuhören schafft tiefe emotionale Verbindungen zu anderen Menschen. Je aufmerksamer Sie zuhören, desto mehr fühlen sich Ihre Stakeholder mit Ihnen verbunden. Wird diese emotionale Verbindung enger, wächst ihr Vertrauen, und die emotionalen Mauern beginnen zu bröckeln. Wenn die Mauern gefallen sind, reden sie offener. Und je größer die Bereitschaft, offen zu reden, desto mehr Informationen geben sie preis. Mit Hilfe dieser Informationen dringen Sie unter die Oberfläche und verschaffen sich Zugang zu den Karten, die sie in der Hand halten. Zuhören ist der Bereich, in dem sich die Top-Verhandler im Verkauf die Sporen verdienen.

Dennoch, Zuhören gehört zu den am meisten unterschätzten und zu wenig genutzten Taktiken im Rahmen von Verkaufsverhandlungen. Viele Verkaufsmitarbeiter glauben, sie müssten das Reden übernehmen, um den Verhandlungsverlauf zu steuern, was von einem Mangel an Informationen zeugt. Statt zuzuhören, legen sie bereits im Vorfeld fest, mit welchen Worten sie die andere Partei zu ihrer Position bekehren wollen.

Zuhören ist das schwächste Glied in der Kette der Interaktionen mit Stakeholdern am Verhandlungstisch. Zuhören ist mühevoll. Es erfordert Empathie, kognitive Fokussierung und die bewusste Anstrengung, das selbstzentrierte Bedürfnis, andere zu unterbrechen und dem eigenen Mitteilungsbedürfnis freien Lauf zu lassen, in den Griff zu bekommen.

Effektives Zuhören setzt die Bereitschaft voraus, die Informationen der Käufer aktiv zu verarbeiten und ihnen das Gefühl zu geben, dass Sie ihnen Aufmerksamkeit schenken, sich aufrichtig für ihre Belange interessieren und ihr Wohl Ihnen am Herzen liegt. Es setzt die Fähigkeit voraus, Ihre disruptiven Emotionen zu kontrollieren, Einfühlungsvermögen zu beweisen und jemanden ausreden zu lassen, ohne ihn zu unterbrechen.

Effektives Zuhören setzt die bewusste Entscheidung voraus, zu verstehen statt blind zu reagieren. Es gibt sieben Schlüsselelemente, die für das effektive Zuhören am Verhandlungstisch charakteristisch sind.

Sorgfältige Vorbereitung

Sie haben gewiss bemerkt, dass das Thema Vorbereitung in diesem Buch immer wieder auftaucht. Dafür gibt es einen triftigen Grund. Mit einer sorgfältigen Vorbereitung verschaffen Sie sich einen Startplatz in der ersten Reihe, eine »Poleposition«, die Ihre Gewinnchancen erhöht. Sie sollten vor dem Eintritt in jedes Verhandlungsgespräch Ihre Ziele und Ihre Agenda kennen und Sie sollten Fragen skizziert haben, mit denen Sie die Probleme der anderen Seite abklären und abgrenzen. Bereiten Sie sich außerdem darauf vor, sich auf den bevorzugten Kommunikationsstil der einzelnen Stakeholder einzustellen.

Bewusste Fokussierung

Nehmen Sie sich fest vor, zuzuhören. Sie entscheiden, ob Sie ein guter Zuhörer sind. Sie entscheiden, Ihre Aufmerksamkeit auf andere zu fokussieren. Dem Gesprächspartner ungeteilte Aufmerksamkeit und aufrichtiges Interesse entgegenzubringen, ist ein bewusstes Verhalten. Achten Sie auf disruptive Emotionen, die Ihre Fähigkeit beeinträchtigen, effektiv zuzuhören. Beschließen Sie, darüber hinauszuwachsen.

Hundertprozentige Präsenz

Achten Sie darauf, hundertprozentig präsent zu sein. Präsent im Gespräch. Gestatten Sie Ihren Gedanken nicht, sich auf Wanderschaft zu begeben. Konzentrieren Sie sich und richten Sie Ihre ungeteilte Aufmerksamkeit auf die Personen, mit denen Sie interagieren. Andernfalls befinden Sie sich schon bald auf der Überholspur und laufen Gefahr, sie abzuhängen und die emotionale Verbindung zu verlieren.

Aufmerksamkeitskontrolle

In der heutigen Arbeitswelt, die hohe Anforderungen an uns stellt, wird man leicht abgelenkt. Wir haben das Gefühl, ständig einen Blick auf unsere Kommunikationsgeräte werfen zu müssen. Unsere Gespräche werden durch eingehende Anrufe unterbrochen. E-Mails, Textnachrichten und Social Media wetteifern um unsere Aufmerksamkeit.

Wenn Sie jemals eine Unterhaltung mit einem Menschen geführt haben, dessen Blick ständig abschweift, der sich von irgendetwas oder irgendjemandem ablenken lässt oder das Gespräch mit Ihnen unterbricht, um eine SMS oder E-Mail zu beantworten, wissen Sie, wie respektlos ein solches Verhalten ist.

Wenn Sie das Gefühl haben, dass die andere Person Ihnen nicht zuhört, kommen Sie sich unwichtig vor und reagieren gekränkt, vielleicht sogar erbost. Stellen Sie sich vor, wie schwierig es wird, eine gemeinsame Linie zu finden und eine Übereinkunft zu erzielen, wenn Sie solche Reaktionen bei Ihren potenziellen Käufern auslösen.

Deshalb sollten Sie, wie bereits gesagt, in Verkaufsverhandlungen mit den Stakeholdern bei jeder Interaktion »anwesend« sein. Präsent im Gespräch. Blenden Sie alles andere aus, bleiben Sie voll und ganz fokussiert und lassen Sie sich durch nichts ablenken. Schalten Sie den Ton Ihrer Kommunikationsgeräte ab, damit Piepsen, Klingeln und Summen nicht zur Folge haben, dass Ihr Blick abschweift. In solchen Augenblicken büßen Sie nämlich nicht nur Ihre Aufmerksamkeit ein, sondern auch das Wohlwollen Ihres Gesprächspartners, der Ihr Verhalten als kränkend empfindet.

Das gilt besonders für Videokonferenzen, denn die Stakeholder haben keinen Einblick in Ihre Arbeitsumgebung und gehen von der schlimmsten Deutungsmöglichkeit aus – dass Sie sich nicht sonderlich für ihre Belange interessieren. Bei einer Face-to-Face-Kommunikation sollten Sie darauf achten, Blickkontakt zu halten. Und wenn Sie telefonieren, schauen Sie weder auf Unterlagen noch auf Bildschirme, damit Sie gar nicht erst in Versuchung geraten, mehrere Aufgaben gleichzeitig zu erledigen.

Die Blickkontrolle bewirkt, dass Sie physisch hundertprozentig präsent bleiben, auch am Telefon, denn die Aufmerksamkeit folgt den Augen, gleich wohin sie sich bewegen.

Aktives Zuhören

Aktives Zuhören umfasst eine Reihe von Verhaltensweisen, die hieb- und stichfest belegen, dass Sie ganz Ohr sind. Zu diesen Verhaltensweisen gehört unter anderem, dass Sie Blickkontakt halten, Ihre Gesprächspartner mit verbalen Rückmeldungen und Körpersprache zur Kenntnis nehmen, die Kernaussagen des Gehörten zusammenfassen und wiederholen und Pausen oder Augenblicke der Stille einlegen, bevor Sie das Wort ergreifen. Denn aktives Zuhören belohnt die Stakeholder dafür, dass sie reden – Klartext reden. Und je offener sie über das reden, was ihnen wirklich am Herzen liegt, desto mehr Einblicke gewinnen Sie in ihre Karten.

Wenn Sie die Kernaussagen zusammenfassen, wiederholen und mit relevanten Fragen nachfassen, die auf dem Gesprächsinhalt aufbauen, bestätigen Sie, dass Sie zugehört haben. Wenn Sie nicken, zustimmend lächeln oder sich vorbeugen, weil Sie eine Information besonders interessant finden, veranschaulichen Sie Ihr Engagement.

Tiefgründiges Zuhören

Menschen kommunizieren nicht nur mit Worten. Um eine andere Person wirklich zu verstehen, muss man beim Zuhören auch die Augen, Ohren und die Intuition einschalten. Das bezeichnet man als tiefgründiges Zuhören.

Wenn Sie alle Sinne aktivieren, um auch die unterschwelligen Aspekte der Botschaft zu entschlüsseln, bietet sich Ihnen die Chance, die emotionalen Nuancen des Gesprächs zu analysieren. Beobachten Sie beim Zuhören die Körpersprache und Mimik Ihres Gegenübers. Sie müssen kein Experte auf diesem Gebiet sein, um offenkundige Hinweise zu entdecken. Fokussieren Sie Ihre Aufmerksamkeit und stimmen Sie sich auf die emotionalen Feinheiten ein.

Achten Sie auf Tonfall und Klangfarbe der Stimme Ihrer Stakeholder und auf das Sprechtempo. Versuchen Sie, zwischen den Zeilen zu lesen, um die wahre Bedeutung hinter ihren Formulierungen zu ergründen. Richten Sie Ihre Antennen auf emotionale Hinweise – verbale und nonverbale. Nutzen Sie diese Informationen, um sich auf den jeweils bevorzugten Kommunikationsstil der Stakeholder einzustellen.

Wenn Stakeholder Ihre Gefühle durch Mimik, Körpersprache, Tonfall oder Worte zum Ausdruck bringen, gewinnen Sie Aufschluss darüber, *was ihnen wirklich wichtig ist – oder was sie verbergen möchten.* Immer wenn Sie etwas emotional Bedeutungsvolles entdecken, sollten Sie mit Fragen nachfassen, um Ihre Vermutung zu überprüfen. Damit erhalten Sie Einblick in ihre Karten.

Wenn Ihre Stakeholder über sich selbst sprechen, ist es leichter für Sie, in Kontakt mit ihnen zu treten, sie kontinuierlich in den Vorgang einzubinden und ihnen das Gefühl zu vermitteln, wichtig zu sein. Damit öffnen Sie die Tür für relevante, nachfassende Fragen, die Ihre Stakeholder ermutigen, offen über Themen zu sprechen, die für sie persönlich von Belang sind – ein Schlüsselelement, das als Auslöser einer Selbstoffenbarungsschleife dient.

Innehalten, bevor Sie das Wort ergreifen

Achten Sie darauf, anderen nicht ungefragt dazwischenzureden oder sie zu unterbrechen, weil Sie Ihre eigenen Gedanken nicht länger im Zaum halten können. Halten Sie inne und zählen bis drei, bevor Sie das Wort ergreifen. Lassen Sie anderen den Raum, auszureden und somit die Selbstoffenbarungsschleife in Gang zu setzen.

31 Die Aktivierung der Selbstoffenbarungsschleife

Sie erzählen Geschichten, ich erzähle Geschichten und Ihre Stakeholder erzählen ebenfalls Geschichten. Das ist menschlich. So kommunizieren wir. In einer Unterhaltung werden die Fakten nicht wie eine Liste mit Aufzählungspunkten heruntergerattert, sondern in ein Narrativ eingebunden.

Wir erzählen Geschichten, um uns verständlich zu machen. Und wenn wir eine Geschichte aus unserem Leben erzählen, haben wir das Gefühl, wichtig zu sein. Wenn Sie aufmerksam zuhören, ermutigen Sie Ihre Stakeholder, die Geschichten, die ihr Leben betreffen, ausführlicher zu schildern und mehr darüber preiszugeben.

Aber denken Sie einmal über Ihren emotionalen Zustand nach, wenn andere Ihnen ihre Geschichte erzählen. Ihre Gedanken schweifen ab. Oder Sie haben das Bedürfnis, aufzuspringen und Ihren »Senf« dazuzugeben. Sie fühlen sich keineswegs wichtig. Sie müssen sich mit Ihren disruptiven Emotionen auseinandersetzen.

Stakeholder erzählen Geschichten, um richtig verstanden zu werden. Der Kern dieser Geschichten bietet Ihnen Einblicke in ihre Gefühle, ihre Verhandlungsstrategie und ihre verfügbaren Alternativen.

Sie würden gleichwohl eine Kommunikation vorziehen, die sich auf Stichpunkte beschränkt, weil es einfacher für Sie wäre. Sie würden den Vorgang gerne beschleunigen, sie anspornen, auf den Punkt zu kommen, damit sie die Verhandlungsrunde fortsetzen können.

Stemmen Sie sich gegen diese disruptiven Emotionen. Ihre Stakeholder möchten reden. Lassen Sie sie gewähren. Im Kern ihrer Geschichte finden sie Hinweise, die Ihnen Aufschluss über die Karten geben, die sie in der Hand halten, und Wege zu einer Übereinkunft weisen.

Die Harvard-Forscher Diana Tamir und Jason Mitchell entdeckten, dass Menschen einen neurochemischen »Rausch« verspüren, wenn sie Geschichten erzählen und etwas über sich selbst offenbaren.[1] In dieser faszinierenden Studie[2] erhielten die Probanden die Chance, über sich selbst zu sprechen oder zu prahlen, wobei ihre Hirnaktivität mit Hilfe einer hochauflösenden 3-D-Magnetresonanztomografie (MRT, MRI) beobachtet wurde.

Als die Teilnehmer über sich selbst zu sprechen begannen, wurde sogar bei den banalsten Informationen eine hirnregion aktiviert, die mit angenehmen Gefühlen und Belohnungen in Verbindung steht. Bei jeder Selbstoffenbarung leuchtete dieser Bereich auf wie die Lichter an einem Weihnachtsbaum.

---

1 Belinda Luscombe, «Why We Talk About Ourselves: The Brain Likes It,« *Time*, May 8, 2012, http://healthland.time.com/2012/05/08/why-we-overshare-the-brain-likes-it/ .
2 Diana I. Tamir and Jason P. Mitchell, «Disclosing Information About the Self Is Intrinsically Rewarding,« *Proceedings of the National Academy of Sciences* 109, no. 21 (May 22, 2012): 8038–8043, www.pnas.org/content/109/21/8038.full .

Als Belohnung für ihre Selbstauskünfte erhielten die Probanden jedes Mal einen weiteren »Schuss« Dopamin, ein Botenstoff des Gehirns, der »Glückserlebnisse« vermittelt. Und damit entstand eine neuronale Schleife (die eine positive Rückkoppelung bewirkt). Jede Enthüllung persönlicher Informationen, jede Prahlerei, jede eigene Meinung wurde mit einer weiteren Dopamin-Ausschüttung belohnt und ermutigte somit zu weiteren Selbstaussagen. Auf diese Weise können Gespräche rasch ausufern und sich von einem oberflächlichen Smalltalk in einen detailreichen Monolog mit TMI (= Too much information), sprich zu vielen Informationen, verwandeln.

Sie haben diese Dopamin-induzierte Selbstoffenbarungsschleife bestimmt schon auf Partys, bei Familienfesten oder sogar bei Unterhaltungen mit wildfremden Leuten an der Bar erlebt. Ihre Gesprächspartner erzählen Ihnen ein wenig über sich selbst und Sie hören zu. Dann erzählen sie mehr und noch mehr und immer weiter, bis plötzlich die TMI-Zone erreicht ist und Sie sich fragen, warum sie Ihnen um alles in der Welt etwas so Persönliches oder Enthüllendes anvertraut haben.

Ihre Gesprächspartner fühlen sich bei dieser Selbstoffenbarungsorgie fantastisch. Obwohl sie wissen, dass es besser gewesen wäre, nicht so viel auszuplaudern, konnten sie es nicht lassen. Der Redefluss wurde vom Botenstoff Dopamin herbeigeführt. Für Verkaufsprofis ist das Wissen, wie man diese Selbstoffenbarungsschleife aktiviert, eines der Geheimnisse, die sich hinter einer effektiven Informationssammlung und Situationsanalyse verbergen.

Fünf Schritte zur Aktivierung der Selbstoffenbarungsschleife

Die Aktivierung der Selbstoffenbarungsschleife ist eine wirkmächtige Taktik bei Verhandlungsgesprächen. Wenn Sie diese beherrschen, erhalten Sie Einblick in die Karten, die Ihre Stakeholder in den Händen halten. Diese Kenntnis verschafft Ihnen einen klaren Vorteil am Verhandlungstisch. Die Aktivierung der Selbstoffenbarungsschleife umfasst fünf Schritte:

1. Beginnen Sie mit einfachen, offenen Fragen, die Ihre Stakeholder zum Reden bringen.

2. Setzen Sie aktive Zuhörtechniken ein als Belohnung für ihre Offenheit.

3. Vermeiden Sie, Ihre Stakeholder zu unterbrechen, zur Eile anzutreiben oder gleichzeitig statt miteinander zu reden.

4. Halten Sie drei bis fünf Sekunden inne, bevor Sie sich äußern. Überlassen Sie es den Stakeholdern, die Stille zu füllen. Das ist wichtig, denn wenn Sie unverzüglich das Wort ergreifen, unterbrechen Sie die Schleife und bringen Ihre Stakeholder zum Verstummen.

5. Sobald die Schleife in Gang gesetzt ist und die Stakeholder mit der Selbstoffenbarung beginnen, hören Sie tiefgründig, sprich mit allen Sinnen, zu und richten Ihre nachfassenden Fragen an ihren Enthüllungen aus.

Die Aktivierung der Selbstoffenbarungsschleife ist von Ihrer Fähigkeit abhängig, im Hier und Jetzt hundertprozentig präsent zu sein. Ihre Fragen sollten dialogorientiert und relevant, organisch auf dem Gesprächsinhalt aufbauend und auf die Emotionen fokussiert sein.

Offene Fragen, die problemlos zu beantworten sind und bereits am Anfang des Gesprächs gestellt werden, sind der Schlüssel zur Aktivierung der Selbstoffenbarungsschleife Ihrer Stakeholder. Stoppen Sie den Redefluss nicht, lassen Sie der Natur freien Lauf. Statt eine bohrende Frage nach der anderen zu stellen, wie bei vielen Verkaufsmitarbeitern der Fall, die ein schnelles Ergebnis anstreben, sollten Sie den dualen Prozess als Hebel nutzen, um das Gespräch in Gang zu halten und dafür zu sorgen, dass es sich von alleine entfaltet.

Nicht unterbrechen

Eine todsichere Methode, die Selbstoffenbarungsschleife zu durchbrechen, besteht darin, mit der nächsten Frage oder Aussage herauszuplatzen oder, schlimmer noch, den Stakeholdern ins Wort zu fallen. Auf diese Weise entsteht bei ihnen das Gefühl, dass Sie nicht zuhören.

Offenbar scheint es Ihnen wichtiger zu sein, sich Ihre nächsten Worte zurechtzulegen, als Ihre Gesprächspartner zu verstehen. Wenn Sie denken, dass jemand zu Ende gesprochen hat, sollten Sie daher innehalten und bis drei zählen.

Diese kleine Pause lässt anderen den Raum, in aller Ruhe auszureden, und verhindert, dass Sie jemanden unterbrechen. Sie werden vermutlich feststellen, dass dieser Augenblick der Stille Stakeholder oftmals veranlasst, weiterzusprechen und vielleicht wichtige Informationen zu enthüllen, die sie bisher zurückgehalten haben. Wie ein Magnet zieht die Stille Menschen in ihren Bann und bringt Dinge, die sie zu verbergen suchen, an die Oberfläche.

Der wahre Ursprung des Einflusses

Einfluss am Verhandlungstisch leitet sich weniger aus dem her, was Sie sagen, sondern wurzelt vielmehr in den Dingen, die Sie zu hören bekommen. Deshalb gibt es in Verkaufsverhandlungen keine Fähigkeit oder Taktik, die wichtiger wäre als aufmerksames Zuhören.

Aufmerksames Zuhören

- bewirkt, dass Sie unter die emotionale Oberfläche gelangen,
- enthüllt, was das Pokergesicht des Käufers verbirgt,
- öffnet die Tür zu Gemeinsamkeiten und ebnet damit den Weg zu einer Übereinkunft,

- gestattet Ihnen, sich mit Empathie in die Lage des Käufers hineinzuversetzen und Wertebrücken zu bauen, die für ihn sinnvoll sind, und
- führt Ihnen vor Augen, was Sie geben und im Gegenzug fordern sollten.

Wenn Sie lernen, in Verkaufsverhandlungen effektiv zu kommunizieren, begehen Sie weniger Fehler, verschwenden weniger Zeit infolge von Missverständnissen, gewinnen mehr Einfluss, ziehen Käufer auf Ihre Seite, verwandeln sie in Fürsprecher, finden problemlos eine gemeinsame Linie, die den Weg zu einer Übereinkunft ebnet, und erzielen wesentlich mehr Abschlüsse zu den Preisen und Konditionen, die Ihnen vorschweben.

Teil VII
Der DEAL-Verhandlungsgesprächsrahmen

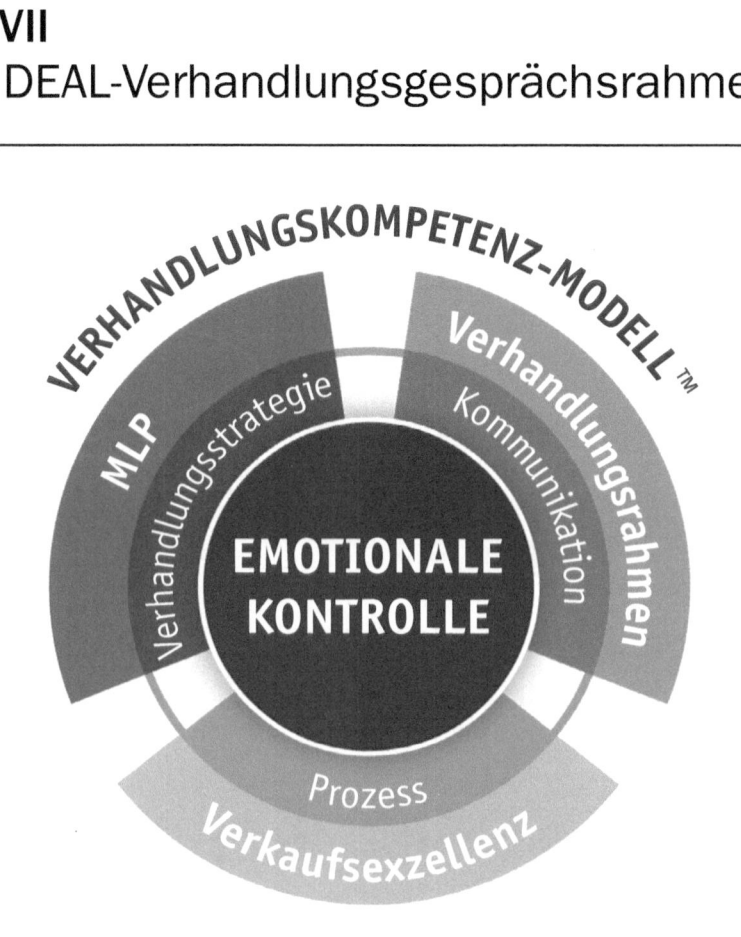

32 Ein Platz am Verhandlungstisch

Fassen wir noch einmal zusammen, was wir bisher über Verkaufsverhandlungen gesagt haben:

- Verkaufsverhandlungen unterscheiden sich von anderen Verhandlungsformen.
- Es ist in Ihrem besten Interesse, verkaufsspezifische Verhandlungskompetenz zu entwickeln.
- Es gilt, zuerst zu gewinnen und erst dann zu verhandeln.
- Wenn Sie Zugeständnisse machen, ohne vorher als Anbieter der Wahl (VOC) bestätigt zu werden, verhandeln Sie lediglich mit sich selbst.
- Bei Verkaufsverhandlungen geht es darum, für Ihr Team zu gewinnen und gleichzeitig die Entwicklung von heimlichem Groll zu minimieren; im Verkauf fallen Beziehungen ins Gewicht.
- Motivation, Hebel und Machtposition bieten Ihnen auf dem Schachbrett der Verkaufsverhandlungen die bestmögliche Platzierung.
- Käufer haben zu Beginn immer eine stärkere Verhandlungsposition als die Verkäufer.
- Hebel stellen eine Möglichkeit dar, auf das Verhalten der Käufer einzuwirken; deshalb sollten Sie diese niemals ohne Gegenleistung aus der Hand geben.
- Macht am Verhandlungstisch leitet sich aus den verfügbaren Alternativen her.
- Exzellenz im Verkaufsprozess und eine effektive Situationsanalyse stärken Ihre Machtposition.
- Sie müssen Ihre Gefühle steuern, um Verkaufsverhandlungen steuern zu können.
- Je dringender Sie den Geschäftsabschluss brauchen, desto mehr Zugeständnisse werden Sie machen, um ihn zu erzielen.
- Eine volle Verkaufspipeline verringert Ihr Bedürfnis, sich auf Zugeständnisse einzulassen, und verleiht Ihnen größere emotionale Selbstkontrolle.
- In jedem Verhandlungsgespräch hat die Person, die in der Lage ist, die größte emotionale Kontrolle auszuüben, die besten Chancen, das gewünschte Ergebnis zu erzielen.
- Gefühle sind ansteckend und wir reagieren darauf mit komplementärem Verhalten.
- Die mächtigste Verhandlungsposition zeichnet sich durch entspanntes, souveränes Selbstbewusstsein aus.
- Die gründliche Planung von Verkaufsverhandlungen bereitet Sie mental und emotional darauf vor, am Verhandlungstisch Vorteile zu erzielen.
- Einfluss am Verhandlungstisch leitet sich weniger aus dem her, was Sie sagen, als vielmehr aus dem, was Sie hören.

Nehmen wir nun am Tisch Platz, um die einzelnen Elemente eines Verhandlungsgesprächs zu skizzieren.

Der DEAL-Verhandlungsgesprächsrahmen

Ohne Plan und Rahmenwerk als Orientierungshilfen kann es Ihnen in einer Welt, in der die Käufer fast immer über mehr Alternativen, eine stärkere Machtposition und ein besseres Verhandlungstraining verfügen, leicht passieren, dass Sie

- die Kontrolle über das Verhandlungsgespräch verlieren und zur Marionette des Käufers werden,
- zu Ungeduld oder Besorgnis neigen, sodass Sie zu früh nachgeben oder mehr Zugeständnisse machen, als für den Verkaufsabschluss erforderlich wären,
- unsicher, nervös und beschämt reagieren, wenn Sie gemobbt oder gegängelt werden,
- Ihren Gefühlen die Kontrolle überlassen, statt über sie hinauszuwachsen und Ihre Reaktion bewusst zu wählen,
- die falschen Themen verhandeln,
- hochwertige Zugeständnisse machen, ohne eine Gegenleistung des Käufers von gleichem oder höherem Wert zu erhalten oder
- sich auf die Psycho-Spiele der Käufer einlassen.

In den vorherigen Kapiteln ging es um Strategien, Planung, Vorbereitung und Kommunikationsleitlinien. Bei Verkaufsverhandlungen brauchen Sie unbedingt einen Plan, denn sich auf Ihr Improvisationstalent zu verlassen, wäre dumm. Bedenken Sie jedoch, dass strategische Pläne bei Verkaufsverhandlungen, genau wie andere Schlachtpläne, selten den Erstkontakt überleben.

Deshalb ist es wichtig, darüber hinaus ein taktisches Rahmenwerk zu entwickeln, das als Orientierungshilfe für das reale Verhandlungsgespräch dient, damit Sie beweglich, anpassungsfähig, in Kontrolle und auf Kurs bleiben, um Ihr Ziel zu erreichen.

Der DEAL-Verhandlungsgesprächsrahmen besteht aus vier Elementen (Abbildung 32.1):

1. **Discover** = Durchführung der Situationsanalyse. Nehmen Sie die Themen, Bedürfnisse, Sorgen und die Alternativen unter die Lupe, die Ihren Verhandlungspartnern zur Verfügung stehen. Dann klären und sondieren Sie diejenigen Themen, die verhandelt werden müssen, während Sie den Blick auf gemeinsame Interessen richten.

2. **Explain** = Erläuterung Ihrer Position. Präsentieren Sie den Nutzen Ihrer Lösungsoption, indem Sie eine Wertebrücke bauen, die zu den gewünschten Geschäftsergebnissen Ihrer Stakeholder-Gruppe und den Metriken führen, die für sie zählen.

3. **Align** = Ausgleich der jeweiligen Interessen. Gehen Sie in Gedanken Ihre Geben-Nehmen-Playlist durch, um angemessene Zugeständnisse zu machen und im Gegenzug entsprechende Zugeständnisse zu erhalten, bis Sie eine gemeinsame Linie finden und den Weg zu einer Übereinkunft geebnet haben.

4. **Lock** = Legitimieren der Vereinbarungen und Vertragsabschluss. Bitten Sie um ausdrückliche Zusagen bezüglich der Vereinbarungen, die während der Suche nach einer gemeinsamen Linie getroffen wurden. BESIEGELN Sie das Geschäft.

DISCOVER/Durchführung der Situationsanalyse

LOCK/ Legitimieren, sprich Besiegeln der Vertragsbedingungen

DEAL-Verhandlungsgesprächsrahmen

EXPLAIN/ Erläuterung Ihrer Position

ALIGN/Ausgleich der Interessen

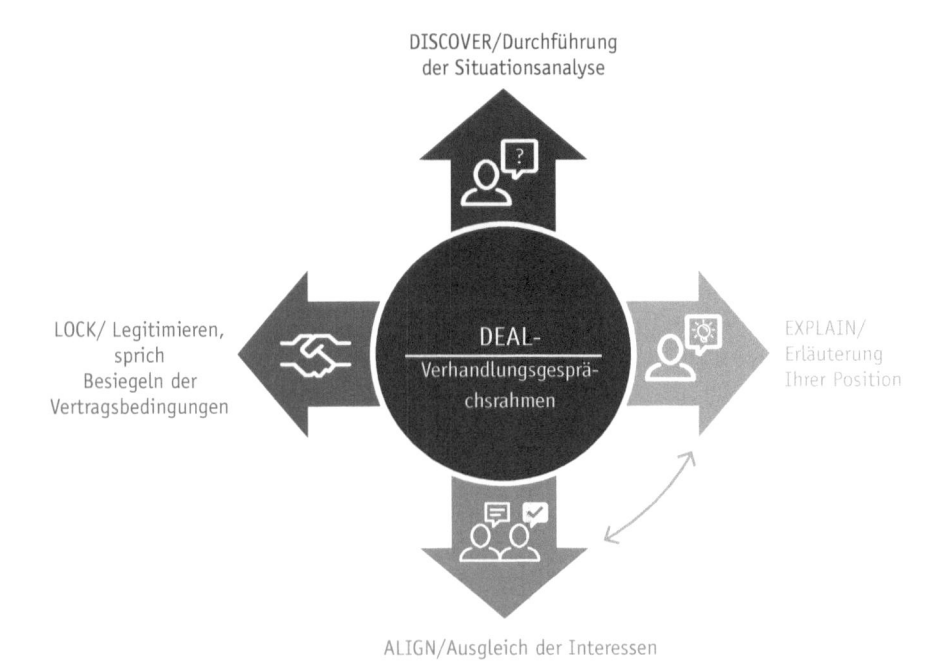

Abb. 32.1: DEAL-Verhandlungsgesprächsrahmen

Obwohl das DEAL-Rahmenwerk aus einer linearen Abfolge einfacher Situationen bestehen kann, bei denen ein einziges, bestimmtes Thema im Mittelpunkt steht, hat es in den meisten Verkaufsverhandlungen eher die Form einer Schleife.

Bei komplexen Verhandlungen können Sie dieses Rahmenwerk mehrmals bei allen problematischen Positionen abrufen und dabei eine Vereinbarung nach der anderen hieb- und stichfest machen. In anderen Fällen müssen Sie zwischen der Erläuterung Ihrer Lösungsoption, dem Bau der Wertebrücke und dem Interessenausgleich auf dem Weg zur ausgehandelten Übereinkunft hin- und herwechseln.

Wenn Sie dieses Rahmenwerk als Hebel einsetzen, halten Sie Ihren Kurs, ungeachtet dessen, was für Geschosse der Käufer auf Sie abfeuert. Es ermöglicht Ihnen, in jedem Augenblick beweglich zu bleiben und sich problemlos dem Kontext einer Situation anzupassen, ohne sich auf eine Einheitslösung festzulegen. Es dient Ihnen im Verhandlungsgespräch als Orientierungshilfe bei der Suche nach einer gemeinsamen Linie und weist Ihnen den Weg zu einer Übereinkunft bezüglich des ausgehandelten Ergebnisses.

33 Durchführung der Situationsanalyse

Der Situationsanalyse-Schritt des DEAL-Verhandlungsgesprächsrahmens zielt darauf ab, die Agenda des Käufers auf den Tisch zu bekommen, um die Themen einzeln herauszufiltern und zu klären, bevor Sie Ihre Position erläutern. Der Schlüssel zum Erfolg besteht in dieser Phase darin, Augen und Ohren offen, aber *mit vorschnellen Schlussfolgerungen hinter dem Berg zu halten.*

Das DEAL-Rahmenwerk lässt sich auf dem Papier als einfacher, zielgerichteter, vierstufiger Prozess beschreiben:

1. Der Käufer erläutert seine Position.

2. Sie erläutern Ihre Position.

3. Danach erfolgt ein Interessenausgleich, sprich ein Geben und Nehmen auf beiden Seiten, bis Sie zu einer Übereinkunft gelangen.

4. Zum Schluss bringen Sie das Geschäft per Handschlag und Vertragsunterzeichnung in trockene Tücher.

Es käme einem Wunder gleich, wenn dieser Prozess in der realen Welt so reibungslos über die Bühne ginge. Das ist nicht der Fall. Käufer halten sich nicht immer an die Regeln. Sie bringen ihre Position nicht immer umsichtig und klar zum Ausdruck. Sie sind bei Verhandlungsbeginn nicht immer auf Kooperation, Konsens und die Suche nach einer gemeinsamen Linie fokussiert. Stattdessen feuern sie mit ihren Forderungen nach Zugeständnissen eine Breitseite auf Sie ab.

- Sie fordern Preisnachlässe.
- Sie fordern eine Änderung der Konditionen.
- Sie verlangen kostenlose Zusatzleistungen.
- Sie erklären rigoros: »So viel zu zahlen, kommt für mich nicht in Frage!« oder »Fünf-Jahres-Verträge unterschreiben wir grundsätzlich nicht« oder »Ihre Konkurrenten sind erheblich günstiger als Sie!«
- Sie konfrontieren Sie knallhart mit den Alternativen, die ihnen zur Verfügung stehen.
- Sie reden den Nutzen Ihrer Empfehlungen und Ihre Geschäftsergebnis-Roadmap klein.
- Sie suchen nach dem sprichwörtlichen Haar in der Suppe und greifen jede Schwachstelle in Ihrer Argumentationskette, Ihrem Produkt oder Ihrer Dienstleistung auf.
- Sie erklären, dass Sie sich keinen Deut von Ihren Konkurrenten unterscheiden.
- Sie beklagen sich bei Ihnen, dass ihr Budget nicht ausreicht.
- Sie weisen Sie auf eine schlechte Online-Bewertung Ihres Unternehmens hin.

Gewiefte Käufer bedienen sich jeder nur erdenklichen Taktik und bringen alles zur Sprache, was ihre Verhandlungsposition verbessern und ihnen einen Hebel an die Hand geben könnte, um für ihr Team zu gewinnen.

Die Situationsanalyse ist ein Schritt, der Ihnen den erforderlichen Raum gibt, Ihre Gefühle unter Kontrolle zu bringen und geduldig Fragen zu stellen, um die Position der anderen Seite zu klären, damit Sie gemeinsame Interessen entdecken und herausfiltern, was einer Verhandlung bedarf.

Viele Käufer haben in entsprechenden Schulungen Verhandlungskompetenz und Grundkenntnisse der menschlichen Psychologie erworben. Sie kennen die gängigen Verhaltensmuster der Verkäufer am Verhandlungstisch und wissen genau, wie sie disruptive Emotionen auslösen, die Kontrolle über das Verhandlungsgespräch übernehmen und ihr Gegenüber manipulieren können.

Wenn Sie die Psychospielchen der Käufer durchschauen und erkannt haben, wann solche Taktiken gegen Sie gerichtet sind, kann dieses Wissen Sie davor bewahren, Opfer zu werden, und dafür sorgen, dass Sie die Gesprächskontrolle behalten.

Mobbing

Einige Käufer werden versuchen, Sie zu schikanieren und unter Druck zu setzen, um Ihnen übereilte Zugeständnisse abzuringen. Sie gehen Sie hart an, konfrontieren Sie mit beinharten Forderungen und extremen Positionen. Sie greifen vielleicht Ihre Integrität an, nehmen eine aggressive Körperhaltung ein, versuchen, Sie einzuschüchtern oder mit einer Schnellfeuer-Kommunikation und harscher Stimme zu überwältigen.

Diese Taktik wird besonders häufig von der dirigistischen Käufer-Persona angewendet. Sie funktioniert vor allem bei verzweifelten Verkaufsmitarbeitern, die unter Druck leicht einknicken, und bei denjenigen, die weit oben auf der Empathie-Skala verortet sind und ein solches Verhalten als Angriff empfinden.

Ein solches Käuferverhalten kann das Selbstvertrauen erschüttern und Verunsicherung auslösen. Wenn Sie sich stärker am Ergebnis als am Wohlbefinden anderer orientieren, neigen Sie vielleicht dazu, sich auf verbale Auseinandersetzungen und den Versuch einzulassen, Ihren Standpunkt zu verteidigen. Wie auch immer, wenn Sie auf die Mobbing-Versuche reagieren, büßen Sie Ihre emotionale Disziplin ein und verlieren die Kontrolle über das Gespräch.

Die wirksamste Möglichkeit, Tyrannen zu neutralisieren, besteht darin, ihre Einschüchterungsversuche zu ignorieren. Lassen Sie sie auflaufen. Reagieren Sie mit nichtkomplementärem Verhalten – mit entspanntem, souveränem Selbstvertrauen. Sobald klar wird, dass ihre Taktik nicht funktioniert, ändern solche Leute ihr Verhalten und schwenken auf Ihre Linie ein.

Gegenseitigkeitsprinzip

Einige Käufer werden Ihnen um den Bart gehen. Käufer mit einem energetisierenden Kommunikationsstil beherrschen diese Taktik meisterhaft. Sie erwähnen, wie sympathisch Sie sind. Machen Ihnen Komplimente. Gratulieren Ihnen zu Ihrer hervorragenden Präsentation. Lachen und scherzen. Und sobald sie die Verbindung auf der emotionalen Ebene aufgebaut haben, lassen sie die Katze aus dem Sack und bitten (wie man es unter Freunden tun würde) um eine kleine Gefälligkeit, um ihnen »aus der Klemme zu helfen«.

Das unstillbarste menschliche Verlangen ist das Bedürfnis, sich wertgeschätzt oder wichtig zu fühlen. Für Robert B. Cialdini[1], Autor des Buches *Die Psychologie des Überzeugens*, ist dieses sogenannte Reziprozitäts- oder Gegenseitigkeitsprinzip eine der wirksamsten Waffen der Einflussnahme. Es besagt, dass wir versuchen, etwas von dem zurückzugeben, was wir von einer anderen Person erhalten haben.

Vereinfacht ausgedrückt: Wir versuchen, das Gleichgewicht in einer sozialen Interaktion zu erhalten. Wenn der Käufer Ihnen das Gefühl gibt, wichtig zu sein, beispielsweise mit einem Kompliment zu Beginn der Verkaufsverhandlung, löst er damit bei Ihnen das unbewusste Bedürfnis aus, sich für die Freundlichkeit zu revanchieren. Dieses Bedürfnis erhöht die Wahrscheinlichkeit, dass Sie schon in einer frühen Phase der Verhandlungen Zugeständnisse machen, ohne eine Gegenleistung zu fordern.

Dieses Gegenseitigkeitsprinzip, das Gefühl der inneren Verpflichtung, zum Erhalt des Gleichgewichts in einer sozialen Interaktion beizutragen, ist tief in der menschlichen Psychologie verankert. Es ist in solchem Ausmaß emotional vorprogrammiert, dass wir uns leicht manipulieren lassen. Die wirksamste Abwehrmaßnahme ist eine sorgfältige Vorbereitung und eine durchdachte Verhandlungslandkarte. Diese Orientierungshilfen grenzen die möglichen Zugeständnisse unwiderruflich ein und tragen in Verbindung mit einer Geben-Nehmen-Playlist dazu bei, unnötiges Entgegenkommen zu vermeiden.

Die gute Nachricht ist, dass dieses Prinzip, wie der Name besagt, auf Gegenseitigkeit beruht. Wenn Sie freundlich, respektvoll, empathisch und aufrichtig bemüht sind, Ihren Stakeholdern aufmerksam zuzuhören, fühlen sie sich wertgeschätzt und wichtig. Wenn Sie Ihnen diese Gefälligkeit erweisen, haben sie das Bedürfnis, das Gleichgewicht in der sozialen Interaktion zu erhalten, womit sich die Wahrscheinlichkeit erhöht, dass es Ihnen gelingt, einen Konsens herzustellen, eine gemeinsame Linie zu finden und den Weg zu einer Übereinkunft zu ebnen.

Die Mitleidstour

Einige Käufer sind ungemein geschickt darin, die Mitleidsmasche abzuziehen. Der Grundtenor lautet: Ich armer Tropf – oft verbunden mit einem Kompliment, um ein Gefühl der Verpflichtung zu schaffen, Gleiches mit Gleichem zu vergelten.

---

[1] Robert B. Cialdini, *Die Psychologie des Überzeugens*, Hogrefe, Göttingen 2017.

Sie beten die gesamte Litanei ihrer Probleme und der Gründe herunter, warum sie das Geschäft nicht zu Ihren Bedingungen abschließen können. Sie schlagen vor, dass Sie ein Auge zudrücken oder ihnen entgegenkommen, während sie sich bemühen, den Laden in Schwung zu bringen, oder dass Sie sich mit weniger zufriedengeben, bis das Budget erhöht wurde.

Manchmal sind solche Zugeständnisse der richtige Weg, aber im Allgemeinen haben sie zur Folge, dass Sie am Ende heimlichen Groll gegenüber der anderen Partei entwickeln, denn Ihr Mitgefühl wird selten durch weitere Aufträge und Loyalität belohnt.

Verkäufer, die auf der Empathie-Skala weit oben angesiedelt sind oder verzweifelt versuchen, einen Auftrag an Land zu ziehen, sind besonders anfällig für diese Masche.

Wenn Sie mit solchen Käufern zusammenarbeiten, sollten Sie sich ein dickes Fell zulegen und ihre Probleme nicht zu Ihren eigenen machen. Halten Sie sich an Ihren Spielplan und sorgen Sie dafür, dass sich die Aufmerksamkeit Ihrer Verhandlungspartner auf den Mehrwert richtet, den Sie zu bieten haben. Wenn sich diese Ihr Lösungskonzept auch dann noch nicht leisten können, sollten Sie Ihre Zelte abbrechen, weiterziehen und zu der Erkenntnis gelangen: Es wäre besser gewesen, sich gar nicht erst auf diesen unqualifizierten Verkaufsvorgang einzulassen.

Schuldgefühle

Käufer versuchen bisweilen, Schuldgefühle bei Ihnen hervorzurufen, um Sie zu Zugeständnissen zu bewegen. Sie weisen vielleicht auf Versäumnisse oder Fehler hin, die Ihnen unterlaufen sind, und nutzen diese, um Sie als Ausgleich zu einem Zugeständnis zu bewegen.

Einige Käufer bedienen sich einer besonders infamen Masche, die vor allem bei den Experten aus dem Beschaffungswesen verbreitet ist; hier heißt es:

Sie sind uns zweifellos sympathisch, aber Ihr Chef (oder ein anderes Teammitglied) hat uns zutiefst verärgert. Einige Angehörige unseres Teams fühlten sich von seinem Ton und seinem Kommunikationsstil persönlich angegriffen. Wir waren nahe daran, Ihr Unternehmen von unserem Auswahlprozess auszuklammern. Dennoch, ich mag Sie und möchte Ihnen eine Chance geben. Aber es ist unerlässlich, dass wir gemeinsam an Ihrer Preisstellung arbeiten, damit Sie als Anbieter im Rennen bleiben.

Ich habe miterlebt, wie Verkaufsmitarbeiter (vor allem diejenigen mit einem konsensorientierten Kommunikationsstil) angesichts solcher Ansagen in Panik geraten. Sie überlegen krampfhaft, wie sie das Fehlverhalten gegenüber dem Käufer wiedergutmachen können. Sie erkennen nicht, dass es sich um eine Masche handelt; der Käufer versucht, die Schuldgefühle zu nutzen, um gutgläubigen Verkäufern Zugeständnisse zu entlocken.

Die beste Abwehrmaßnahme gegen solche Schuldgefühl-Taktiken besteht darin, sie zu ignorieren und sich an Ihren Verkaufsverhandlungsplan zu halten. Sie stellt eine emotionale Herausforderung dar, ist aber das einzige wirksame Mittel, um Versuche zu vereiteln, Schuldgefühle als Hebel zu benutzen.

Falls diese Strategie der Nichtbeachtung aus irgendeinem Grund zur Folge haben sollte, dass Sie als Anbieter ausgeschlossen werden, dann sei es drum! Glauben Sie mir, auf lange Sicht wollen Sie nicht mit einem solchen Unternehmen oder solchen Leuten zusammenarbeiten.

Die Zuckerbrot-Taktik und FOMO

Emotional besonders aufreibend für Verkäufer ist die Zuckerbrot-Taktik. Ich bin selbst schon darauf hereingefallen, wie die meisten Verkaufsrepräsentanten. Es ist schwierig, die eigenen Gefühle zu steuern, wenn ein scheinbar aufrichtiger Interessent sagt:

Sie sind uns sympathisch und im nächsten Jahr stehen einige große Projekte bei uns an, die wir gerne an Sie vergeben würden. Wir hoffen, dass Sie uns bei dem aktuellen Auftrag mit dem Preis entgegenkommen, damit wir Sie besser kennenlernen und den Leuten in unserem Unternehmen vorstellen können, die dann Ihre Ansprechpartner wären.

Haben Sie schon einmal etwas von FOMO gehört – Fear of missing out, der Angst, etwas zu verpassen? Es gibt Käufer, die sich genau diese Strategie zunutze machen. Sie lassen Ihnen Insider-Informationen über eine beträchtliche Erhöhung des Budgets, einen neuen Unternehmensbereich, neue Märkte oder weitreichende Veränderungen zukommen, die Ihnen die Chance bieten, sich einzuklinken und einen ungemein lukrativen Verkauf einzufädeln. Sie erklären mit Nachdruck, dass es für Sie leichter sein wird, diese Chance zu nutzen, wenn Sie bereits mit ihnen zusammengearbeitet haben.

Es ist immer das gleiche Spiel. Kommen Sie uns mit den Preisen entgegen (wie wäre es mit einem Pilotprojekt, einer Testphase, einem Muster), dann erhalten Sie von uns die Chance, später weitere Abschlüsse mit uns zu tätigen.

Seltsam ist nur, dass es nie dazu kommt. Und wenn Sie gleich zu Beginn Preiszugeständnisse machen – nur um den sprichwörtlichen Fuß in die Tür zu bekommen –, ist es extrem schwierig, die Preise bei künftigen Verträgen auf ein angemessenes Niveau zu erhöhen.

Wenn Sie auf die »Zuckerbrot-Taktik« hereinfallen, können Sie Ihre Träume vom Superdeal begraben. Die wirksamste Gegenmaßnahme besteht darin, zu erkennen, dass hier etwas faul ist und es sich höchstwahrscheinlich um eine Finte handelt. Ordnen Sie diese »Chance« entsprechend ein und laufen Sie ihr nicht hinterher.

Wenn Sie das Gefühl haben, dass die in Aussicht gestellten künftigen Verkaufschancen real sind, nutzen Sie Ihre Hebel (Ihre Zugeständnisse), um sich schriftlich bestätigen zu lassen, dass Sie in die anstehenden Projekte eingebunden werden.

Disruptive Emotionen, die Sie außer Gefecht setzen

Ungeachtet dessen, wie Käufer sich zu Beginn der Verkaufsverhandlung verhalten, können disruptive Emotionen Sie in den nachfolgenden Phasen außer Gefecht setzen. Es fühlt sich vielleicht an, als hätten Sie einen Schlag in die Magengrube erhalten. Ihr Gehirn schaltet sich aus. Sie stolpern über Ihre eigenen Worte. Sie haben die Kontrolle verloren. In diesem Zustand stehen Ihnen vier Reaktionsmöglichkeiten zur Verfügung:

- Kontern,
- Kapitulieren,
- Konfrontieren,
- Klären.

Kontern

Wenn Ihre erste Preisforderung zu Verhandlungsbeginn als Anker dient (an dem der Käufer seinen Preisvorschlag ausrichtet, den er beispielsweise erheblich niedriger ansetzt), könnte Ihre erste Reaktion darin bestehen, vorschnell mit einem Gegenangebot zu kontern, noch *bevor Sie*

1. klären, warum der Käufer bei seiner Preisvorstellung den Ball so flach hält,

2. den Anker lösen und näher platzieren,

3. Ihre Position erläutern,

4. die unbeabsichtigten Folgen Ihrer Zugeständnisse in Betracht ziehen,

5. ein gleich- oder höherwertiges Zugeständnis als Gegenleistung anstreben.

Sie reagieren blindlings, ohne nachzudenken. In den meisten Situationen machen Sie massive und verfrühte Zugeständnisse, die Sie teuer zu stehen kommen. Sie kontern höchstwahrscheinlich mit einem vorschnellen Gegenangebot, weil Sie es versäumt haben, einen Verkaufsverhandlungsplan zu entwickeln und die potenziellen Szenarien im Vorfeld durchzuspielen.

Kapitulieren

In solchen Augenblicken kann es sich leichter anfühlen, den Kampf aufzugeben und nachzugeben. Sie kommen vielleicht in die Versuchung, zu kapitulieren, um

- einen Konflikt zu vermeiden,
- es den Stakeholdern recht zu machen und grünes Licht von ihnen zu erhalten oder
- schnell und problemlos zu gewinnen.

Leider werfen viele Verkaufsprofis, vor allem diejenigen, die gerne den Weg des geringsten Widerstands einschlagen, zu schnell das Handtuch, wenn die Verhandlungsrunde eingeläutet wird. Sie geben ihre Hebel aus der Hand und begnügen sich mit einer Mini-Provision. Sie nehmen mit dem vorlieb, was ihnen die Käufer *zugestehen*.

Vor ungefähr drei Wochen konnte ich einen Verkaufsmitarbeiter meines Kundenunternehmens in Aktion erleben. Ich hörte mit, wie er telefonierte und dabei 100 Prozent seiner Verhandlungshebel bereits in den ersten dreißig Sekunden des Gesprächs verschenkte.

Käufer (am Telefon): »Ich würde wirklich gerne mit Ihnen zusammenarbeiten, aber Ihr Preis ist zu hoch. Ich habe keine Ahnung, wieso er gerechtfertigt sein sollte, wenn Ihr Konkurrent genau das Gleiche für 20 000 Dollar weniger anbietet.«

Ich (im Kopf): *1) Warum redest du überhaupt noch mit uns, wenn das stimmt? 2) Das ist totaler Blödsinn, denn die Konkurrenz hat nichts anzubieten, was mit dieser Plattform vergleichbar wäre.*

Verkäufer (der wie ein billiger Liegestuhl zusammenklappte): »Nun, es ist mir wirklich wichtig, mit Ihnen ins Geschäft zu kommen. Ich bin befugt, Ihnen einen Preisnachlass von maximal 8000 Dollar zu gewähren. Was sagen Sie dazu?«

Ich (im Kopf, aber um ein Haar laut): *Neiiiiiiiin!*

Käufer: »Das klingt schon besser. Aber ich weiß, da ist noch Luft nach oben.«

Verkäufer: »Ich kann das leider nicht entscheiden. Aber mein Vorgesetzter. Einen Moment bitte, ich setze mich mit ihm in Verbindung.«

Ich: *Raufte mir die Haare.*

Verkäufer: »Gute Neuigkeiten. Ich habe meinen Chef überreden können, um weitere 5000 Dollar herunterzugehen. Das ist ein Nachlass von insgesamt 13 000 Dollar. Wie klingt das?«

Käufer: »Okay! Sie haben den Auftrag. Wie gehen wir jetzt weiter vor?«

Traurig, aber wahr! Doch das passiert Tag für Tag bei Verkaufsverhandlungen. Verkäufer kapitulieren angesichts der geforderten Zugeständnisse, ohne auch nur zu versuchen, auf dem Verhandlungsweg zu einer Einigung zu gelangen.

Konfrontieren

Die Strategien der Käufer können wie ein Angriff anmuten. Sie würden es am liebsten auf eine Konfrontation ankommen lassen und Ihren Standpunkt eisern verteidigen. Der Versuch, Sie zu Zugeständnissen zu nötigen, bringt Sie auf die Palme. Vielleicht haben Sie sich den Kopf zerbrochen und harte Arbeit geleistet, um eine Argumentationskette zu entwickeln, die ihre Probleme nachweislich löst, und jetzt fühlen Sie sich persönlich gekränkt.

Aufgrund Ihrer Frustration würden Sie ihnen am liebsten sagen, dass sie sich zum Teufel scheren sollen oder dass Sie mit Freuden auf den Auftrag verzichten. Vielleicht spielen Sie sogar mit dem Gedanken, mit Ihren eigenen Alternativen zum Gegenschlag auszuholen: »Das ist nicht in Ihrem Sinne? Auch gut, ich habe eine ganze Reihe von Käufern, die nur darauf warten, mit mir ins Gespräch zu kommen.«

In diesem Moment ist es leicht, Ihre Stakeholder als Gegner zu betrachten oder zu versuchen, bei einem Streit das letzte Wort zu behalten. Vor allem Verkäufer, die am unteren Ende der Empathie-Skala verortet sind, neigen dazu, mit aller Härte zurückzuschlagen: »Nein, kommt nicht in Frage. Das können Sie vergessen.« Sie befinden sich im Kampfmodus und lassen sich in ein verbales Kräftemessen verwickeln.

Bei einem solchen »Showdown« im Kino oder Fernsehen gelangen die Helden fast immer auf dem Konfrontationskurs zum Ziel. Sie stecken harte Linien im Sand ab und kämpfen, bis die andere Seite kapituliert. Wir lieben solche Szenen, weil es sich gut anfühlt, wenn der Held die Kontrolle übernimmt und gewinnt.

Doch am Verhandlungstisch ist das eine schlechte Taktik. Der verbale Schlagabtausch gehört zu den Methoden, die einer Beziehung nachhaltig schaden und heimlichen Groll und Verachtung schüren. Wenn Stakeholder als Verhandlungsgegner betrachtet werden, die bezwungen werden müssen, fördert man Konkurrenzdenken statt Kooperationsbereitschaft.

Streitereien sind wenig hilfreich. Es ist eine grundlegende Tatsache des menschlichen Verhaltens, dass Sie mit Polemik niemanden überzeugen können, dass er sich irrt. Je mehr Druck Sie ausüben, desto unnachgiebiger beharrt er auf seinem Standpunkt, verteidigt seine Position, als ginge es um sein Leben, und setzt Ihnen Widerstand entgegen.

Dieses Verhalten bezeichnet man als *psychologische Reaktanz*. Darunter versteht man die vorhersehbare menschliche Neigung, angesichts einer hitzigen Debatte oder bei einer Einengung der eigenen Entscheidungsspielräume auf die Barrikaden zu gehen. Wenn Ihnen jemand vorhält, dass Sie sich auf dem Holzweg befinden, reagieren Sie unverzüglich und emotional (selbst wenn Sie sich *wirklich* irren): »Ach ja? Na warte, ich werde dich eines Besseren belehren!«

Psychologische Reaktanz lässt den inneren Streithahn von der Leine. Doch ungeachtet der Logik Ihrer Argumente, Daten oder unterstützenden Fakten, die Leute, mit denen Sie sich auf ein Streitgespräch einlassen, ändern nicht plötzlich ihre Meinung und stimmen Ihnen zu. Ganz im Gegenteil: Sie bleiben bei ihrer Ansicht, werden starrsinnig, unlogisch, unbelehrbar.

Wenn Sie diese psychologische Abwehrreaktion auslösen, erreichen Sie damit nur, dass Ihre Stakeholder zusehends auf Distanz gehen, was eine Annäherung erschwert. Wenn Sie versuchen, Ihre Position zu erläutern, finden Sie kein Gehör mehr.

Die Mauern durchbrechen, kämpfen, zurückweisen und hitzig debattieren funktioniert in solchen Fällen nicht. Statt sich auf die Suche nach einer gemeinsamen Linie zu begeben und den Weg zu einer Übereinkunft zu ebnen, erzeugen Sie damit Erbitterung, Wut und Frustration auf beiden Seiten des Verhandlungstisches. Deshalb sollten Sie vermeiden, mit einem »Nein« auf Konfrontationskurs zu gehen, und sich stattdessen auf die Klärung der Situation und Ihre Geben-Nehmen-Playlist fokussieren, um den Verkaufsvorgang voranzubringen.

Klären

Es gibt eine bessere Möglichkeit. Wenn Käufer Ihnen hart zusetzen, um Ihnen Zugeständnisse abzuringen, atmen Sie tief durch und schlagen ein neues Kapitel auf. Übernehmen Sie wieder die Kontrolle über das Gespräch, indem Sie offene Fragen stellen und sie dazu bringen, über ihre Agenda zu sprechen.

Drosseln Sie das Tempo, wachsen Sie über Ihre Gefühle hinaus, und statt zu reagieren und sich auf endlose Debatten einzulassen, wappnen Sie sich mit Geduld und sorgen dafür, dass alle Themen auf den Tisch kommen, bevor Sie sich mit den Forderungen nach Zugeständnissen befassen.

Wachsen Sie über Ihre Gefühle hinaus und klären Sie die Situation. Wenn Stakeholder Zugeständnisse fordern oder Bedenken äußern, ist nicht immer klar, was wirklich damit gemeint ist oder worauf sie tatsächlich abzielen. Manchmal kommen ihre Bedenken in der Formulierung »Ihr Preis ist zu hoch« zur Sprache, doch dahinter verbirgt sich der Gedanke: »Die Lizenzgebühren für die Software sind nachvollziehbar, aber ich sehe keinen Sinn in den zusätzlichen Installationsgebühren.«

Oder es heißt: »Wir unterschreiben prinzipiell keinen Vertrag mit einer fünfjährigen Laufzeit.« In Wirklichkeit ist damit jedoch gemeint: »Wir finden Ihre Klausel zur Beendigung des Vertrags zu belastend und unklar.«

Wenn Sie verhandeln oder sich auf Zugeständnisse einlassen, bevor Sie verstehen, was die andere Partei wirklich meint oder anstrebt, machen Sie am Ende die falschen Zugeständnisse (die Sie nicht zurücknehmen können), geben mehr aus der Hand, als erforderlich wäre, um einen Interessenausgleich zu erzielen und den Weg zu einer Übereinkunft zu ebnen, oder verlieren sogar den Deal, weil Ihren Stakeholdern eine andere verfügbare Alternative als die bessere erscheint.

Gehen Sie niemals davon aus, dass Sie genau wissen, was Ihre Stakeholder meinen. Klären Sie die Situation immer ab. Wenn Sie vorschnelle Schlussfolgerungen ziehen, verlieren Sie den Zusammenhang aus dem Blick. Dann machen Sie aus einer Mücke einen Elefanten. Oder Ihnen entgeht das eigentliche Problem voll und ganz.

Ungeachtet der Art und Weise, wie Ihre potenziellen Käufer an Verhandlungen herangehen, empfiehlt es sich, geduldig zu bleiben, um sie mit offenen Fragen zu veranlassen, Klartext zu reden, beispielsweise:

»Würden Sie mir bitte noch einmal genau erklären, was Sie anstreben?«

Oder:

»Gibt es noch weitere Informationen, die in diesem Zusammenhang relevant sein könnten?«

»Welches Problem versuchen Sie zu lösen?«

»Warum ist das wichtig für Sie?«

»Was bedeutet Erfolg in diesem Kontext für Sie?«

Eine meiner bevorzugten Strategien, um meinen Käufern weitere Informationen zu entlocken, ist die *Aussage-und-Pause-Methode*. Ich sage beispielsweise: »Wie mir scheint, ist das für Sie sehr wichtig ... « Dann halte ich inne und nutze den Hebeleffekt der Stille, der den Rest der Arbeit erledigt.

Geschlossene Fragen fördern im Gegensatz dazu kurze, begrenzte Antworten, die Ihnen die Illusion von Kontrolle vermitteln. Sie erfordern keine intellektuellen oder emotionalen Anstrengungen, wodurch es den Stakeholdern leichter fällt, Ihnen wichtige Informationen vorzuenthalten.

Hier einige weitere Beispiele für klärende Fragen:

- »Ich bin nur neugierig. Sie sagen, dass unsere Preise zu hoch sind ... Was genau heißt das aus Ihrer Sicht?«
- »Können Sie mir noch einmal genau erklären, warum es so wichtig für Sie ist, diese Klausel in unserem Vertrag zu streichen?«
- »Haben Sie noch irgendwelche Bedenken bezüglich der Trainingskosten für Ihre Anwender?«
- »Was meinen Sie damit, wenn Sie sagen, unsere Installationskosten für dieses Programm sind zu hoch?«
- »Was bereitet Ihnen diesbezüglich Sorgen?«
- »Wieso?« und »Was meinen Sie damit?« sind zwei meiner bevorzugten Fragen, die in besonderem Maß zur Klärung beitragen, weil sie die Leute zum Reden bringen.

Filtern Sie die Bedenken heraus, bevor Sie Ihre Position erläutern. Sobald Sie die Situation geklärt haben, filtern Sie die Bedenken heraus. Halten Sie inne und überprüfen Sie, ob alle Karten auf dem Tisch liegen, bevor Sie dazu übergehen, Ihre Position zu erläutern. Sie zielen darauf ab, Einblick in die gesamte Verhandlungsagenda Ihrer Stakeholder zu gewinnen, sodass Sie genau wissen, womit Sie es zu tun haben.

Halten Sie einfach einen Moment inne und stellen eine sondierende Frage: »Angesichts einer so wichtigen Entscheidung ist es sicher sinnvoll für Sie, dass Sie den besten Preis anstreben. Doch woran müssen wir, abgesehen vom Preis, sonst noch arbeiten, um den Weg zu einer Übereinkunft zu ebnen?«

Sondierende Fragen wie diese ordnen die Themen auf der Verhandlungsliste der Käufer nach ihrer Priorität und fassen sie zusammen. Das macht es erheblich einfacher, den Fokus der Verkaufsverhandlung einzugrenzen.

Ich habe es bereits erwähnt und wiederhole es noch einmal, sicherheitshalber: Das Geheimnis hinter der Kunst, eine gemeinsame Linie zu finden und den Weg zu einer Übereinkunft zu ebnen, ist nicht das, was Sie sagen, sondern vielmehr das, was Sie hören. Aufmerksames Zuhören führt zur Vertragsunterzeichnung, die Sie anstreben. Diese Fähigkeit trägt dazu bei, einen Blick unter die Oberfläche zu werfen und zu verstehen, worum es Ihren Stakeholdern in Wirklichkeit geht – und sie zahlt sich vor allem dann aus, wenn es Ihnen gelingt, die Selbstoffenbarungsschleife bei ihnen in Gang zu setzen.

Es gibt nichts Wichtigeres auf dem Weg zu einer gemeinsamen Linie und Übereinkunft als klärende Fragen und aufmerksames Zuhören. Dabei erhalten Sie von den Käufern zahlreiche Hinweise, wie Sie Wertebrücken bauen und Ihre Geben-Nehmen-Playlist als Hebel einsetzen können, um sie zufriedenzustellen und zu motivieren, den Deal zu besiegeln.

H-A-L-T

Im vergangenen Winter handelte ich mit dem firmeninternen Rechtsberater eines potenziellen Kunden die Konditionen für einen langfristigen Schulungsvertrag aus. Er hatte unsere Klausel bezüglich des Urheberrechts umgeschrieben – und im Wesentlichen einen Vertrag nach dem »Work made for hire«-Prinzip daraus gemacht.

Das bedeutete, dass der Kunde mit einem solchen Vertrag die alleinigen Nutzungsrechte an unseren Werken erwarb, einschließlich aller Trainingsunterlagen, und diese dann an seine Kunden weiterübertragen konnte, ohne Abgeltung unserer kreativen Leistung. Eine haarsträubende Klausel und absolut unverhandelbar.

Er hatte ziemlich viel Druck gemacht, was mich auf die Palme brachte. Ich beschloss, meinen disruptiven Gefühlen freien Lauf zu lassen und mit gleichermaßen harten Bandagen zu reagieren, nach dem Motto: »Eher friert die Hölle zu.«

Dieses »Nein« löste weitere komplexe Abwehrreaktionen auf beiden Seiten aus und das Verhandlungsgespräch entwickelte sich zu einem Showdown. Wir steckten beide unsere Positionen ab, beharrten auf unserem Standpunkt und gaben kein Jota nach.

Plötzlich brüllte er mich an: »Ich begreife nicht, wie Sie mich so behandeln können! Dass wir mit Ihnen ins Geschäft kommen, ist schließlich beschlossene Sache!«

Dieser Gefühlsausbruch weckte meine Aufmerksamkeit. In einem Augenblick der Erkenntnis wurde mir klar, dass ich meine Position erläutert hatte, bevor ich mir seine angehört und geklärt hatte. Er hatte meine Reaktion als persönlichen Angriff empfunden.

In diesem Moment stellte ich mir eine Frage, die mir half, über meine Gefühle hinauszuwachsen, den Mund zu halten und meine ungeteilte Aufmerksamkeit auf eine emotional angespannte Situation zu richten: *Halt – warum rede ich?*

Dieses Frage löste einen einfachen mentalen Entweder-oder-Prozess aus, der mir die Entscheidung über meinen nächsten Schritt erleichterte: »*Möchte ich das letzte Wort in diesem Streit haben und beweisen, dass sich der Mann auf dem Holzweg befindet? Oder möchte ich den Deal unter Dach und Fach bringen und Geld verdienen?*«

Ich hielt inne, hörte auf zu argumentieren, schlug einen entspannten Ton an und erwiderte: »Es tut mir leid, entschuldigen Sie. Ich schließe daraus, dass Ihnen dieser Punkt sehr wichtig ist, und würde Sie bitten, sich einen Moment Zeit zu nehmen, damit wir klären können, was Ihnen dabei am meisten zu schaffen macht und welches Problem Sie zu lösen versuchen.«

Auch er änderte seinen Ton, gewann seine Fassung zurück. »Wir sind in einer äußerst wettbewerbsstarken Branche tätig und machen uns Sorgen, dass Sie zu uns kommen, unsere Vertriebsmannschaft schulen und die Informationen, die Sie dabei gewinnen, an unsere Konkurrenten weitergeben könnten.«

Ich verstand auf Anhieb. Er hatte Angst und fürchtete um seinen Seelenfrieden. Was er in Wirklichkeit anstrebte, war ein Exklusivvertrag. Er wusste nur nicht, wie er das Thema anschneiden sollte, deshalb hatte er das Urheberrecht für sein Unternehmen sichern wollen.

»Der Vertrag enthält bereits eine beidseitige Geheimhaltungsklausel, die Sie schützt und uns untersagt, Ihre Informationen zu teilen. Wonach Sie Ausschau halten, scheint mir, ist eine feste Bindung an Ihr Unternehmen für einen bestimmten Zeitraum, die eine Zusammenarbeit mit Ihren Konkurrenten ausschließt.«

»Richtig. Genau das schwebt uns vor«, erwiderte er in versöhnlichem Ton.

Von da an war alles ganz einfach. Erstens kostete uns dieses Exklusiv-Arrangement nichts, weil unsererseits keine Absicht bestand, in der Branche seines Unternehmens weitere Geschäftsmöglichkeiten zu entwickeln. Wir hatten nicht vor, in diesem Sandkasten zu spielen. Und zweitens galt es bei uns als ungeschriebenes Gesetz, Interessenkonflikte in wettbewerbsstarken Branchen so weit wie möglich zu vermeiden.

Das Zugeständnis bezüglich des Exklusiv-Arrangements war für uns also »Spielgeld« – eine Vereinbarung, die für den Käufer außerordentlich hohen Wert besaß, den Verkäufer aber wenig oder nichts kostete.

Im Austausch gegen das Exklusiv-Arrangement (Spielgeld) einigten wir uns auf einen Schulungsvertrag mit einer dreijährigen statt einjähriger Laufzeit und erhöhten unser Honorar um 25 Prozent. Damit verdreifachte sich der Wert der Vereinbarung, der einen großen Gewinn für unser Team darstellte und dem Rechtsberater des Kundenunternehmens sowohl den Schutz als auch den Seelenfrieden verschaffte, nach dem er Ausschau gehalten hatte.

Plateautechnik

Wenn man Sie schon zu Beginn einer Verkaufsverhandlung massiv unter Druck setzt, sollten Sie mit einem nichtkomplementären Verhalten reagieren. Statt ebenfalls mit harten Bandagen zu kämpfen (und sich auf die gleiche emotionsgesteuerte Ebene zu begeben), lassen Sie entspanntes, souveränes Selbstvertrauen erkennen – Ihre wirkmächtigste Haltung am Verhandlungstisch.

Wenn Sie völlig anders als erwartet reagieren, bringen Sie Ihre Verhandlungspartner »aus dem Konzept«, was zur Folge hat, dass sie sich auf Sie zubewegen und Sie die Kontrolle über das weitere Geschehen übernehmen können. Da es schwierig ist, in emotional angespannten Situationen Gefühle unter Verschluss zu halten, kann sich die Repetitionstechnik als Rettungsanker erweisen.

Hier einige Beispiele.

Käufer: »Der Preis Ihres Konkurrenten liegt 20 Prozent unter Ihrem.«

Sie: »Ich verstehe, dass es diesen Anschein erwecken könnte und warum Sie Bedenken haben. Schließlich möchte niemand mehr bezahlen, als er sollte.«

Käufer: »Ihr Lösungskonzept gefällt uns, aber einen Vertrag mit fünfjähriger Laufzeit zu unterschreiben, kommt für uns nicht in Frage.«

Sie: »Ich verstehe. Vielleicht können Sie mir noch einmal genau erklären, was Ihnen daran Sorge bereitet.«

Käufer: »Wir würden gerne mit Ihnen ins Geschäft kommen, aber Ihr Angebot stimmt nicht mit unseren Vorstellungen überein.«

Sie: »Ich denke, das liegt an der unterschiedlichen Sichtweise. Wie wäre es, wenn wir einen Augenblick innehalten und überlegen, wo es Gemeinsamkeiten gibt?«

Käufer: »Das Unternehmen, mit dem wir derzeit zusammenarbeiten, verlangt keine Servicegebühren. Was können wir tun, um diese Klausel aus dem Vertrag auszuschließen?«

Sie: »Ich habe den Eindruck, dass Ihnen dieser Punkt wichtig ist, vor allem, weil früher keine Servicegebühren für Sie angefallen sind.«

Käufer: »Ich denke, wir sind bereit für den nächsten Schritt, aber Sie müssen uns mit einer kostenlosen Einarbeitung und Schulung unserer Anwender entgegenkommen.«

Sie: »Es freut mich, dass Sie den Nutzen der Einarbeitung und Schulung Ihrer Anwender erkennen. Für uns ist es wichtig, Ihnen dabei zu helfen, dass sich Ihre Investition schnellstmöglich auszahlt.«

Nutzen Sie die Repetitionstechnik, um zu bestätigen, dass Sie aufmerksam zugehört haben, und eine persönliche Beziehung zu Ihren Gesprächspartnern aufzubauen. Sie machen dabei weder Zugeständnisse noch knicken Sie ein. Sie reden die Bedenken der Käufer nicht klein, stellen ihren Standpunkt nicht in Frage, fällen kein Werturteil und brechen keinen Streit vom Zaun. Sie greifen das Gesagte lediglich auf und geben ein positives Feedback: »Ich habe verstanden und kann Ihre Gefühle durchaus nachvollziehen.«

Einfache repetitive Aussagen wie diese geben Ihrem rationalen Gehirn Zeit, mit Ihren disruptiven Emotionen Schritt zu halten und sie unter Kontrolle zu bringen, aber auch Zeit, nachzudenken und Ihren nächsten Schritt in die Wege zu leiten – die magische Viertelsekunde.

Die Repetitionstechnik entschleunigt beide Parteien. Eine Bestätigung des Gesagten, die nicht wertet, löst bei Ihren Stakeholdern das Gefühl aus, dass Sie aufrichtig daran interessiert sind, ihren Standpunkt zu verstehen. Außerdem wecken Sie damit ihre Aufmerksamkeit und entwaffnen sie. Sie zeigen damit, dass Sie auf ihrer Seite sind, und verlagern das Gespräch von einer konfliktträchtigen auf eine kooperative Ebene.

34 Erläuterung Ihrer Position

Der erste Schritt im DEAL-Verhandlungsgesprächsrahmen besteht darin, Fragen zu stellen, um die einzelnen Punkte auf der Verhandlungsliste der Stakeholder-Gruppe oder individuellen Käufer herauszufiltern, zu klären und zu sondieren. Das Ziel ist, alles auf den Tisch zu bekommen, was sich auf dem Weg zu einer Übereinkunft als Hindernis erweisen könnte, und zu verstehen, was Ihren Verhandlungspartnern wichtig ist.

Sobald Sie wissen, womit Sie es zu tun haben, besteht der nächste Schritt darin, die Bedenken der Käufer abzubauen, indem Sie Ihre Position im Kontext des Mehrwerts erläutern, den Sie ihnen bieten. Besonders wichtig ist in diesem Zusammenhang das Bemühen, den oft kurzsichtigen Fokus auf den Preis zu verändern. Ein Großteil der Verhandlungen konzentriert sich auf die Preisstellung. Und obwohl sie die Eintrittskarte für das Spiel darstellt, ist sie nicht *spielentscheidend*.

Bei diesem Spiel geht es in Wirklichkeit um einen Wertetausch. Das heißt, Sie und Ihr Unternehmen liefern Ihrem potenziellen Kunden etwas, das den Preis wert ist, den er zahlt.

Wenn Sie den Verkaufsprozess effektiv gestaltet haben, müssten Ihre Präsentation und Ihr Lösungskonzept eigentlich schon den Wert Ihres Angebots für die Realisierung der gewünschten Geschäftsergebnisse Ihrer Stakeholder-Gruppe verdeutlicht haben. Doch das Wertkonzept gerät durch die Preisfixierung der Käufer während der Verhandlungsphase oft ins Hintertreffen.

Vielleicht haben Sie die Stakeholder während Ihrer Präsentation vor zwanzig Minuten Schritt für Schritt durch Ihr Lösungsszenario geführt. Sie haben aufmerksam zugehört, als Ihre Verhandlungspartner Ihre Empfehlungen, Problemlösungen und anvisierten Geschäftsergebnisse akzeptiert haben. Sie haben gefeiert, als es hieß, sie möchten mit Ihnen ins Geschäft kommen, und dann haben Sie mit Befremden zugeschaut, wie sich ein kollektiver Gedächtnisverlust bemerkbar machte, sobald die Verhandlungen begannen.

Ihre Stakeholder haben allem Anschein nach vergessen, dass sie mit Ihren Empfehlungen und den Geschäftsergebnissen einverstanden waren, die Sie ihrer Ansicht nach liefern können. Sie haben vergessen, dass sie überhaupt erst mit Ihnen ins Gespräch gekommen sind, weil ihr derzeitiger Lieferant seine Zusagen nicht einhalten konnte. Und plötzlich taucht der Einwand auf: »Ihre Preise liegen 15 Prozent höher als das, was wir derzeit zahlen.«

Deshalb sollten Sie Ihre Zahlen, Ihre Argumentationskette, die Metriken, die für Ihre Stakeholder zählen, und die Möglichkeiten kennen, Ihre Position verbal zu stärken und zu schützen.

Wert versus Preis

Der Wert repräsentiert eine einfache Gleichung, gestützt auf messbare Geschäftsergebnisse (MBOs = measurable business outcomes) und emotionale Geschäftsergebnisse (EBOs = emotional business outcomes). Messbare Geschäftsergebnisse lassen sich mathematisch erläutern; emotionale Geschäftsergebnisse lassen sich mit Hilfe immaterieller Güter erläutern, die für die Stakeholder wichtig sind, beispielsweise Seelenfrieden oder die Chance, Zeit für die Aufgaben zu gewinnen, die ihnen wirklich Spaß machen.

Der Wertetausch ist der Preis, den Ihr potenzieller Kunde zahlen muss, um die messbaren und emotionalen Geschäftsergebnisse zu realisieren, die Sie in Ihrem Lösungskonzept skizziert haben. Es handelt sich um das gleiche wertorientierte Konzept, aufgrund dessen Sie überhaupt erst – ausdrücklich oder indirekt – als Anbieter der Wahl bestätigt wurden. Doch da die Käufer am Verhandlungstisch an einem kollektivem Gedächtnisverlust zu leiden scheinen, sollten Sie darauf vorbereitet sein, ihnen diesen Wert noch einmal zu erläutern.

Wertebrücken zu bauen, ist ein Prozess, der dazu dient, Käufern den Wertetausch verständlicher zu machen – den Preis, den sie zahlen (Geld, Konditionen) für den Wert, den sie erhalten. Das ist die Kapitalrendite (ROI). Eine einfache Gleichung.

$$ROI = (MBOs + EBOs) - Preis$$

Bei Wertebrücken trifft Mathematik auf Emotion. Die wirksamste Methode, eine Brücke vom Preis zum Wert der messbaren Geschäftsergebnisse (MBOs) zu errichten, ist der Einsatz der Metriken, die für Ihren Käufer zählen (MTMsc). Wenn Stakeholder die Kosten des Werts anfechten (Preis, Konditionen), den Ihr Lösungsszenario bietet, sollten Sie darauf vorbereitet sein, den Taschenrechner auf den Tisch zu legen und ihnen schwarz auf weiß vor Augen zu führen, was die Zahlen bewirken.

Die effektivste Möglichkeit, eine Brücke vom Preis zum Wert des emotionalen Geschäftsergebnisses (EMOs) zu bauen, besteht darin, Ihre Stakeholder an die individuellen Erfolgskriterien, Herausforderungen, Sorgen und Chancen zu erinnern, indem Sie die Geschichte, die Sie Ihnen erzählt haben, in zusammengefasster Form wiederholen. Bei B2B-Verkäufen verwenden die Stakeholder fast immer Geld, das anderen gehört, um ihr Problem zu lösen.

Kehren Sie noch einmal zu den emotionalen Stellschrauben und persönlichen Erfolgskriterien zurück, die Sie in der Situationsanalyse-Phase des Verkaufsprozesses ans Tageslicht befördert haben. Verwenden Sie Formulierungen und Sätze, die dazu beitragen, die Gefühle Ihrer Stakeholder zu wecken und zu aktivieren – was meistens gelingt, wenn Sie an schmerzliche oder belastende Emotionen anknüpfen, beispielsweise Stress, Sorgen, Verunsicherung, Misstrauen, Nervosität, Angst, Frustration oder Wut –, und ihnen Seelenfrieden, Sicherheit, Wahlmöglichkeiten, Hoffnung, die Vision einer besseren Zukunft und die Aussicht auf weniger Stress oder weniger Sorgen bieten.

Wenn Sie überzeugend demonstrieren, in welchem Verhältnis der Wert Ihres Lösungskonzepts zum Preis steht und welche Verbindung zwischen diesem Wert und Ihren Geschäftsbedingungen besteht, haben Sie den Schlüssel, mit dem es Ihnen gelingt, Ihre Vertrags- und Preisintegrität zu wahren und Rabattschlachten zu vermeiden. Aus diesem Grund ist es von zentraler Bedeutung, sich gründlich vorzubereiten, indem Sie Ihre Geschäftsergebnis-Roadmap noch einmal überprüfen (siehe Abbildung 34.1).

GESCHÄFTSERGEBNIS-ROADMAP UND METRIKEN, DIE ZÄHLEN			
HERAUSFORDERUNG	EMPFEHLUNG	DAMIT VERBUNDENES GESCHÄFTSERGEBNIS	METRIKEN, DIE ZÄHLEN (MTM)
1			
2			
3			
4			
5			

Abb. 34.1: Geschäftsergebnis-Roadmap

Preis versus Gesamtbetriebskosten

Keith schüttelte den Kopf. »Ausgeschlossen. Bei Ihnen würde ich 2,75 Dollar mehr pro Stunde zahlen als bei Ihrem Konkurrenten. Das ist zu viel. Dann bleibt alles beim Alten.«

Anthony nahm sich Zeit. Er wusste, dass er dem Betriebsleiter des Produktionsunternehmens, das sich in Familienbesitz befand, den Wert des *Garantieangebots* noch einmal vor Augen führen musste. Er öffnete die Rechner-App auf seinem Handy und legte los.

»Keith, Sie sagten, dass bei Ihnen das Fließband jeden Monat im Schnitt ganze vier Schichten lang stillstand, weil Ihre derzeitige Personalvermittlungsagentur unfähig ist, Ihnen Mitarbeiter für die Bedienung des Videoüberwachungssystems zu beschaffen. Richtig?«

Er nickte.

»Wie Sie erklärt haben, fahren Sie Verluste von 5400 Dollar pro Stunde ein, wenn eine Schicht ausfällt.« Anthony gab die Zahlen ein. »Mal acht Stunden ergibt das ein Minus von 43 200 Dollar pro Schicht, und mal vier von 172 800 Dollar im Monat. Selbst angesichts der niedrigen Stundensätze, die man Ihnen berechnet, geben Sie annähernd *173 000* Dollar pro Monat zusätzlich aus.« Er machte eine Pause, um die Zahl einsinken zu lassen.

»Wenn wir die Zahlen in unserem Serviceangebot betrachten, bei denen der Stundensatz um 2,75 Dollar höher liegt, beläuft sich die Summe auf 43 494 Dollar mehr pro Monat, als Sie jetzt auf der Grundlage des Stundensatzes bezahlen. Das ist jedoch erheblich weniger als das, was es Sie unter dem Strich kostet, wenn Sie weiterhin mit der Personalvermittlungsagentur zusammenarbeiten. Wir bieten Ihnen in unserem Servicevertrag die Garantie, dass wir als Systemintegrator die Wartung übernehmen und bei Problemen umgehend zur Verfügung stehen, sodass es *keine* Anlagenausfälle mehr gibt.«

Keith überlegte einen Moment, rechnete im Kopf noch einmal nach. Endlich machte es Klick, er streckte den Arm über den Tisch und besiegelte das Geschäft per Handschlag.

Wie die Geschichte zeigt, ist der Preis in komplexen Verkaufsvorgängen selten eindimensional, denn der Preis steht in Zusammenhang mit den Gesamtbetriebskosten (Total Cost of Ownership = TCO). Mit anderen Worten: Für den Käufer fallen nicht nur die Investitionskosten, sondern auch andere damit zusammenhängende Kosten an, die im Lauf der Zeit absorbiert werden müssen, beispielsweise für die Wartung.

Käufer fokussieren sich meistens auf den Preis statt auf die Gesamtkosten. Da sie Scheuklappen tragen, fällt es ihnen schwer, den Wert eines Angebots zu erkennen. Deshalb sollten Sie die Zahlen kennen und darauf vorbereitet sein, ihnen die Gesamtbetriebskosten und die Kapitalrendite hieb- und stichfest vor Augen zu führen.

Der Bau der Wertebrücken

Top-Verhandler präsentieren ihr Lösungsszenario mit tragfähigen, prägnanten, personalisierten Brücken, die sie rings um die individuelle Situation der Käufer errichten. Die wirksamsten Wertebrücken folgen drei Schritten:

1. **An das Problem erinnern.** Beginnen Sie mit dem Problem (Herausforderung, Bedürfnis, Kummer, Chance), das Sie im Rahmen der Situationsanalyse identifiziert und in Ihrem Lösungskonzept klar zum Ausdruck gebracht haben. Rufen Sie Ihren Stakeholdern diese Probleme ins Gedächtnis zurück, indem Sie ihre Geschichte in zusammengefasster Form wiederholen. Diese Methode ist besonders wirksam, wenn Sie datengetriebene Informationen als Beleg für die Herausforderungen gesammelt haben, denen sie sich gegenübersehen.

2. **An die Punkte erinnern, die bereits Zustimmung fanden – zu denen sie ja gesagt haben.** Während der Gespräche, die im Verlauf des Verkaufsprozesses, der Produktdemos, Pilotprojekte und Schlusspräsentation stattfinden, haben bestimmte Punkte

Zustimmung bei den Stakeholdern gefunden – Produkt- oder Dienstleistungsmerkmale, die ihnen gefallen haben, Ihre Problemlösungsempfehlungen und die Geschäftsergebnisse, die ganz in ihrem Sinne sind. Gehen Sie die einzelnen Punkte, in denen Sie bereits eine Einigung erzielen konnten, noch einmal mit ihnen durch.

3. **Wertebrücke errichten.** Holen Sie Ihren Taschenrechner heraus. Führen Sie ihnen die Zahlen vor Augen. Stellen Sie den Zusammenhang mit der Kapitalrendite der zu erwartenden messbaren Geschäftsergebnisse her. Erinnern Sie Ihre Stakeholder daran, was ihnen wichtig ist, und helfen Sie ihnen mit Geschichten über die Situation, in der sie sich künftig befinden, sich auch die emotionalen Geschäftsergebnisse bildlich vorzustellen und zu verinnerlichen.

Wenn Sie Ihre Position erläutern und Wertebrücken bauen, sollten Sie sich bewusst machen, dass im Kopf Ihres Käufers zwei wichtige Fragen ablaufen:

»*Na und?*« und »*Was habe ich davon?*«

Falls es Ihnen nicht gelingt, diese beiden Fragen mit Ihrer Wertebrücke zu beantworten, wird es schwierig sein, eine gemeinsame Linie zu finden und den Weg zu einer Übereinkunft zu ebnen.

Hier ein Beispiel für eine belastbare Wertebrücke. In dieser fiktiven Situation verhandelt Julian mit Alba, Finanzchefin eines Produktionsbetriebs mit Sitz in Cleveland, Ohio. Alba versucht, die monatlichen Kosten der cloudbasierten Zahlungsoption zu drücken, die Julian vorgeschlagen hat. Und so zeigt Julian den Mehrwert seines Lösungskonzepts auf:

Plateautechnik: *Ich habe verstanden, wie gering die Gewinnspannen in der Fertigung sind, und weiß, dass Sie sich Sorgen wegen der zusätzlichen monatlichen Lizenzgebühren machen. Zweitausend Dollar scheint auf den ersten Blick eine Menge Geld zu sein, vor allem, weil sie derzeit nichts zahlen.*

Erinnerung an die Probleme: *Beim Meeting mit den Mitarbeitern Ihrer Kreditorenbuchhaltung kam zur Sprache, wie frustrierend es ist, die Rechnungen, die tagtäglich von verschiedenen Lieferanten eingehen, manuell zu sortieren und zu zahlen. Ihr Controller Ruben erklärte, dass Sie jeden Monat bis zu vierzig Arbeitsstunden investieren müssen, um Ordnung in das Chaos zu bringen. Und trotzdem fallen nach seinen Angaben einige Rechnungen durch das Raster, was zur Folge hat, dass weitere zehn Arbeitsstunden in eine monatliche Rechnungsprüfung einfließen.*

Erst letzte Woche hat Ihr Buchhaltungsteam einen Termin für einen Frühzahlungsrabatt versäumt, was Sie 900 Dollar gekostet hat. Als wir die Zahlen durchgegangen sind, haben Sie festgestellt, dass Ihre Mitarbeiter aufgrund dieses manuellen Verfahrens in den letzten zwölf Jahren nach vorsichtiger Schätzung mindestens 100 000 Dollar Skontorabatte verschenkt haben.

Was alle Mitarbeiter Ihres Unternehmens am meisten frustriert und den größten Stress verursacht, waren jedoch die unliebsamen Überraschungen in der Gewinn- und Verlustrechnung der einzelnen Abteilungen.

Erinnerung an die Punkte, die bereits Zustimmung fanden: *Alba, Sie waren ebenfalls der Meinung, dass Sie für die Hochskalierung Ihres Unternehmens eine cloudbasierte Zahlungsplattform brauchen. Das Pilotprojekt hat gezeigt, dass Ihr Team mit unserer Plattform rundum zufrieden ist. Rena, die Leiterin Ihrer Kreditorenbuchhaltung, hat erklärt, unser Tool sei am einfachsten zu handhaben.*

Was Sie am meisten begeistert hat, war das integrierte mobile Dashboard, das Ihnen und allen Abteilungsleitern Einsicht in die Verbindlichkeiten bietet, die sich auf die Gewinnund Verlustrechnung auswirken. Das bedeutet, Sie und Ihr Team haben endlich Seelenfrieden, weil am Ende des Monats keine unliebsamen Überraschungen mehr auf Sie warten und laut Ruben die Notwendigkeit entfällt, jeden Monat zehn Stunden lang eine umfassende Rechnungsprüfung durchzuführen.

Wertebrücke: *Aber ich sehe, dass Ihnen der Preis Kopfzerbrechen bereitet, deshalb lassen Sie uns rasch einen Blick auf die Zahlen werfen. Basierend auf der Zeit, die durch den Wegfall der manuellen Rechnungssortierung und die monatlichen Rechnungsprüfungen eingespart wird, trägt unser Produkt dazu bei, die direkten Personalkosten um etwas mehr als 37 000 Dollar pro Jahr zu senken.*

Durch Inanspruchnahme der Skontorabatte, die Sie derzeit nicht ausschöpfen, können Sie mindestens 100 000 Dollar hereinholen, was die Kreditorenabteilung faktisch in ein Profitcenter verwandelt. Wenn wir also nur die Kennziffern zugrunde legen, die ich von Ihnen und Ihrem Team erhalten habe, würden Sie 24 000 Dollar investieren, um eine Kapitalrendite von mindestens 137 000 Dollar zu erzielen. Ein fairer Ausgleich der Softwarekosten, finden Sie nicht?

Dieses Beispiel erzählt eine Geschichte, wie Ihnen sicher aufgefallen ist. Sie verankert die aktuelle unhaltbare Situation in einem Lösungsszenario, das erheblich entlastet, ein lebhaftes Bild von einem besseren künftigen Zustand zeichnet (EBO = emotionale Geschäftsergebnisse) und eine hieb- und stichfeste Kapitalrendite mit sich bringt (MBO = messbare Geschäftsergebnis), übertragen in die Sprache der Finanzchefin.

Wertebrücken zu bauen erfordert, die Leerstellen zwischen Ihren Lösungsoptionen und den Geschäftsergebnissen zu füllen, mit denen Ihre Stakeholder rechnen können. Dieser Prozess sollte nicht auf Ihren, sondern auf den Sprachduktus Ihrer Stakeholder zugeschnitten sein. Schließlich möchten Sie ja nicht, dass die Merkmale und Vorteile Ihres Lösungskonzepts auf der Müllhalde landen.

Zahlenkenntnis

Die Verkaufsrepräsentanten in meinem Schulungsraum litten darunter, dass die Konkurrenz ausnahmslos mit niedrigeren Preisen aufwarten konnte. Das sei ein

Wettbewerbsnachteil, erklärten sie, weil sie hohe Rabatte einräumen mussten und weniger Aufträge einholten.

»Aha«, sagte ich. »Ich verstehe. Aber ich bin neugierig. Woher wissen Sie, dass Ihre Preise höher sind?«

Im Raum trat Stille ein. Ich sah die Trainingsteilnehmer an, aber sie hielten die Blicke gesenkt, vermieden den Augenkontakt. Dieses Argument hatte ich schon dutzende Male vorher von Verkaufsmitarbeitern gehört. Die Antwort ließ auf sich warten.

Schließlich hob ein junger Mann in der letzten Reihe die Hand. »Das bekomme ich bei den Besprechungen mit den Stakeholdern immer wieder zu hören«, gestand er.

Fakt ist: Käufer besitzen im Allgemeinen mehr Informationen als die Verkaufsmitarbeiter über den Markt und die Konkurrenz. Das ist ein weiterer Punkt auf der Liste der Gründe, warum Käufer fast immer im Vorteil sind und über mehr Verhandlungsmacht verfügen.

Sich blind in eine Verkaufsverhandlung zu begeben, ist Selbstmord. Am Verhandlungstisch bringen Käufer sämtliche Geschütze in Stellung, um einen besseren Deal für sich selbst zu erwirken.

- Sie weisen darauf hin, dass Ihre Konkurrenten niedrigere Preise, bessere Produkt- oder Dienstleistungsmerkmale, höhere Qualität und vorteilhaftere Konditionen bieten.
- Sie spielen ihre Verhandlungsmacht aus, indem sie die Alternativen zu einem Abschluss mit Ihnen auflisten.
- Sie konfrontieren Sie mit Marktdaten und Trends.

Wenn Sie diese Argumente wieder und wieder zu hören bekommen, ohne die Fakten zu überprüfen, findet eine Art Gehirnwäsche statt. Wie die Verkaufsmitarbeiter in meinem Schulungsraum beginnen Sie, die eigennützigen »Wahrheiten« der Käufer zu glauben. Und sobald Sie mental umprogrammiert sind, lassen Sie sich besser fremdsteuern, werden zur Schachfigur am Verhandlungstisch.

Top-Verhandler studieren ihren Markt, die Branche, die Trends und die Konkurrenz. Sie arbeiten hart, um das Spielfeld besser zu kennen als ihre Stakeholder.

Die Botschaft zählt

Wenn Sie Ihre Position erläutern und bemüht sind, Gegenargumente der Käufer zu entkräften, ist das, was Sie sagen und wie Sie es sagen, von zentraler Bedeutung. Wählen Sie positive, klare und präzise Formulierungen für Ihre Botschaft; bringen Sie Ihre Position ohne zu zögern zum Ausdruck und beeindrucken Sie mit Ihren Zahlenkenntnissen.

Sie wurden als Anbieter der Wahl bestätigt. Die Stakeholder haben sich für Sie entschieden. Die erste Runde haben Sie bereits gewonnen. Jetzt gilt es, Nägel mit Köpfen zu machen und den Verkauf abzuschließen.

Wenn Sie den Mehrwert Ihres Lösungskonzepts erläutern, ist die Komplexität Ihr Feind. Sobald etwas schwer zu begreifen ist, erlischt die Aufmerksamkeit Ihrer Zuhörer und das Gehirn greift auf einfachere Muster zurück, beispielsweise »Ihr Preis ist trotzdem zu hoch«.

Das menschliche Gehirn ist faul. Es wählt den Weg der geringsten kognitiven Belastung. Menschen ziehen einfache Sachverhalte komplexen Informationen vor. Aus diesem Grund können Erläuterungen, die vielschichtig, mehrdeutig oder schwer verständlich sind, dazu führen, dass sich Käufer mental ausklinken.

Um eine Überforderung Ihrer Käufer zu vermeiden, sollte Ihre Botschaft einfach, klar und prägnant sein – *weniger ist hier mehr*. Gehen Sie ein weiteres Mal die Zahlen durch, bevor Sie am Verhandlungstisch Platz nehmen. Vergewissern Sie sich, dass Sie Wertebrücken ohne Doppeldeutigkeit bauen. Machen Sie den »Na und?«-Test: Fragen Sie sich, was Ihre Käufer davon haben. Bereiten Sie sich im Rahmen Ihrer Verhandlungsplanung, in der Sie den Mehrwert Ihres Lösungskonzepts verteidigen, darauf vor, Ihre Position eher mit Kreide statt mit einem Flussdiagramm zu erläutern.

Mit der Erläuterung Ihrer Position zielen Sie darauf ab, den Käufer von Ihrer Botschaft und Ihrer Argumentationskette zu überzeugen und dem Deal schließlich zuzustimmen. Vermeiden Sie dabei Formulierungen, Tonlagen und Körperhaltungen, die Ihre Verhandlungspartner als Schwäche auslegen könnten.

Wenn Sie unsicher sind oder wenn Ihre Erläuterungen mehrdeutig oder defensiv klingen, wird man Ihnen weder Vertrauen entgegenbringen noch Glauben schenken und Ihre Wertebrücken werden sich als nicht besonders tragfähig erweisen. In solchen Fällen fällt der Käufer erbarmungslos über Sie her, wie ein Löwe, der eine schwache Gazelle von der Herde getrennt hat.

Stakeholder beurteilen Ihre Botschaft nicht auf der Grundlage Ihrer *Absichten*. Sie beurteilen Sie auf der Grundlage *ihrer eigenen* Absichten. Am Verhandlungstisch befinden Sie sich auf dem Präsentierteller. Die Stakeholder unterziehen *Sie* einer eingehenden Musterung. Jede Verhaltensweise, jedes Wort, jede Handlung wird genau registriert. Sie halten nach Widersprüchen in Ihren Worten, Ihrer nonverbalen Kommunikation und Ihren Handlungen Ausschau. Sie nehmen Sie genau unter die Lupe, um Schwächen zu entdecken, die sich ausnutzen lassen, oder negative Aspekte zu erkennen, die Ihre Vertrauenswürdigkeit in Frage stellen.

Menschen fokussieren ihre Aufmerksamkeit auf Dinge, die ins Auge fallen, und negative Dinge fallen genauso ins Auge wie ein entzündeter Daumen. Das ist der *Negativitätseffekt*, der sich hier bemerkbar macht.

Der menschliche Verstand ist darauf programmiert, aufzuspüren, was mit jemandem nicht stimmt. Negative Wahrnehmungen haben größeren Einfluss auf unsere Reaktionen und Verhaltensweisen als positive. Negative Botschaften, Gedanken und Vorstellungsbilder wecken und fesseln unsere Aufmerksamkeit.

Bei den Interaktionen mit Ihren Stakeholdern können sich die kleinen negativen Wahrnehmungen summieren und zu der Schlussfolgerung verdichten, dass Sie nicht vertrauenswürdig sind. Wenn es Ihnen an emotionaler Kontrolle mangelt, bringen Sie oft einen Unsicherheitsfaktor ins Spiel und lösen den Negativitätseffekt aus, wenn Sie

- Fragen beantworten, die nicht gestellt wurden,
- über nichtverhandelbare Themen diskutieren, obwohl der potenzielle Kunde sie nicht erwähnt hat,
- Ihre Befürchtungen bezüglich der Höhe des Budgets auf die Käufer projizieren,
- in die Defensive gehen,
- Unsicherheit erkennen lassen,
- zu leicht und zu früh gewichtige Zugeständnisse machen,
- damit zu kämpfen haben, den Wertetausch klar und präzise zu erläutern,
- Formulierungen verwenden, die von Unsicherheit, Passivität und Schwäche zeugen, oder
- nach Ihren Erläuterungen weiterreden, weil Sie sich von der Stille einschüchtern lassen.

Sobald Ihre Stakeholder zu der Auffassung gelangen, dass etwas nicht stimmt oder fehlt, halten sie nach Indizien Ausschau, die ihre Ansicht stützen. Diese *Bestätigungsneigung* hat eine Konzentration auf Aspekte zur Folge, die das negative Bild von Ihnen untermauern, und geht mit Forderungen nach weiteren Zugeständnissen einher, um die Angst vor einer Fehlentscheidung zu verringern.

35 Ausgleich der jeweiligen Interessen

Der Interessenausgleich ist ein wichtiger Meilenstein, an dem Ihre akribische Planung und Vorbereitung einen Sitz am Verhandlungstisch erhalten. In dieser Phase des DEAL-Rahmenwerks erhalten Sie Angebote und machen Gegenangebote.

Das Ziel des Interessenausgleichs besteht darin, den Weg zu einer Übereinkunft mit dem Käufer zu ebnen, ohne Ihre wichtigsten Hebel aus der Hand zu geben – diejenigen Zugeständnisse, die sich negativ auf Ihr Einkommen und den Gewinn Ihres Unternehmens auswirken.

Wenn ein Interessenausgleich stattfindet, rückt die Übereinkunft in greifbare Nähe. Wenn Sie den Käufer von Ihren Wertebrücken und Erläuterungen überzeugt haben, besiegeln Sie das Geschäft per Handschlag zu den von Ihnen genannten Preisen und Konditionen. Das ist das Best-Case-Szenario und Ihr Ziel.

Doch bisweilen herrscht nach Ihrer Erläuterung noch Klärungsbedarf bei dem einen oder anderen strittigen Punkt. Nun gilt es, Zugeständnisse zu machen und mit dem Käufer zu arbeiten, um einen gemeinsamen Nenner zu finden. Dieser Prozess – Situationsanalyse $\geq$ Erläuterung $\geq$ Interessenausgleich – ist fließend. In komplexen Situationen wird er möglicherweise bei jedem wichtigen Punkt auf der Tagesordnung wiederholt.

Die gute Nachricht ist: Wenn Sie als bestätigter Anbieter der Wahl verhandeln und solide Wertebrücken gebaut haben, wird das Verhandlungsgespräch in der Interessenausgleichsphase kooperativ und transparent sein. Bei Zugeständnissen an diesem Punkt geht es oft um ein Angebot Ihrerseits, das dem Käufer ermöglicht, sein Gesicht zu wahren.

Die Verhandlungslandkarte

Sie werden Zugeständnisse machen. Wenn Preise und Konditionen zur Verhandlung anstehen, ist das Prinzip der Gegenseitigkeit angesagt: Geben und Nehmen. Doch wie der US-Baseballstar Yogi Berra einmal sagte: »Wenn man nicht weiß, wohin man geht, landet man möglicherweise woanders.« Wenn Sie mit einem gewieften Käufer verhandeln, ist »woanders« unter Umständen der Ort, an dem er in Ihre Tasche greift und sich Ihre Provision unter den Nagel reißt.

Wenn Sie in die Phase des Interessenausgleichs gelangen, ist es wichtig, dass Sie

- die Verhandlungsliste und Verhandlungsparameter Ihrer Stakeholder kennen,
- ein Verzeichnis Ihrer Verhandlungshebel angelegt haben,
- mit Ihrem »Spielgeld« vertraut sind – Zugeständnisse, die Sie wenig kosten, für die andere Seite aber von großem Nutzen sind,
- Ihre Geben-Nehmen-Playlist durchgespielt haben,
- Ihre Befugnisse, Grenzen und die nichtverhandelbaren Positionen kennen und
- Ihre Ziel- und Grenzzone kennen.

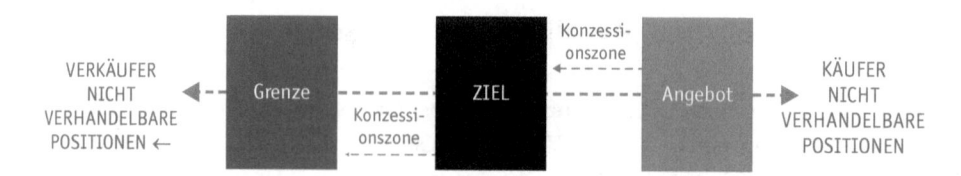

Abb. 35.1: Die Verhandlungslandkarte

Der Interessenausgleich beginnt und endet mit Ihrer Verhandlungslandkarte (Sales Negotiation Map = SNM). Fertigen Sie für jeden Verkaufsvorgang eine separate Verhandlungslandkarte an. Sie definiert und erfasst den gesamten Verhandlungsverlauf und dient als Orientierungshilfe, um Sie auf Kurs zu halten und zum Ziel zu führen, damit Sie für Ihr Team gewinnen.

- Das Angebot ist *Ihr* Anker, der Ausgangspunkt für das Geben und Nehmen. Ziel ist Ihr Best-Case-Szenario.
- Die Grenzzone befindet sich am unteren Ende des Ergebnisspektrums. Hier könnten Sie landen, wenn Sie darauf fixiert sind, den Deal um jeden Preis über die Bühne zu bringen, sich aber in einer schwachen Verhandlungsposition befinden.
- Die Zielzone ermöglicht Ihnen den Rückgriff auf eine Alternativlösung, falls der Käufer Ihr ursprüngliches Angebot nicht akzeptiert. Auch mit Ihrem »Plan B« sollten Sie imstande sein, einen Sieg für Sie und Ihr Team zu verbuchen.
- Die Konzessionszonen sind diejenigen Bereiche, in denen Sie Ihre Geben-Nehmen-Playlist anwenden. Das Ziel ist, die richtigen Zugeständnisse als Hebel einzusetzen, um den Käufer zufriedenzustellen und Ihre Gewinnchancen zu sichern, während Sie Mitnahme-Angebote unterbreiten, um den Käufer zu motivieren, die Verhandlungsphase abzuschließen und durch einen Interessenausgleich den Weg zu einer Übereinkunft zu ebnen.

Die Anwendung der Geben-Nehmen-Playlist

Die Kunst der Verhandlung besteht im Geben und Nehmen. Sie gleicht einer Pokerpartie. Die Spielstrategie besteht darin, Zugeständnisse als Hebel zu nutzen, die für Sie von geringer Bedeutung, für Ihre Käufer jedoch von großem Wert sind, sodass Sie im Gegenzug Zugeständnisse erhalten, die für Sie hohe Priorität haben. In diesem Prozess sind Sie bestrebt, Ihre Käufer zu einem Tauschhandel zu motivieren (siehe Abbildung 35.2).

Bei dieser Form des Wertetauschs hat jedes Zugeständnis seinen Preis. Sobald dieser Preis für den Käufer zu hoch wird, ist er um einen Interessenausgleich bemüht. Damit ist das Gleichgewicht wiederhergestellt, was heimlichem Groll vorbeugt und Ihre Gewinnspannen schützt.

VERHANDLUNGSHEBEL	WERT FÜR SIE		WERT FÜR STAKEHOLDER	
	GERING	HOCH	GERING	HOCH

Abb. 35.2: Werteverzeichnis der Verhandlungshebel

Geben und Nehmen (siehe Abbildung 35.3) sollten ausgeglichen sein. Vermeiden Sie, am Verhandlungstisch etwas zu verschenken, ohne Gegenleistung von gleichem oder höherem Wert. Zum Beispiel:

- Wenn der Käufer sagt, ohne eine Zahlungsfrist von 90 Tagen geht gar nichts, und Ihr Angebot soll zur Kasse in 30 Tagen, würden Sie 90 Tagen nur im Austausch gegen eine Preiserhöhung von fünf Prozent zustimmen.
- Oder Sie erklären sich mit 90 Tagen einverstanden und verlangen zwei Prozent Zinsen auf alle ausstehenden Forderungen nach 60 Tagen; Sie bieten aber zwei Prozent Rabatt, wenn die Rechnungen innerhalb von 30 Tagen beglichen werden.
- Sie bestehen auf einer längeren Vertragslaufzeit im Austausch gegen einen Preisnachlass.
- Sie reduzieren den Preis bei einem Produkt mit geringer Gewinnspanne nur dann, wenn bei einem Produkt mit hoher Gewinnspanne ein größerer Auftrag erfolgt.
- Sie verständigen sich auf einen niedrigeren Preis, bestehen aber im Gegenzug darauf, eine zuvor angebotene Leistung, die für den Käufer von hoher Relevanz ist, aus dem Vertrag auszuklammern.

GEBEN	NEHMEN

Abb. 35.3: Geben-Nehmen-Playlist

Es gibt unzählige Geben-Nehmen-Spielstrategien und Spielkombinationen. Bei den besten wird »Spielgeld« eingesetzt. Diese Zugeständnisse kosten Sie wenig oder gar nichts, sind aber für den Käufer von hohem Wert.

Der Einsatz von »Spielgeld« ist eine effektive Taktik, weil Sie damit etwas geben oder nehmen können, was der Käufer wertschätzt, ohne dass es sich auf Ihre Gewinnspannen auswirkt. Dabei handelt es sich oft um bestimmte Merkmale Ihrer Produkte und Dienstleistungen, die ohnehin inbegriffen wären. »Spielgeld« kann man in Reserve halten, um es als Hebel zu verwenden, oder vom Tisch nehmen, wenn der Käufer Sie unter Druck setzt, um Zugeständnisse zu erreichen.

Unterteilen Sie Ihre Geben-Nehmen-Playlist in zwei Bereiche. Der erste Bereich umfasst Ihre Alternativlösung, um wieder in die Zielzone zu gelangen, der zweite Bereich Ihre Alternativlösung in der Grenzzone. Entwickeln Sie Spielstrategien, die als Hindernis dienen, um den Prozess zu entschleunigen. Machen Sie bei Ihren Zugeständnissen kleine Schritte statt großer Sprünge.

Da jede Situation anders ist und Verkaufsverhandlungen in verschiedene Richtungen verlaufen können, sollten Sie auf jedes Szenario vorbereitet sein. Hier macht Übung den Meister.

1. Spielen Sie die Verkaufsverhandlung in Ihrem Kopf durch. Proben Sie verschiedene Szenarien.

2. Ziehen Sie die Zugeständnisse, die Ihre Käufer fordern könnten, ebenso in Betracht wie die Spielzüge, zu denen sie greifen könnten. Lassen Sie Ihre Gegenzüge Revue passieren.

3. Visualisieren Sie die unbeabsichtigten Folgen jeder Spielstrategie, die Sie in Erwägung ziehen.

4. Entwickeln Sie Ihre Geben-Nehmen-Playlist auf der Grundlage Ihrer Einschätzung, womit der Weg zu einer Übereinkunft geebnet *und* der Gewinn für Ihr Team erzielt werden könnte.

Mustermix

Wenn Ihre Geben-Nehmen-Playlist ein bestimmtes Muster aufweist, führen Sie Ihren Käufern vor Augen, wie sie von diesen vorhersehbaren Verhaltensweisen profitieren und es mit ihren Gegenzügen festschreiben können. Ein Mustermix ermöglicht Ihnen, den Spieß umzudrehen, Ihre Spielstrategie zu ändern und die Kontrolle über den Spielverlauf zu übernehmen. Präzise Zahlen und unvorhersehbare Konzessionen tragen dazu bei, die Erwartungshaltung Ihrer Käufer zu durchbrechen.

Präzise Zahlen

Studien belegen: Bei Preiszugeständnissen in gerundeten Zahlen, beispielsweise fünf, dann zehn und danach zwanzig, ist die Wahrscheinlichkeit einer Einigung geringer als bei präzisen Zahlen. Dafür gibt es zwei Gründe.

Erstens die Neigung des Gehirns, Muster zu ignorieren und Anomalien Aufmerksamkeit zu widmen. Das ist ein einfacher Überlebensmechanismus. Wir achten auf Dinge, die anders sind, als sie sein sollten, denn Abweichungen von der Norm können wichtig sein – eine Bedrohung oder eine Chance darstellen.

Da die meisten Verhandler auf abgerundete Zahlen geeicht sind, ist das Muster leicht vorherzusehen und weckt bei den Käufern kaum Aufmerksamkeit. Präzise Zahlen sind im Gegensatz dazu unerwartet, brechen Muster auf und gelten daher als wichtiger und somit als zweckdienlich – sie binden die Käufer ein und zwingen sie, sich damit auseinanderzusetzen und nachzudenken.

Der zweite Grund ist, wie seltsam es auch klingen mag, dass präzise Zahlen den *Eindruck* von Kompetenz erwecken. Wenn Sie Ihren Käufern präzise Zahlen vorlegen, beispielsweise 26,37 Dollar statt 25 Dollar, werden Sie von ihnen als Mensch wahrgenommen, der etwas von Zahlen versteht. Außerdem vermitteln Sie ihnen das Gefühl, dass eine präzise Zahl weniger verhandelbar ist. Das erhöht die Wahrscheinlichkeit, dass sie Ihr Gegenangebot akzeptieren und es Ihnen gelingt, zu einer Übereinkunft zu gelangen.

Unregelmäßige Rabattabstufungen

Verkäufer verfallen oft in das vorhersehbare Muster, Preiszugeständnisse in gleichmäßigen Abstufungen zu machen. Sie reduzieren ihre Preise beispielsweise in Schritten von zehn Prozent oder 1000 Dollar. Dieses Muster ist für die Käufer ein Signal, weitere Rabatte zu fordern. Sobald sich Verkaufsmitarbeiter auf dieses Muster festlegen, wird es zu einer Endlosschleife, höchstwahrscheinlich mit dem Ergebnis, dass sie mit ihrem Preis immer weiter heruntergehen, jedes Mal um zehn Prozent oder 1000 Dollar, bis sie ihre absolute Untergrenze erreichen.

Eine bessere Vorgehensweise sind unregelmäßige Abstufungen. Ich ziehe es beispielsweise vor, mit einer niedrigen Rate zu beginnen. Angenommen, mein Angebot lautet 100 000 Dollar und meine Zielzone sind 90 000 Dollar bis 95 000 Dollar. Der Käufer erklärt, dass er nur 80 000 Dollar zahlen kann.

Statt den Köder zu schlucken und den Anker auf 80 000 Dollar zu setzen – was der potenzielle Kunde dann als Ausgangspunkt der nachfolgenden Preisverhandlungen betrachtet –, zucke ich zusammen, lege eine Pause ein und nenne 99 300 Dollar als Gegenangebot. Ich möchte herausfinden, wie weit der Käufer von seiner Position abzurücken bereit ist.

Der nächste Schritt besteht höchstwahrscheinlich darin, mir mit seinem Angebot ein Stück entgegenzukommen und es vielleicht auf 85 000 Dollar zu erhöhen – meistens in abgerundeten Zahlen. Lässt er nicht mit sich handeln, werden wir wohl kaum imstande sein, auf einen gemeinsamen Nenner zu kommen und den Verkaufsvorgang zu einem erfolgreichen Abschluss zu bringen.

Um sein großzügiges Zugeständnis als solches anzuerkennen (Verhaltensweisen, die belohnt werden, werden in der Regel wiederholt), verringere ich meinen Preis um 2479 Dollar, eine größere Abstufung. Meistens fühlt sich der Käufer dann verpflichtet, sein Angebot im Gegenzug kräftig zu erhöhen, sagen wir um 5000 Dollar, sodass es sich nun auf 90 000 Dollar beläuft. Jetzt weiß ich, dass wir uns beide auf meinen ursprünglichen Anker, 100 000 Dollar, zubewegen.

Mein nächster Schritt fällt kleiner aus. Damit signalisiere ich, dass wir das »Ende der Fahnenstange« erreichen. Dieses Mal gehe ich mit meinem Preis nur um 680 Dollar herunter und deute damit an: »Mehr ist nicht drin.«

Zu diesem Zeitpunkt gelangen wir gewöhnlich zu einer Einigung. Ich habe seinen Bluff durchschaut, seinen Anker ausgehebelt, sein Muster durchbrochen, bin in meiner Zielzone geblieben und habe einen Gewinn für mein Team eingefahren.

Sollte der Käufer Druck machen, um mir weitere Zugeständnisse abzuringen, schweige ich geraume Zeit, erkläre dann noch einmal: »Das ist nicht drin«, und biete dann einen Preisnachlass an, der niedriger ist als der letzte. »Alles, was recht ist, aber 490 Dollar ist mein letztes Wort«, füge ich hinzu. Dann hülle ich mich in Schweigen, warte ab und schaue zu, wie die Stille ihre Hebelwirkung entfaltet.

Alternativ könnte ich bestimmte Zugeständnisse zurücknehmen, wie kostenlose Lieferung oder Installation als Ausgleich für den Preisnachlass; oder ich schlage ein anderes Produkt oder eine andere Problemlösung vor, die besser auf das Budget der Käufer abgestimmt sind. Oder ich setze Spielgeld in Form von Schulung, Installation oder Produkterweiterungen statt der zusätzlichen Preisnachlässe ein. Das sind einige der Optionen, die Sie auf Ihrer Geben-Nehmen-Playlist einplanen sollten.

Der Ankereffekt

Einer meiner Verkaufsmitarbeiter rief mich an und bat um Hilfe bei einem Deal, den er gerade aushandelte. Sein ursprüngliches Preisangebot für die Serviceleistungen, die sein Klient ins Auge gefasst hatte, belief sich auf 30 000 Dollar. Wir waren von den Stakeholdern als Anbieter der Wahl (VOC) bestätigt worden.

»Das Gegenangebot lautete 15 000 Dollar. Zu diesem Preis würde R. (der Käufer) den Vertrag noch heute unterschreiben. Ich denke, wir könnten uns auf 17 000 Dollar einigen. Ich bin ziemlich sicher, dass ich die Auftragsvergabe dann über die Bühne bringen kann. Was sagen Sie dazu?«

Ich begann zu lachen. »Ich denke, Sie sind gerade ein Opfer des Ankereffekts geworden.« Am anderen Ende der Leitung herrschte Schweigen. Er hatte offenbar keinen blassen Schimmer, wovon ich redete.

Der Ankereffekt ist eine besonders hartnäckige menschliche Neigung des Gehirns, spontane Entscheidungen auf der Grundlage eines anfänglichen Informationsbruchstücks zu treffen und anschließende Bewertungen an diesem »Anker« auszurichten.

Wenn der Käufer die Verhandlungen mit einer Finte einleitet und beispielsweise sagt: »Ihr Konkurrent verlangt 20 Prozent weniger«, neigen Sie dazu, sich mit Ihrer Preisnennung an diesem Ausgangspunkt zu orientieren.

In einem solchen Fall sehen Sie sich der doppelten Herausforderung gegenüber, zu verhindern, dass Sie auf 20 Prozent verankert werden, und darauf zu achten, dass Sie den »Preis Ihres Konkurrenten« nicht noch unterbieten. Was die Konkurrenz anbietet, ist irrelevant. Sie wurden als Anbieter der Wahl bestätigt. Die Stakeholder haben entschieden, mit Ihnen ins Geschäft zu kommen. Außerdem sollten Sie überlegen, aus welcher Quelle die Information über den Preis Ihrer Konkurrenten stammt. In wessen bestem Interesse ist es, Ihnen diesen Hinweis auf dem Silbertablett zu servieren?

Ignorieren Sie solche Täuschungsmanöver. Fokussieren Sie sich auf Ihre Wertebrücken und das Ausheblen des Ankereffekts.

Sobald der Anker gesetzt ist, gilt er als Ausgangspunkt für alle weiteren Preisverhandlungen – ungeachtet dessen, ob er fundiert oder rational ist. Das entspricht einfach nur der Funktionsweise des menschlichen Gehirns.

Der Ankereffekt ist einer der erbittertsten Gegner am Verhandlungstisch. Zahlreiche Studien von Psychologen haben gezeigt, wie anfällig Menschen dafür sind – selbst, wenn die Anker absurd erscheinen.

Mein Verkaufsmitarbeiter war dabei, einen Riesenfehler zu begehen. Er erwog, sich mit seinem Gegenangebot am Anker seines Klienten (15 000 Dollar) zu orientieren, als wäre das ein angemessener Preis. Mit diesem Schachzug wollte ihn der Käufer auf eine Zahl festnageln, die unsere Gewinne und seine Provision halbiert hätte.

Zum Glück konnte ich das noch rechtzeitig verhindern. Ich erklärte ihm, wie sich dieser Anker ausheblen ließ: indem er die Erfolgskriterien des Käufers ansprach und seine eigene Position erläuterte. Wenn es dann immer noch nicht ohne Preiskonzessionen ging, sollte der Nachlass sich auf maximal 800 Dollar und eine präzise Zahl belaufen. Es galt, den Fokus wieder auf seinen eigenen Anker zu richten – sein ursprüngliches Angebot.

Mein Verkaufsmitarbeiter fühlte sich verunsichert. »Darauf wird R. niemals eingehen«, sagte er. Aber er nahm seinen ganzen Mut zusammen und bot einen Nachlass von 680 Dollar von seinem ursprünglichen Preis an. Es funktionierte. Der Käufer konterte mit einem Gegenangebot in Höhe von 25 000 Dollar. Sie einigten sich bei 28 375 Dollar. Es war das letzte Mal, dass er sich von einem potenziellen Kunden verankern ließ.

Anker ausheblen

Es gibt viele Möglichkeit, die Anker auszuräumen. Vor allem gilt es, aufmerksam zu bleiben, um rechtzeitig zu erkennen, wann Anker gesetzt werden. Achtsamkeit ist hier der Schlüssel zum Erfolg.

Mit einem höheren Preis kontern. Auf unrealistische Preisvorstellungen der Stakeholder reagiere ich im Gegenzug bisweilen mit einer Erhöhung meiner ursprünglichen Preisnennung. Das ist jedoch eine extreme Position und eine Taktik, die ich nur in seltenen Fällen anwende. Doch damit wecke ich fast immer auf Anhieb ihre Aufmerksamkeit und durchbreche das Verhaltensmuster. In der anschließenden Preisdiskussion sind sie bemüht, sich wieder meinem ursprünglichen Angebot anzunähern – *meinem* Anker.

Lösungsbausteine ausklammern. Statt mit einem Gegenangebot zu reagieren, können Sie Lösungsbausteine, die im Preis inbegriffen und für die Stakeholder wichtig und nützlich sind, aus dem Paket ausklammern. »Es bestünde die Möglichkeit, uns auf diesen Preis zu einigen, wenn wir das Installationsteam vor Ort streichen; dann müssten Sie und Ihre Mannschaft das Set-up in eigener Regie durchführen.«

Top-Verhandler klammern diejenigen Lösungsbausteine aus, die sich auf den künftigen Zustand der angestrebten Geschäftsergebnisse auswirken und in Zusammenarbeit mit der Stakeholder-Gruppe durch einen Konsens im Verhandlungsprozess entwickelt wurden. Sie bilden das Herzstück des Deals und haben für sie, ihren eigenen Angaben zufolge, hohe Priorität.

Mit anderen Worten: Top-Verhandler greifen aktiv in die bestehende Kapitalrendite-Gleichung ein:

$$ROI = (MBOs + EBOs) - Preis$$

Sie bewirken eine Umgestaltung der Preisstrukturen durch das Ausklammern bestimmter Lösungsbausteine – Abstriche, die sich negativ auf die angestrebten messbaren und emotionalen Geschäftsergebnisse auswirken würden. Da es den Stakeholdern sehr schwerfallen würde, auf das zu verzichten, was sie nach eigener Aussage für eine essenzielle Komponente des Deals halten, sind sie eher geneigt, das Feilschen um den Preis aufzugeben und den Weg für eine Übereinkunft zu bahnen.

Das gesamte Lösungskonzept vom Tisch nehmen. Wenn ein Anker der Stakeholder so extrem ist, dass er absurd erscheint, hebelt man ihn am besten aus, indem man das gesamte Lösungskonzept vom Tisch nimmt und es durch eine andere Option ersetzt.

»Angesichts dessen, was Sie gerade gesagt haben, ist es vielleicht das Beste, einen Schritt zurückzutreten und zu überlegen, ob wir nicht eine Lösung finden, die besser auf Ihr Budget abgestimmt ist.«

Das ist eine andere Form des Ausklammerns. Entweder bewirkt diese Taktik, dass Ihre Verhandlungspartner aufhorchen und einsichtiger werden, oder sie lässt sie vom Haken. Wenn Sie mit Ihrem Preis wirklich außerhalb ihres Budgets liegen, nehmen sie im Anschluss vielleicht eine kooperativere Haltung ein, sodass Sie gemeinsam nach einer passgenaueren Lösung Ausschau halten können.

Wenn es sich jedoch um ein eingefahrenes Verhaltensmuster handelt, das Sie mit dieser Taktik durchbrechen, reagieren sie vermutlich mit dem Einwand, dass sie lieber bei Ihrem ursprünglichen Konzept bleiben wollen. Damit haben Sie definitiv die Kontrolle über den weiteren Verhandlungsverlauf gewonnen und die Möglichkeit, zu Ihrem ursprünglichen Anker zurückzukehren. An diesem Punkt sind Ihre Stakeholder endlich bereit, mit Ihnen zusammenzuarbeiten, um zu einer einvernehmlichen Lösung zu gelangen.

Wenn nicht, hätten Sie den Deal ohnehin abschreiben können.

In anderen Situationen mit extremen Gegenankern könnte es sinnvoll sein, aus dem Deal auszusteigen, statt sich auf weitere Diskussionen einzulassen. Wenn es sich um einen kleinen Auftrag oder einen potenziellen Kunden handelt, der bei Weitem nicht Ihrem IQP-Profil – Ihrem idealen qualifizierten Kontakt – entspricht, lohnt es sich nicht, am Ball zu bleiben. Wenn Sie für eine gut bestückte Pipeline gesorgt, Verkaufsprozesse in allen Phasen am Start und wenig Zeit für Psychospielchen haben, könnte es angeraten sein, Ihre Siebensachen zu packen und nach Hause zu gehen. Wenn unkooperative Käufer feindselig und rüde werden, sollten Sie nach besseren Verkaufschancen Ausschau halten.

Top-Verhandlern gelingt es, disruptive Gefühle wie die emotionale Fixierung zu steuern. Sie besitzen genug Disziplin, um sich auszuklinken, sobald die Wahrscheinlichkeit, ein vernünftiges Ergebnis auszuhandeln und einen Geschäftsabschluss zu tätigen, unter eine annehmbare Schwelle sinkt.

Bringen Sie Ihre Stakeholder dazu, sich in Sie hineinzuversetzen. Vielleicht stecken sie extreme Positionen ab, die nicht verhandelbar oder tief in Ihrer Grenzzone verortet sind, und schalten dann auf stur: »Das ist mein absolut letztes Angebot – und damit basta.«

Darauf könnten Sie beispielsweise antworten: »Ich würde wirklich gerne mit Ihnen zusammenarbeiten, aber bei diesem Preis wäre das für uns ein Verlustgeschäft. Wie es scheint, haben wir eine Pattsituation erreicht. Wie würden Sie sich denn verhalten, wenn Sie an meiner Stelle wären?«

Diese Taktik kann hervorragend funktionieren, um Käufer zur Aufgabe ihrer Und-damit-basta-Haltung zu motivieren, wenn sie in der richtigen Weise und in der richtigen Situation eingesetzt wird. Der Ton macht bekanntlich die Musik. Der falsche Ton verwandelt die Aufforderung zum Perspektivwechsel in eine Verbalattacke. Vergewissern Sie sich, dass Sie eine ernst gemeinte, aufrichtige Frage stellen, ohne einen Anflug von Sarkasmus.

Wie können wir unsere Zusammenarbeit trotzdem fortsetzen? Das ist meine Lieblingstaktik, mit der es mir fast immer gelingt, extreme Anker auszuhebeln. Diese einfache Frage enthält einen subtilen Hinweis auf die Möglichkeit, wichtige Lösungsbausteine oder das gesamte Lösungskonzept auszuklammern, und besagt im Klartext: »Wie können wir die Zusammenarbeit fortsetzen, wenn wir uns nicht einigen?«

Diese Frage

- hilft Ihnen, ein Nein oder eine harsche Reaktion zu vermeiden,
- betont Ihr ernsthaftes Interesse und die Bereitschaft zur Zusammenarbeit,
- deutet auf die Möglichkeit hin, dass es andere Optionen gibt,
- versetzt Ihre Verhandlungspartner in eine Position, in der sie den Verhandlungsprozess neu aufrollen müssen – eine Form des Engagements und eine Fortsetzung der Beziehung,
- bringt den Ball in ihr Spielfeld, sodass sie nun mit einer vernünftigen Lösung aufwarten müssen, und
- verlagert den Tonfall des Gesprächs von aggressiv auf kooperativ.

Finten

»Ihr Konkurrent berechnet schon vor Verhandlungsbeginn 20 Prozent weniger als Sie.«

»Bei allen anderen Angeboten, die uns vorliegen, ist die Installation kostenlos.«

»Ihr Preis ist zu hoch, deshalb ziehen wir in Betracht, diese Arbeit in unserem Haus durchzuführen.«

»Wir haben gehört, dass die Konkurrenz in Kürze eine neue Version ihrer Software einführt. Vielleicht warten wir doch lieber darauf, bevor wir eine Entscheidung treffen.«

Solche Informationen erhalten Sie von Stakeholdern, die versuchen, Ihnen Zugeständnisse abzunötigen. In Wirklichkeit handelt es sich um ausgeklügelte Finten, die darauf abzielen, die Kontrolle zu übernehmen.

Die meisten Finten sind Teil des Drehbuchs, nach dem sie sich richten. Nichts als Worte, um zu rechtfertigen, warum sie Konzessionen von Ihnen verlangen.

Solche Finten entbehren oft der Logik. Nehmen wir beispielsweise die Aussage: »Ihr Konkurrent berechnet schon vor Verhandlungsbeginn 20 Prozent weniger als Sie.« Denken Sie einmal sachlich darüber nach – wenn der Konkurrent mit seinem Preis tatsächlich um so viel niedriger läge:

Warum sitzt der Käufer dann noch mit Ihnen am Verhandlungstisch?

Warum hat er nicht längst bei der Konkurrenz gekauft?

Warum hat er Sie als Anbieter der Wahl bestätigt?

Das ergibt keinen Sinn und genau deshalb sollten Sie nicht auf solche Finten hereinfallen. Andernfalls verschwenden Sie Ihre Zeit, Energie und Gefühle bei dem Versuch, der falschen Fährte zu folgen, statt eine gemeinsame Linie zu finden und den Weg zu einer Übereinkunft zu bahnen.

Anker aushebeln: Ein Beispiel

Hier ein Beispiel für die falsche und die richtige Methode, den Ankereffekt oder eine Finte außer Kraft zu setzen. Der Anschaulichkeit halber geht es dabei um eine *einfache Preisverhandlung*. Ich habe bewusst auf ein komplexes Setting verzichtet, damit Sie die einzelnen Schritte klarer nachvollziehen können.

In diesem Szenario bietet der Verkaufsmitarbeiter gebrauchte Investitionsgüter an. Der Käufer interessiert sich für die Anschaffung eines Baggers mit einem Listenpreis von 100 000 Dollar.

FALSCHE METHODE

Käufer: »Der Bagger gefällt mir. Wie weit könnten Sie mir mit dem Preis entgegenkommen?«

Verkäufer: »Ich würde Ihnen einen Nachlass von 10 000 Dollar einräumen, vorausgesetzt, Sie kaufen noch heute.«

Käufer: Ah ja, vielen Dank. Ich möchte mir allerdings noch ein paar andere Bagger von Ihrer Konkurrenz anschauen. Aber ich denke über Ihr Angebot nach und melde mich wieder bei Ihnen.«

Drei Tage später …

Käufer: »Ich interessiere mich nach wie vor für Ihren Bagger. Sie sagten, dass Sie mir einen Nachlass von 10 000 Dollar einräumen würden, aber bei Ihrem Konkurrenten kann ich einen besseren Preis erzielen. Was machen wir jetzt?«

Verkäufer: »Nun, ich könnte den Preis noch einmal um 7500 Dollar reduzieren. Was sagen Sie dazu?«

Käufer: »Klingt gut. Ich muss noch mit meinem Partner darüber sprechen; mal sehen, was er meint.«

Drei Tage später …

Käufer: »Ist der Bagger noch im Angebot?«

Verkäufer: »Ja. Möchten Sie ihn jetzt kaufen?«

Käufer: »Vielleicht. Ich habe mit meinem Partner geredet und er ist der Meinung, dass Sie uns angesichts der Betriebsstunden, die der Bagger bereits auf dem Buckel hat, einen besseren Preis anbieten müssen.«

Verkäufer: »Ich bin mit dem Preis bereits um annähernd 20 Prozent heruntergegangen. Mehr ist beim besten Willen nicht drin.«

Käufer: »Kommen Sie. Sie wissen genau, dass der Bagger höchstens 75 000 Dollar wert ist.«

Verkäufer: »82 500 Dollar ist ein erstklassiges Angebot für ein solches Modell.«

Käufer: »Trotzdem, ich bin sicher, dass Sie noch eine Schippe drauflegen können. Geben Sie Ihrem Herzen einen Stoß!«

Verkäufer: »Also gut. Wie wäre es, wenn wir uns in der Mitte treffen, bei 78 000 Dollar. Ist das in Ordnung für Sie?«

Käufer: »Klingt gut. Ich muss das allerdings noch mit meinem Partner besprechen.«

Verkäufer: »In Ordnung. Falls Sie noch Fragen haben, ich stehe Ihnen jederzeit zur Verfügung.«

Am nächsten Tag ...

Käufer: »Also, ich habe mit Ihrem Konkurrenten gesprochen. Er hat mir das gleiche Modell angeboten, für 74 000 Dollar. Ich würde dennoch lieber bei Ihnen kaufen. Wenn Sie bei dem Preis mithalten können, sind wir im Geschäft.«

Verkäufer: »Okay. Geben Sie mir einen Moment Zeit, ich muss das mit meinem Chef klären.«

Verkäufer (ein paar Minuten später): »Abgemacht. Dann sollten wir jetzt den Kaufvertrag aufsetzen.«

RICHTIGE METHODE

Käufer: »Der Bagger gefällt mir. Wie weit können Sie mir mit dem Preis entgegenkommen?«

Verkäufer: »Ich wüsste gerne: Warum haben Sie sich für dieses Modell entschieden?«

Käufer: »Wir suchen einen Caterpillar-Hydraulikbagger mit wenig Betriebsstunden. Bei uns steht ein großes Projekt an und wir brauchen zusätzliche Ausrüstung. Umfangreiche Wartungsarbeiten können wir uns nicht leisten.«

Verkäufer: »Es freut mich, dass Sie zu uns gekommen sind. Dieses Modell hat nicht nur wenige Betriebsstunden, sondern wird von uns auch regelmäßig gewartet. Sämtliche Wartungsunterlagen liegen vor. Sie werden nichts Vergleichbares auf dem Markt finden. Ein echtes Highlight. Was halten Sie davon, wenn ich Ihnen die Wartungsunterlagen zuschicke, und wenn Sie das Gefühl haben, dass diese Baumaschine die richtige für Sie ist, können wir über die Einzelheiten der externen Wartung und die Preisstruktur sprechen.«

Käufer: »In Ordnung, wir schauen uns die Unterlagen an.«

Später am Nachmittag ...

Käufer: »Wir würden den Bagger gerne kaufen, aber Sie müssten uns mit dem Preis entgegenkommen. Ihre Konkurrenten haben ähnliche Baumaschinen mit einem Listenpreis, der 20 000 Dollar unter Ihrem liegt.«

Verkäufer: »Das gleiche Modell?«

Käufer: »Ja. Was können wir mit dem Preis machen, damit wir uns handelseinig werden?«

Verkäufer (weiß, dass es sich um einen Bluff handelt): »Ehrlich gestanden, wenn Sie Caterpillar-Hydraulikbagger im gleichen Top-Zustand mit sämtlichen Wartungsunterlagen für 20 000 Dollar weniger finden, rate ich Ihnen, zuzugreifen. Das wäre ein guter Deal.«

Käufer: »Ähm ... wir würden ja lieber bei Ihnen kaufen?«

Verkäufer: »Haben Sie sich definitiv für uns entschieden?«

Käufer: »Ja, aber Sie müssten mir mit dem Preis entgegenkommen.«

Verkäufer: »Ich bin offen für ein vernünftiges Angebot.«

Käufer: »Wie wäre es mit 87 000 Dollar?«

Verkäufer: »Oh weh! Da führt leider kein Weg hin. Was halten Sie von 97 357 Dollar?«

Käufer: »Könnten wir uns bei 94 000 Dollar treffen?«

Verkäufer: »Ich kann Ihnen einen Preis von 96 523 Dollar einräumen und Ihnen zusätzlich anbieten, den Bagger vor der Auslieferung noch einmal komplett durchzuchecken. Auf diese Weise wissen Sie, dass er hervorragend in Schuss ist und Sie Ihr Projekt ohne unliebsame Unterbrechungen über die Bühne bringen können.«

Käufer (denkt nach): »Einverstanden, dann sind wir im Geschäft. Wie geht es jetzt weiter?«

Zusammenzucken und Schweigen

Eine der weit verbreiteten Methoden, mit denen Top-Verhandler Anker ausheben und mehr Zugeständnisse ohne große Anstrengung erwirken, ist das schmerzliche Zusammenzucken, gefolgt von Schweigen. Wenn Käufer Konzessionen von Ihnen fordern, bei denen es »ans Eingemachte« geht, oder einen extrem niedrigen Preis als Anker setzen, sollten Sie seufzen, einen überraschten Ausruf von sich geben oder hörbar nach Luft schnappen, während Sie den Kopf schütteln. Danach lassen Sie ein paar Minuten Stille im Raum einkehren.

Diese Schweigeminute kann bei Ihren Käufern das Bedürfnis auslösen, weiterzureden und ein vernünftigeres Angebot zu machen. Stille ist ein wirkmächtiger Hebel. Die meisten Menschen empfinden sie als unangenehm und neigen dazu, sie zu füllen. Die Pause ermöglicht Ihnen darüber hinaus, Ihre Gedanken zu sammeln und zu verhindern, dass Sie sich mit Ihren Preisnennungen an diesem Anker orientieren. Vor allem signalisieren Sie aber eindeutig und ohne nein zu sagen, dass für Sie kein Weg dorthin führt.

Aber Achtung! Diese Taktik des Zusammenzuckens und lastenden Schweigens funktioniert auch andersherum. Käufer, die ein formales Verhandlungstraining absolviert haben, beherrschen sie aus dem Effeff. Sie verfehlt selten ihre Wirkung, und wenn sie eingesetzt wird, werden Verkäufer damit ohne große Anstrengung zu Zugeständnissen bewegt, die tiefe Einschnitte hinterlassen.

Die Macht der Stille

Stille ist ein machtvolles Instrument, aber Sie dürfen sich davon nicht einschüchtern lassen. Lassen Sie sich nicht dazu verleiten, auf Ihre Provision zu verzichten, wenn Ihre Stakeholder zusammenzucken und schweigen. Fühlen Sie sich nicht bemüßigt, die lastende Stille zu füllen.

Eine der schwierigsten Aufgaben beim Geben und Nehmen besteht darin, zu lernen, zu schweigen, wenn Sie ein Angebot oder Gegenangebot gemacht haben. Dieser unangenehme Augenblick, in dem Stille einkehrt, kann unerträglich erscheinen. Er kann eine gefühlte Ewigkeit andauern. Da Sie nicht wissen, wie der Käufer reagiert, fühlen Sie sich verletzlich.

In diesem Augenblick der Schwäche beginnen Sie, zu reden, ohne Unterlass. Sie erklären Ihre Position bis zum Abwinken und machen noch mehr Zugeständnisse. Damit vermitteln Sie unter dem Strich einen unsicheren und wenig vertrauenswürdigen Eindruck. Sie setzen Ihren Monolog endlos fort, bis Sie den Käufer, der schon bereit war, Ihren Bedingungen zuzustimmen, auf die Idee gebracht haben, dass da noch Luft nach oben sein könnte und weitere Konzessionen zu fordern.

Deshalb ist es ratsam, zu schweigen, sobald Ihr Angebot auf dem Tisch liegt. Trotz der Alarmglocken, die in Ihrem Kopf schrillen, trotz Adrenalinstoß, Herzklopfen, schweißnasser Hände und Angst sollten Sie sich auf die Zunge beißen, die Hände in den Schoß legen, das Handy auf Lautlos schalten, den Mund halten und es Ihren Käufern überlassen, wie auch immer zu reagieren. Üben Sie sich in Geduld und Sie werden überrascht sein, wie oft Ihre Stakeholder bereit sind, nach einer gemeinsamen Linie Ausschau zu halten, um den Weg zu einer Übereinkunft zu bahnen.

Ausklammertechnik und Verknappungseffekt

Wenn der Ankereffekt der schlimmste Gegner am Verhandlungstisch ist, ist die Ausklammertechnik Ihr mächtigster Verbündeter. Diese bewusst herbeigeführte Rücknahme eines Angebots ist ein psychologischer Hebel, der Ihre Käufer sowohl auf der unbewussten als auch auf der bewussten Ebene aufschreckt und eine Annäherung an Ihre Position bewirkt. Er zwingt sie, zu handeln.

Das liegt daran, dass wir Menschen uns oft mehr als alles andere in der Welt Dinge wünschen, *die wir nicht haben können*. Was sie so begehrt macht, ist der sogenannte *Verknappungseffekt*. Dazu gehört alles, was nur wenigen Privilegierten vorbehalten, schwer zu beschaffen oder in limitierter Menge erhältlich ist – und bei anderen Begehrlichkeiten weckt.

Dieser Effekt lässt sich mit allem erzielen, was Sie auf den Verhandlungstisch legen. Nichtkomplementäres Verhalten ist eine Spielart der Ausklammertechnik, genau wie entspanntes, souveränes Selbstvertrauen. Wenn Sie anhand Ihres Verhaltens andeuten, dass Sie nicht vom Ergebnis abhängig und jederzeit bereit sind, aus dem Verkaufsprozess auszusteigen, sind Ihre Verhandlungspartner eher bemüht, Ihnen entgegenzukommen und Ihr Scherflein zu einem erfolgreichen Geschäftsabschluss beizutragen.

Wir alle haben insgeheim den Wunsch, dass sich andere um uns bemühen. Umworben zu werden, verleiht ein gutes Gefühl. Wenn Sie gelassen, cool und entspannt bleiben, ein Pokergesicht aufsetzen und damit zum Ausdruck bringen, dass Sie nicht auf diesen Deal angewiesen sind, entziehen Sie sich den Psychospielchen der Stakeholder. Das hat zur Folge, dass eine Partnerschaft mit Ihnen an Reiz gewinnt. Auf der unbewussten Ebene drehen Sie mit Ihrem Verhalten den Spieß um: Ihre Käufer versuchen, Sie als Anbieter ihrer Wahl zurückzugewinnen. Und Sie haben damit einen wirkmächtigen Hebel zur Hand, der sich positiv auf das Verhalten Ihrer Verhandlungspartner auswirkt.

Die Ausklammertechnik sollte auf Ihrer Geben-Nehmen-Playlist eine zentrale Rolle einnehmen. Wenn Sie Zugeständnisse machen, sollten Sie im Gegenzug *immer* eine Gegenleistung verlangen. Das ist wichtig, denn wenn Sie einen Lösungsbaustein aus dem Paket herausnehmen, erhöht sich mit einem Mal die Aufmerksamkeit der Stakeholder und der Reiz, ihn zurückzuerhalten. Sobald er zu wertvoll und der Verzicht darauf zu schmerzlich erscheint, hören sie auf, zu »schachern«, und beginnen, gemeinsam mit Ihnen den Weg zu einer Übereinkunft zu ebnen.

Eine gelassene, entspannte Präsentation und Schweigen sind unerlässliche Bestandteile dieser Ausklammertechnik. Es ist ein Instrument mit vielen Nuancen.

Nachdem Sie einen Lösungsbaustein ausgeklammert haben, hüllen Sie sich in Schweigen. Üben Sie sich in Geduld. Warten Sie ab. Mit dieser Taktik ziehen Sie die Käufer in Ihren Bann, drehen den Spieß um und erlangen die Kontrolle über die Situation. Wenn es ganz gut läuft, klammern sie sich an das, was Sie gerade aus Ihrem Lösungskonzept ausgeklammert haben, oder kämpfen sogar darum.

In anderen Fällen sehen sich Käufer vielleicht veranlasst, eine kooperativere Haltung einzunehmen, wenn Sie etwas ausklammern, was ihnen wichtig ist, und keinerlei Anstalten machen, einzuknicken. Dann heißt es »Wie können wir zusammenarbeiten?« statt »Was können Sie uns sonst noch geben?« Die Ausklammertechnik hat Ihnen Respekt eingetragen. Sie haben die festgefahrene, distanzierte Haltung Ihrer Stakeholder aus den Angeln gehoben und den Weg zu einer Übereinkunft dadurch merklich erleichtert.

36 Legitimieren der Vereinbarungen und Vertragsabschluss

George Patton, General der U.S. Army im Zweiten Weltkrieg, hat (angeblich) einmal gesagt, dass man niemals doppelt für die Eroberung eines Terrains zahlen sollte. Im Krieg und in Verhandlungen ein vernünftiger Rat, wie mir scheint. Zu glauben, dass eine Übereinkunft besteht, nur um später zu erfahren, dass man sich getäuscht hat (wenn man den Tag vor dem Abend lobt), ist wohl das Letzte, was man sich wünscht.

Dass Sie mit den Stakeholdern kommunizieren, bedeutet nicht, dass Sie einer Meinung sind. Dass Käufer nicken, lächeln oder »Ja« sagen, bedeutet nicht, dass Sie den Abschluss bereits in der Tasche haben.

Verkaufsmitarbeiter gelangen immer wieder zu dieser vorschnellen Schlussfolgerung, bei der sie sich die Finger verbrennen. Das mitanzusehen, ist herzzerreißend. Deshalb feiert niemand in meinem Team einen Deal, bis der Vertrag auf Papier oder digital unterschrieben beziehungsweise die Zahlung eingegangen ist.

Der Hauptgrund dafür, dass Verkaufsmitarbeiter am Ende des Tages mit einer irrigen Annahme statt einem erfolgreichen Abschluss dastehen, ist die Tatsache, dass sie es unterlassen, die *entscheidende Frage* zu stellen. Wenn Sie bei Verkaufsverhandlungen *an der Abschlussfrage scheitern, scheitern Sie auf ganzer Linie*.

Fragen zu stellen, ist die wichtigste Disziplin in Verkaufsverhandlungen. Sie ist der Schlüssel zur Besiegelung eines Geschäfts mit einer hieb- und stichfesten Vertragsunterzeichnung. Sie müssen fragen, um das Gewünschte zu erhalten – ohne Umschweife, selbstsicher und souverän.

Wenn Sie der Meinung sind, mit dem Käufer einig zu sein, sollten Sie daher umgehend um eine mündliche Zusage bitten, die rechtsverbindlich ist, und diese besiegeln, zum Beispiel mit:

1. **Zahlung** per Kreditkarte, Scheck, digitaler oder telegrafischer Überweisung.

2. **Vertragsunterzeichnung oder formaler Bestellung.**

3. **Besiegelung per Handschlag.** Wenn ich die Käufer kenne, ihnen vertraue und bereits Geschäfte mit ihnen getätigt habe, reicht ein Handschlag mit ausdrücklicher Bestätigung der finalen Vertragsvereinbarungen als Abschluss aus.

4. **Letter of Understanding (LOU).** In einigen komplexen Verhandlungen ist der finale Geschäftsabschluss eher eine Reise als ein einmaliger Vorgang. In solchen Fällen sollte nach jeder Besprechung ein Dokument verfasst werden, das die bisher getroffenen Vereinbarungen enthält, um den Überblick über die Eckpunkte zu behalten, die noch verhandelt werden müssen.

Das wahre Geheimnis des Vertragsabschlusses

Wenn Sie bei Verkaufsverhandlungen auf lange Sicht erfolgreich sein und hieb- und stichfeste Abschlüsse tätigen wollen, *müssen* Sie die Disziplin aufbringen, die entscheidenden Fragen zu stellen. Das ist das wichtigste Element in allen Phasen des Verkaufsprozesses. Fragen sind der Schlüssel zu

- qualifizierten Auskünften,
- Kundenterminen,
- Produktdemonstrationen,
- Kontakten zu Entscheidern auf höherer Ebene oder Influencern auf niedrigerer Ebene,
- Informationen und Daten für den Aufbau Ihrer Argumentationskette,
- einer Festlegung der nächsten Schritte,
- Mikro-Engagements,
- Kaufzusagen und
- Vertragsunterzeichnungen.

Das A und O im Verkauf besteht darin, die entscheidenden Fragen zu stellen. Wenn Ihnen das nicht gelingt, tragen Sie am Ende eine Kiste mit Ihrer persönlichen Habe von Ihrem Schreibtisch zu Ihrem Auto, bevor Sie sich in die Schlange der Arbeitslosen einreihen. Ihr Einkommen leidet. Ihre Karriere leidet. Ihre Familie leidet. Sie leiden.

Wenn Sie im Verkauf an der entscheidenden Frage scheitern, scheitern Sie auf ganzer Linie. Das ist eine Tatsache und an dieser Tatsache wird sich nichts ändern.

Wer nicht wagt, der nicht gewinnt

Wenn Sie es immer wieder als Herausforderung empfinden, den nächsten Kundentermin zu erhalten, die Entscheidungsträger zu treffen, relevante Informationen von den Stakeholdern zu bekommen, in Kontakt mit Ansprechpartnern auf der nächsthöheren Organisationsebene zu treten oder einen Deal schlussendlich unter Dach und Fach zu bringen, liegt es nicht unbedingt daran, dass es Ihnen an den nötigen Fähigkeiten mangelt, potenzielle Interessenten und Kunden zu identifizieren und zu gewinnen oder die richtigen Worte und Taktiken für eine erfolgreiche Einwandbehandlung oder Verkaufsverhandlung zu finden.

Sie kommen nicht zum Zug, weil Sie sich nicht trauen, Ihr Anliegen *direkt zur Sprache zu bringen*. Und warum nicht? Weil Sie in neun von zehn Fällen verunsichert und passiv um den heißen Brei herumreden, aus Angst, ein *Nein* zu hören.

In diesem Zustand werden selbstsichere und souveräne Fragen durch Wollen, Hoffen und Wünschen ersetzt.

Sie zögern und benutzen schwache, wirkungslose Worte. Ihr Tonfall und Ihre Körpersprache spiegeln Unsicherheit und Verzweiflung wider. Sie warten darauf, dass die potenziellen Kunden Ihnen die Arbeit abnehmen und den Termin ausmachen, den nächsten Schritt festlegen oder den Geschäftsabschluss in eigener Regie herbeiführen.

Doch das können Sie vergessen.

Rechnen Sie lieber damit, dass sie mit zahllosen Einwänden eine Gegenoffensive starten. Sie halten Sie hin, erteilen Ihnen eine rüde Abfuhr, schalten Sie aus und walzen Sie manchmal platt. Bei Verkaufsverhandlungen ist Passivität keine Option. Unsicherheit ist keine Option. Und auf Wünschen und Hoffen lässt sich keine tragfähige Strategie aufbauen.

Nur direkte, selbstsichere und souveräne Fragen führen zum Vertragsabschluss.

Es gibt keine Wunderwaffe

Solange Verkaufsmitarbeiter ihre potenziellen Kunden um verbindliche Zusagen gebeten haben, waren sie von dem Gedanken an Abkürzungen und Wunderwaffen besessen, die zu einem Geschäftsabschluss führen, ohne das Thema gezielt anschneiden zu müssen.

Sie halten ständig nach Abschlusstechniken Ausschau, ähnlich wie Golfspieler nach dem perfekten Putter. Und eine endlose Schlange von Pseudo-Experten bedient ihr tief verwurzeltes Sicherheitsbedürfnis mit der falschen und gefährlichen Behauptung, dass sie mit Hilfe ihrer Erfolgsgeheimnisse jedes Mal ans Ziel gelangen.

Das ist Augenwischerei. Es gibt kein Geheimnis, das den Erfolg *garantiert,* und Sie sollten von solchen Scharlatanen keine Ratschläge annehmen, da sie sich in der Praxis als untauglich erwiesen haben.

- Es gibt keinen perfekten Putter, der über Nacht bewirkt, dass Sie zwanzig Schläge weniger benötigen und ein Golf-As werden.
- Es gibt keinen Feenstaub, der den Stachel der Zurückweisung und die natürlichen Konflikte am Verhandlungstisch entschärft.
- Es gibt keine Zauberformel, die potenzielle Kunden in Schockstarre versetzt, sodass sie gefügig werden.
- Es gibt kein perfektes Drehbuch, das ein *Nein* fortwährend in ein *Ja* verwandelt.
- Es gibt keinen Knopf, den man nur drücken muss, um einen Verkaufsvorgang jedes Mal zum erfolgreichen Abschluss zu bringen.

Und das ist die ungeschönte und unbestreitbare Wahrheit: Im Verkauf beginnt und hängt letztendlich alles von der Disziplin ab, unmissverständlich die *alles entscheidende Abschlussfrage* zu stellen. Um am Verhandlungstisch *erfolgreich* zu sein, gilt es, sich von Ihrem Wunschdenken zu verabschieden, Rückgrat zu entwickeln und den Deal mit der Vertragsunterzeichnung hieb- und stichfest zu machen.

37 Das nächste Kapitel und das Wettrennen um Relevanz

Im Konferenzraum auf der obersten Etage eines Luxushotels in der indischen Metropole Mumbai machte sich Unruhe unter den Anwesenden breit. Durch die Fenster, die sich hinter ihnen befanden, konnte ich das Meer sehen, das sich bis zum Horizont erstreckte. Die Boote, die aus dieser Höhe winzig wirkten, kehrten vom täglichen Fischfang zurück.

Ich hielt eine umfassende Sales-EQ-Trainingssitzung ab, an der eine Gruppe indischer Verkaufsrepräsentanten teilnahm. Wir hatten drei Tage lang hart gearbeitet, um einen grundlegenden Wandel in der Einstellung zum Verkaufsprozess und im Umgang mit den Stakeholdern anzustoßen.

Zuvor waren sie eifrig und engagiert gewesen, doch nun neigte sich unsere gemeinsame Zeit dem Ende zu. Ich spürte, dass sich irgendetwas zusammenbraute. Wir befanden uns gerade mitten in einer Diskussion, wie man nach der Situationsanalysephase des Verkaufsprozesses mit Hilfe der Geschäftsergebnis-Roadmap einen Konsens unter den Stakeholdern herstellt, als ich von einem Teilnehmer in der ersten Reihe unterbrochen wurde.

»Jeb, das mag in Amerika alles gut und schön sein, aber wir sind in Indien. Ich glaube, Sie verstehen nicht, was für unsere potenziellen Kunden relevant ist. Es bringt nichts, Ihre Lektionen hier umzusetzen, denn den indischen Käufern geht es nur darum, einen möglichst niedrigen Preis auszuhandeln.« Naveen schien so frustriert zu sein, dass seine Stimme zitterte.

Das verstehen Sie nicht

Jeb, das verstehen Sie nicht. Genau diese Worte bekomme ich fortwährend bei Schulungen gleich wo auf der Welt zu hören.

Wenn ich mich im Ausland befinde, heißt es: »Jeb, das verstehen Sie nicht, weil Sie Amerikaner sind.« Wenn ich mich in den USA befinde, muss ich mir anhören: »Jeb, das verstehen Sie nicht, weil unser Unternehmen (Produkt, Dienstleistung, Kunden, Käufer, Marktnische, vertikale Marketingstrategie, geografische Region – was auch immer) anders geartet ist.«

Es ist immer das Gleiche. Von Moskau bis Mailand, von Lissabon bis London, von Shanghai bis Sao Paulo, von Dubuque bis Dubai, von Atlanta bis Amsterdam. Es gibt tausend Entschuldigungen und Rechtfertigungen, warum Verkaufsmitarbeiter nicht verkaufen können. Zu Beginn des Jahres versuchte mich ein Teilnehmer unseres Fanatical Prospecting Boot Camps geschlagene zehn Minuten lang allen Ernstes zu überzeugen, dass Käufer in Virginia nicht vor zehn Uhr morgens kontaktiert werden wollen – eine absurde Erklärung für seine leere Verkaufspipeline.

»Unsere Käufer sind anders.«

»So läuft das in unserer Branche nicht (Unternehmen, Kultur, Land).«

»Die Käufer, mit denen wir es zu tun haben, sind bessere Verhandler als in allen anderen Wirtschaftszweigen.«

»Was wir sagen oder tun, spielt keine Rolle, unsere Käufer interessiert nur der Preis.«

»Für die Käufer in unserem Sektor sind wir auswechselbar, repräsentieren ein Allerweltsprodukt.«

Das sind Ammenmärchen und Entschuldigungen, die sich Verkaufsprofis überall auf der Welt einreden, um zu rechtfertigen, warum sie am Verhandlungstisch plattgemacht werden.

Einige Wochen vor Mumbai hielt ich ein Sales-EQ-Training in Chicago ab, an der eine Gruppe erfahrener National Accounts Manager teilnahm – Verkaufsprofis, die für die Interaktionen mit den wichtigsten Großkunden meines Klienten (ein globaler Hersteller) zuständig waren. Einer der Teilnehmer war absolut unbelehrbar.

»Jeb, das verstehen Sie nicht. Ihre Lektionen, wie man Deals durch den Verkaufsprozess schleust und Wertebrücken baut, mögen in anderen Unternehmen sinnvoll sein, aber unsere Kunden sind anders. Sie interessieren sich nur für den Preis.«

Ich lächelte. Das war reine Selbsttäuschung. »Neal, nur damit ich Sie richtig verstehe: Ihre Produkte sind die teuersten in Ihrem Marktsegment, oder?«

»Ja«, erwiderte er. »Die Preise sind teilweise sogar beträchtlich höher als die unserer Konkurrenten.«

»Wieso?«, hakte ich nach.

»Weil die Qualität unserer Produkte um Klassen besser und unser Service exzellent ist. Wir sind unbestritten der Branchenprimus und bieten unseren Kunden einen wesentlich höheren Mehrwert als unsere Konkurrenten«, erwiderte er sichtlich stolz mit einem raschen Blick auf seinen Verkaufsleiter, der am hinteren Ende des Raumes saß und zustimmend nickte.

Ich beschloss, ihn mit der knallharten Wahrheit zu konfrontieren. »Okay, Neal, jetzt haben Sie mich neugierig gemacht. Wenn Ihre Preise die höchsten im Markt sind und Ihre Kunden sich ausnahmslos nur für den Preis interessieren, nach *Ihrer* Auffassung, wie ist es dann möglich, dass Ihr Unternehmen immer noch im Geschäft ist?«

Was folgte, war Stottern und Stammeln und am Ende … dämmerte es ihm.

Die knallharte Wahrheit ist: Wenn sich Kunden ausschließlich für den Preis interessieren, braucht Ihr Unternehmen Sie nicht, denn dann kann es seine Produkte online stellen und den Kunden die Möglichkeit bieten, mit einem Klick zu kaufen.

Zurück in Mumbai

Mein Schulungsraum in Mumbai war mit Leuten gefüllt, die in ihrer Marktnische Marken von höchster Qualität zu Höchstpreisen verkauften. Nachdem ich unterbrochen worden war, führte ich sie durch einen ähnlichen logischen Denkprozess.

Da sie offenbar nicht gewillt waren, die Wahrheit zu akzeptieren, schalteten sie um. »Jeb, hier ist es nicht so wie in Amerika. Indische Käufer sind die *besten* Verhandler der Welt. Unsere Kultur ist anders.«

Wenn jemand in diesem Augenblick die Kamera auf mich gerichtet hätte, hätte er meine fassungslose Miene eingefangen; ungläubig ließ ich meinen Blick über eine Gruppe indischer Verkaufsprofis mit College-Abschluss schweifen, die mir weismachen wollten, sie wären nicht in der Lage, sich im Umgang mit den beinharten indischen Käufern zu behaupten. Das war angeblich kulturell bedingt, aber ihnen schien entgangen zu sein, was auf der Hand lag – dass *sie ebenfalls* ein Teil dieser Kultur waren.

Doch während ich kopfschüttelnd dastand, konnte ich ihre Frustration durchaus nachempfinden. Mit Anfang zwanzig verkaufte ich Radiowerbung für einen lokalen Sender. In meiner Heimatstadt gab es eine prosperierende indische Gemeinde und in dem mir zugewiesenen Verkaufsgebiet gab es zahlreiche Geschäfte, die sich in der Hand indischer Besitzer befanden.

Genau wie meine Schulungsteilnehmer in Mumbai fand ich die indischen Ladenbesitzer beeindruckend. Sie waren beinharte Verhandler, die mich nach allen Regeln der Kunst aufmischten. Ich war frustriert und scheiterte krachend bei meinen Versuchen, in der indischen Geschäftswelt Fuß zu fassen. Ich zog sogar in Betracht, meinen Job an den Nagel zu hängen.

Eines Samstagnachmittags, als ich auf der Veranda hinter dem Haus meiner Eltern saß, klagte ich meinem Vater mein Leid. »Sie sind einfach nicht fair«, jammerte ich in der Hoffnung, ein offenes Ohr zu finden. »Diese indischen Ladenbesitzer verstehen nicht, wie wir die Dinge hier in Amerika angehen. Ich hasse es, mit ihnen zu arbeiten.«

Mein Vater reagierte nicht so wie erwartet. Statt meine Partei zu ergreifen, ermahnte er mich in harschem Ton.

»Das ist nicht *ihr* Problem, Jeb; das ist *dein* Problem. Diese Ladenbesitzer tun genau das, was sie tun sollten. Sie schützen ihr Geschäft und ihr Bankkonto. Glaubst du, dass sie dir etwas schulden? Sollen sie eine Kehrtwende machen, nur weil wir in Amerika anders vorgehen?«

Ich versuchte, ihn zu unterbrechen, aber er hielt die Hand hoch, um anzudeuten, dass er noch nicht fertig war. »Dein Problem ist deine Einstellung, die so miserabel ist, dass du die Augen vor der Wahrheit verschließt. Statt in den Spiegel zu schauen, suchst du nach Ausflüchten und gibst den Leuten die Schuld, die du als Kunden gewinnen möchtest.

Hör auf, den Kopf in den Sand zu stecken und wach auf. Es sind nicht die anderen, die etwas ändern sollten – *sondern du*. Du musst ein besserer Verkäufer werden. Du musst ihnen einen Grund geben, mit dir ins Geschäft zu kommen, zu den Preisen, die du ihnen nennst. Ihre Werbeaktivitäten sind ein Privileg, auf das du kein Anrecht hast. Du musst es dir verdienen.«

Seine Worte trafen mich hart. Mein Gesicht war feuerrot und ich war zutiefst beschämt, weil ich gezwungen wurde, mich mit meinen Vorurteilen und meiner grottenschlechten Einstellung auseinanderzusetzen. Ich schmollte für den Rest des Nachmittags, weil er so grob mit mir umgesprungen war.

Aber er hatte recht, wie ich wusste. Wenn ich mit den indischen Ladenbesitzern in meinem Verkaufsgebiet ins Geschäft kommen wollte, musste ich die drei einzigen Dinge ändern, die ich zu beeinflussen vermochte – meine eigenen Aktivitäten, meine Reaktionen und meine Einstellung. Es war an der Zeit, damit zu beginnen, meine Emotionen unter Kontrolle zu bringen, meine Perspektive und meine Ansichten zu ändern, mit Selbstvertrauen über die Türschwelle meiner potenziellen Kunden zu treten und meine Verkaufsfähigkeiten zu verbessern.

Und genau das tat ich. Ich behaupte nicht, dass es leicht war, und der Wandel vollzog sich auch nicht über Nacht. Die eigene Einstellung zu verändern, ist nun mal kein Kinderspiel. Doch im Lauf der Zeit war ich imstande, mit den richtigen Fragen den Kontakt zu den indischen Ladenbesitzern aufzubauen, sie als Kunden bei der Stange zu halten, den Nutzen meines Angebots zu demonstrieren und Wertebrücken zu bauen.

Am wichtigsten war jedoch, dass ich lernte, meine Gefühle unter Kontrolle zu bringen und diesen Top-Verhandlern auf Augenhöhe zu begegnen. Ich erkannte, dass es mir deshalb so schwergefallen war, mit ihnen zu verhandeln, weil sie im Gegensatz zu mir imstande waren, ihre Emotionen zu steuern.

Sie wollten den allerbesten Deal für ihr Geschäft, während für mich Sympathie und Anerkennung an erster Stelle standen. Wenn Sie keinerlei Gefühlsregungen erkennen ließen oder mein Bedürfnis nach Wertschätzung nicht erfüllten, war ich frustriert, fühlte mich verunsichert und abgewiesen. Das war *mein* Problem – nicht ihres.

Die Verkaufsrepräsentanten, die an meinem Training in Mumbai teilnahmen, kannten diese disruptiven Emotionen aus eigener Erfahrung. Meine Geschichte half ihnen, sich dieser Wahrheit bewusst zu werden, und danach entstand eine ernsthafte und transparente Diskussion über die grundlegenden Veränderungen, die unabdingbar waren, um für ihr Team zu gewinnen.

Auf die harte Tour lernen

Nach meinem kurzen Ausflug in die Werbebranche nahm ich eine Stellung in einem größeren Unternehmen an, das in einer Branche mit beinhartem Wettbewerb tätig war.

Die Produkte und Dienstleistungen, die ich verkaufte, waren nicht glamourös, sondern wurden von den meisten Käufern als Konsumgüter betrachtet und behandelt. Doch der Job war lukrativ. Ich lernte, dass glamouröse und profane Branchen oft in einem umgekehrten Verhältnis zur Größe der Provisionen stehen, die gezahlt werden. Da ich gerne gut verdiene, blieb ich bei meiner banalen Produktpalette.

»Ihr seid doch alle gleich. Wenn ihr mir den besten Preis bietet, sind wir im Geschäft«, lautete die immer gleiche Litanei der Käufer, die keinen Unterschied zwischen den zahlreichen Anbietern in meiner Marktnische erkennen konnten. Erschwerend kam hinzu, dass die Marketinginstrumente und Verkaufspräsentationen aller Player im Markt, meine eigene Firma eingeschlossen, sich im Grunde glichen. Kein Wunder also, dass die Käufer keinen spielentscheidenden Unterschied zwischen uns erkennen konnten.

Der Wettbewerb war mörderisch und aggressiv. Die Käufer waren fordernd und unerbittlich, weil sie wussten, dass sie das Sagen hatten. Jeder Verkaufsvorgang war ein Kampf mit harten Bandagen. Ich lernte, erst dann zu verhandeln, wenn ich als Anbieter der Wahl bestätigt worden war. Alles andere wäre Selbstmord auf Raten gewesen.

In dieser zermürbenden, unbarmherzigen Welt, in der dem Sieger alles zufällt, waren Verkäufer, denen es schwerfiel, sich über den Preis hinaus vom Rest der Meute abzuheben, schnell ausgebrannt. Diejenigen, die nicht effektiv verhandeln konnten, mussten sich mit den Krumen begnügen, die vom Tisch fielen.

Für Verkäufer, die sich ausschließlich auf das Preisspiel konzentrierten, war der Abstieg zur Talsohle in diesem hart umkämpften Umfeld kurz und rasant, endete normalerweise abrupt; dabei waren die Erfolgschancen kaum größer als bei den Lotterielosen, die man im nächsten Supermarkt kaufen konnte.

Die einzige Möglichkeit, zu gewinnen und auf lange Sicht erfolgreich zu bleiben, bestand darin, sich positiv von der Masse abzuheben. Ich musste jede Verkaufschance wie eine Schachpartie betrachten. Es gab keinen Knopf, den ich drücken konnte, um den Vorgang zu vereinfachen. Jeder Geschäftsabschluss musste *verdient* werden. Zum Glück hatte ich in der Zeit, als ich Radiowerbung an die indischen Ladenbesitzer verkaufte, einige wertvolle Lektionen gelernt.

In diesem neuen Schmelztiegel lernte ich, das Verkaufsschachbrett und die MLP-Strategie (siehe 9. Kapitel) zu beherrschen. Ich lernte, dass die emotionalen Verbindungen zählen, weil sie einen Hebel darstellten, der mir gute Dienste leistete. Ich lernte, dass mir dieser Hebel ermöglichte, die Verhaltensweisen der Käufer zu beeinflussen, ihre »Bestpreis«-Agenda aus den Angeln zu heben und den Verkaufsprozess zu steuern.

Sobald ich die Kontrolle über den Prozess gewonnen hatte, gelang es mir, die Perspektive der Stakeholder, für die jeder Wettbewerber gleich aussah und »allein der Preis zählte«, Schritt für Schritt zu verändern und sie zu motivieren, mich als ihre einzig echte Alternative wahrzunehmen.

Das Wettrennen um Relevanz

Seither hat sich eine Menge verändert. Die Technologie beschleunigt fortwährend disruptive Veränderungen und die Geschäftswelt dreht sich unendlich viel schneller. Die niedrigen Markteintrittsbarrieren haben einen gnadenlosen Ansturm der »Me-too«-Wettbewerber ausgelöst. Social Media und Internet haben die Informationsbeschaffungswege der Käufer umgestaltet.

Käufer haben heute mehr Macht, mehr Informationen und mehr Kontrolle über den Verkaufsprozess als jemals zuvor in der Geschichte. Und damit haben sie jegliche Geduld verloren, sich noch länger mit dem Datenmüll zu befassen, der mit Produktfunktionalitäten, Produktvorteilen und Produktvorführungen »aus der Konserve« einhergeht.

Käufer erwarten mehr von ihren Interaktionen mit Verkäufern. Sie wollen ein Verkaufsgespräch, das ihnen unter dem Strich mehr zu bieten hat als ihre Marketingbroschüren. Sie haben es satt, als Geschäftstransaktion behandelt zu werden.

Legionen von Verkaufsrepräsentanten sehen sich heute mit einer kalten, harten Wahrheit konfrontiert: Der Preis ist kein Wettbewerbsvorteil. Der Preiswettbewerb hat nur zur Folge, dass sich die Anbieter wie ein Ei dem anderen gleichen, und das erweitert die verfügbaren Alternativen der Käufer und ihre Macht am Verhandlungstisch.

Heute finden im Verkauf zwei Wettrennen gleichzeitig statt – das Wettrennen um Tiefstpreise und das Wettrennen um Relevanz (siehe Abbildung 37.1).

TRANSAKTIONAL	MEHRWERT	BERATEND	GESCHÄFTSERGEBNIS
Methode: Kauft bei uns	Methode: Installation der gekauften Produkte, Wartung, Schulung	Methode: Beratende Expertise und Lösungsempfehlungen	Methode: Fokus auf Mehrwert, ROI und Realisierung messbarer Geschäftsergebnisse
Verkaufs-EQ: Niedrig	Verkaufs-EQ: Mittel	Verkaufs-EQ: Hoch	Verkaufs-EQ: Ultrahoch

◄──── WETTRENNEN UM TIEFSTPREISE　　　　　　　WETTRENNEN UM RELEVANZ ────►

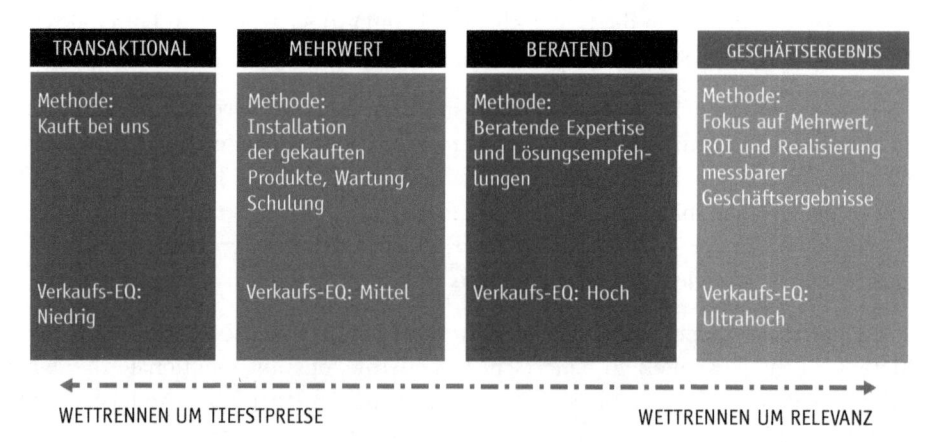

Abb. 37.1: Die vier Verkaufsmethoden

Im Wettrennen um Tiefstpreise gibt es nur Verlierer, selbst dann, wenn Sie den Sieg über Ihre Konkurrenten davontragen. Wenn der Preis das Einzige ist, worüber Sie reden, weil Sie ansonsten lediglich den immer gleichen Inhalt der Marketingbroschüren wiederkäuen, dann ist der Preis das Einzige, was die Käufer interessiert.

Das Wettrennen um Tiefstpreise führt in den Untergang. Wenn ausschließlich der Preis zählt, werden Ihre Produkte und Dienstleistungen ins Internet abwandern, und mit dem Internet können Sie nicht konkurrieren.

In dieser Welt der neuen Paradigmen gibt es jedoch Verkaufsmitarbeiter, die einer Elitetruppe angehören und die Vorhut bilden. In unserem Zeitalter zunehmender Transparenz, in der Informationen allgegenwärtig und die Aufmerksamkeitsspanne der Käufer kurz ist, gelingt es diesen Ultrahochleistungsprofis, Kunden zu gewinnen und zu halten, durch ihren Fokus auf den Geschäftsergebnissen eine echte Differenzierung im Wettbewerb zu erzielen und Kaufentscheidungen zu formen und zu prägen, weil sie für ihre Stakeholder relevant und als Ansprechpartner unersetzlich sind.

Um für Ihr Team zu gewinnen, gilt es, über Preise und Funktionalitäten hinauszublicken. Fokussieren Sie sich auf die zwischenmenschlichen Beziehungen, die Verkaufsstrategie und das ernsthafte Bemühen, Ihren Kunden zu dienen. Um sich positiv von anderen Wettbewerbern abzuheben und sich als einzig relevante Alternative für Ihre Kunden zu profilieren, müssen Sie in der Lage sein, messbare und emotionale Geschäftsergebnisse für Ihre Kunden aufzuzeigen, zu liefern und langfristig zu unterstützen.

Die ungeschönte Wahrheit ist, dass Produkte und Dienstleistungen aller Art binnen kürzester Zeit zu Konsumgütern werden können. Preise können sich leicht auf dem gleichen Niveau einpendeln. Deshalb sollten *Sie* sich positiv vom Rest des Wettbewerbs *abheben*. *Sie* sollten bewährte Strategien, Geschäftssinn, Besonnenheit und Kompetenz an den Verhandlungstisch mitbringen. *Sie* können das Wettrennen um Relevanz gewinnen, wenn Sie sich als nachhaltige, unerschöpfliche, flexible und professionelle Ressource für Ihre Stakeholder erweisen, indem Sie ihnen einen echten Mehrwert und die erhoffte Kapitalrendite liefern.

Danksagung

Es ist unmöglich, ein Buch wie *Gekauft!* ganz alleine zu schreiben. Ich danke:

Anthony Iannarino für den Titel des Buches[1]. Wir haben alle den einzig wahren Titel im Hinterkopf, den wir für das richtige Buch aufbewahren. Du bist ein wunderbarer und selbstloser Freund, weil du mir deinen überlassen hast.

Mike Weinberg für das Vorwort und die Ermutigung, als ich sie am dringendsten brauchte. Deine Begeisterung für dieses Buch bedeutet mir viel.

Mark Hunter, mein Fels in der Brandung! Deine Arbeit hat mich bei der Entstehung des Buches inspiriert und ich bin zutiefst dankbar für deine Freundschaft.

Patrick Tinney, dem Verfasser von *Unlocking Yes,* der mich ungeheuer beflügelt hat.

Dem Verlagsteam von John Wiley & Sons: Shannon Vargo, Matt Holt, Peter Knox, Sally Baker, Deb Schindlar und Vicky Adang, für die Unterstützung, Ermutigung und Flexibilität. Ich bin sehr stolz, ein Wiley-Autor zu sein!

Da es kein echtes Universalkonzept im Verkauf gibt, verbrachte ich mehrere Jahre mit der Beobachtung von Verkaufsverhandlungen im realen Leben, bevor ich das Buch zu schreiben begann. Das wäre nicht möglich gewesen ohne die Unternehmen und Menschen, die wir Klienten und Freunde nennen; sie gewährten mir Zugang zu ihren Teams und teilten ihre Gedanken und Ideen mit mir.

Ein großes Dankeschön geht an meine hervorragende Sales Gravy-Mannschaft. Ihr übt nachhaltige Wirkung auf die Aktivitäten im Verkauf aus. Euer Engagement für die Förderung des Verkaufs als eine Berufung ist ungebrochen. Vielen Dank, dass ihr mir stets den Rücken freigehalten und jedes *nächste* Buch möglich gemacht habt.

Und schließlich danke ich meiner wundervollen Frau Carrie; danke für die Opfer, die du bringst, um mir Raum für meine kreativen Projekte zu geben. Ich weiß, es ist nicht leicht, mit dieser Form des »Verrücktseins« zu leben. Ich liebe dich!

---

[1] Im englischen Original: *Inked*

Trainings, Workshops und Vorträge

Wenn es um das Thema Verkaufstraining geht, haben wir mit diesem Buch den Weg gewiesen – buchstäblich. Sales Gravy bietet ein vollständiges System und eine umfassende Abfolge von Schulungsprogrammen und Workshops für Mitarbeiter und Führungskräfte im Verkauf und Vertrieb, Großkundenbetreuer, Sales Development Manager, Business Development Manager, Account Manager, Kundendienstmitarbeiter und Channel Manager.

Hier einige präsenzbasierte Trainingsprogramme, von Ausbildern geleitete virtuelle Schulungen, autonome Online-Lernplattformen und kurze Workshops, die wir anbieten:

Sales Negotiation Skills

Business Outcome Selling Strategies

Sales Objections Boot Camp

Sales EQ

Fanatical Prospecting Boot Camp

Sales Engagement Sequencing Strategies

Complex Account Prospecting Skills

Fanatical Military Recruiting

Military Recruiting EQ

Coaching Military Recruiting

Situational Coaching

Coaching Ultra-High Performance

Message Matters

Business Guidance Selling (Cloud, SaaS, IoT)

Channel EQ

Enterprise Sales Skills

Customer Experience Selling (B2C)

Adaptive Account Management

Customer EQ

Adaptive Partnering (Channel Management)

Adaptive Mentoring

Alle Trainingsprogramme werden von unseren zertifizierten Trainern geleitet oder können von Ihrem Lern- und Entwicklungsteam in Lizenz erworben und in eigener Regie durchgeführt werden. Auf der Sales Gravy University Platform (https://www.SalesGravy.University) bieten wir eine von Lehrkräften geleitete Remote-Learning-Option und vielfältige Lernerfahrungen im virtuellen Klassenzimmer.

Die Medien, Konzepte und Durchführung der Schulungen sind auf die Lernpräferenzen von Erwachsenen abgestimmt und mit vielen Lernstilen kompatibel. Wir verwenden eine aktive Lernmethodologie, eine Kombination aus interaktiven Anleitungen, Elementen des erfahrungsbasierten Lernens und Rollenspiel-Szenarien, um Referenzerfahrungen zu schaffen, die Schlüsselkonzepte und Trainingsinhalte im Gedächtnis verankern.

Wir bieten nicht nur Schulungen an, sondern haben uns auch auf die Entwicklung von maßgeschneiderten Lernpfaden für neue Vertriebs- und Verkaufsmitarbeiter und Verkaufsmanuskripte spezialisiert.

Weitere Informationen finden Sie unter https://www.SalesGravy.com.

Der Autor

Jeb Blount ist Buchautor und einer der weltweit anerkannten Vordenker im Bereich Verkauf, Führungstechniken und Kundenerfahrungsmanagement.

Seine globale Trainingsorganisation Sales Gravy trägt durch Talentoptimierung, Hebelstrategien zur Förderung einer Hochleistungskultur im Unternehmen, die Entwicklung von Führungs- und Coaching-Kompetenz und die Einführung effektiverer Organisationsstrukturen dazu bei, *in kürzester Zeit* Spitzenleistungen zu erzielen.

Er ist ein international gefragter Keynote-Speaker und führt Führungskräftetrainings und Schulungen für Verkaufs- und Vertriebsmannschaften durch.

Er arbeitet seit 25 Jahren mit Fortune-500-Unternehmen, kleinen und mittelgroßen Firmen und Start-ups zusammen. Seine Flaggschiff-Website SalesGravy.com gehört zu den meistbesuchten verkaufsspezifischen Internetseiten der Welt und er hat zahlreiche Bücher geschrieben.

Fanatical Military Recruiting (John Wiley & Sons, 2019)

Objections (John Wiley & Sons, 2018)

Sales EQ (John Wiley & Sons, 2017)

Fanatical Prospecting (John Wiley & Sons, 2015)

People Love You: The Real Secret to Delivering a Legendary Customer Experience (John Wiley & Sons, 2013)

People Follow You: The Real Secret to What Matters Most in Leadership (John Wiley & Sons, 2011)

People Buy You: The Real Secret to What Matters Most in Business (John Wiley & Sons, 2010)

Sie können über LinkedIn, Twitter, Facebook, YouTube und Instagram Kontakt zu Jeb Blount aufnehmen.

Sie können ihn unter brooke@salesgravy.com oder carrie@salesgravy.com als Referenten buchen oder besuchen Sie www.jebblount.com.

E-Mails können Sie direkt an jeb@salesgravy.com richten.

Stichwortverzeichnis

A Abschlussfragen 262, 263
Abschlusstechniken 263
ACED 169, 193
Aktivierung der Selbstoffenbarungsschleife
– fünf Schritte 212
Alternativen, verfügbare 33
Amygdala 148
Anbieter der Wahl 18, 32, 39, 45, 48, 65, 70, 100, 113, 183, 198, 217, 236, 245, 250, 251, 254, 269
Anbieter, Bewertungskriterien 109
Angebot 48
Angebotsanfrage 117
Anker
– aushebeln 251, 254, 257
– setzen 251
Ankereffekt 250
Ansteckung, emotionale 135
Argumentationskette 51, 52, 58, 84, 85, 92, 96, 98, 100–102, 105, 107, 108
Aufmerksamkeitskontrolle 107, 132, 208
Ausklammertechnik 258, 259

B BASIC 68, 69, 75, 108, 111, 117
BATNA 96, 101, 104, 160
BATNA-Ranking 171
Befugnisse 117, 160, 163, 165, 169, 170, 245
– der Stakeholder 169
Beschaffungsexperten 12, 125, 199, 200
Beschaffungsfalle 11, 198, 199
Best-Case-Szenario 245, 246
Bestätigungsneigung 43, 66, 101, 159, 183, 243
Beziehungen, langfristige 38
Blickkontakt 209
Boorstin
– Daniel L. 102
Botschaft 22, 38, 71, 89, 93, 94, 167, 189, 198, 210, 241, 242

C Cannon, Dr. Walter 147
Cerebellum 148
CLV 29, 38, 39, 56, 176, 179, 201
Cuddy, Amy 141
Customer Lifetime Value 56

D DEAL-Verhandlungsgesprächsrahmen 218, 221, 235
– vier Elemente 218
Dealbreaker 72–74, 171
Dealkiller 116
Differenzierung 25, 68, 271
Disziplin, emotionale 21, 32, 41, 42, 47, 52, 129, 143, 151, 153, 172, 183, 187, 190, 222
Dopamin 212

E Einfluss 213
Einwände 33, 45, 48, 51, 54, 95, 103, 126, 166, 178
EMO 236

Emotionen
– disruptive 12, 21, 33, 42, 68 74, 86, 88, 89, 125–127, 136, 143, 144, 147, 151, 153, 160, 190, 202, 206, 207, 211, 226, 234, 268
Empathie 32, 38, 43, 68, 72, 107, 201–207, 214, 222, 224, 228
Empathie-Skala 204–206, 222, 224, 228
Empfehlungsschreiben 77
Entscheidung, bewusste 205
Entscheidungsprozess 67, 68
EQ 63, 202, 265, 266, 275, 277
– verkaufsspezifischer 202
EQ, verkaufsspezifischer 202
Erfolgskriterien 66, 67, 69, 71–73, 75, 87, 108, 109, 111, 169, 171, 180, 236, 251
Erfolgswahrscheinlichkeit 85, 89, 116, 117, 120
Exzellenz 58

F Face-to-Face-Kommunikation 209
Finten 51, 52, 254
Fitzgerald, F. Scott 202
Fixierung, emotionale 37, 126, 161
Fokussierung
– bewusste 208
FOMO 225
Fragen 107
– geschlossene 230
– offene 229
– sondierende 230
Fragen, offene 107, 197, 212

G Geben-Nehmen-Playlist 175, 177, 181, 182, 218, 223, 228, 231, 245, 246, 248, 250, 259
Geben-Nehmen-Playliste 73, 81, 160, 171, 173
Gefühlsübertragung 139
Gegenseitigkeitsprinzip 222
Gesamtbetriebskosten 40, 57, 176, 237, 238
Gesamtkosten des Betriebs 25, 40
Geschäftsergebnis-Roadmap 111, 160, 177, 180, 221, 237, 265
Geschäftsergebnisse
– emotionale 236, 240, 271
– messbare 41, 48, 57, 58, 73, 76, 77, 98, 102, 110, 113, 177, 236, 239
– referenzierbare und messbare, RMBO 76
Gewinnspanne 25, 56, 80
Gewinnwahrscheinlichkeit 68, 95, 98, 135
Grenzzone 178, 181, 183, 184, 245, 246, 248, 253
Groll 38, 42
Groll, heimlicher 38, 42

H Hahn, Kurt 131
Hebel 24, 32, 33, 38, 45, 47, 50–53, 56, 58, 63, 66, 68, 70–72, 74, 76, 79–89, 91, 94, 95, 97, 99–101, 111, 114, 119, 121, 135, 139, 161, 165, 170, 172, 173, 175, 179–181, 183, 190, 199, 200, 213, 217, 219, 221, 225, 226, 230, 231, 245, 246, 248, 250, 257–259, 269

Hebel (*Continued*)
Hindernis-Immunität 143
Holt, Lawrence 131
Hürden-Immunität 131, 132

I Interessenausgleich 179, 181, 218, 219, 221, 229, 245, 246
Investitionseffekt 99
IQP-Profil 115, 253

J Jedi-Psychotrick 92–94

K Käufer 18
Körpersprache 135, 139, 209, 210, 262
Kampf-oder-Flucht-Reaktion 129, 147–150, 190
Knappheitsprinzip 99
Kommunikation 15, 19, 43, 65, 72, 76, 105, 139, 187–189, 194, 196, 202, 209, 211, 222, 242
– Scheitern der 189, 190
Kommunikation, effektive
– sieben Regeln 187
Kommunikationsstil 144, 193, 194, 196, 199, 204, 208, 210, 222, 224
– analytisch 194
– dirigistisch 197
– energetisierend 196
– konsensorientiert 195
Kongruenzmatrix 178
Kongruenzmerkmale 172
Kontakt, qualifizierter 114, 253
Kontinuitätsprinzip 99
Konzessionszonen 246
Kundenprofil, qualifiziertes 117

L Leadgenerierung 29, 114
Leadqualifizierung 95, 113, 116
Leads 94, 95, 97, 113–115, 155, 159
Letter of Understanding (LOU) 261
Leverage 33, 63, 79
Leverage-Verzeichnis 81 179
Leverage-Werteverzeichnis 180
Liefer- und Zahlungsbedingungen 21, 25, 245
Lösungskonzept 46, 73, 76, 78, 84, 104, 150, 177, 178, 200, 233, 236

M Machtposition 171
MBO 236
Metriken, die zählen 51, 72, 98, 102, 110, 160 177, 218, 235
Mikro-Engagements 262
Mikrozusagen 83, 95, 99, 100, 104, 113, 114, 120
Mitleidstour 223
MLP-Strategie 63, 269
Mobbing 222
Monolog, innerer 145
Monologe, innere 145
Motivation 55, 63, 65–68, 71, 80, 117, 160, 161, 171, 172, 178, 183, 217
Motivationsskala 72, 81
MTM 56, 236
Murder Boarding 113, 183, 184

Mustermix 248

N Negativitätseffekt 104, 242, 243
Neocortex 148
Neukundenakquisition 155, 156
Neun-Felder-Matrix 120, 178
Neun-Felder-Qualifikationsmatrix 172
nicht verhandelbare Positionen 73, 74, 163, 165–167, 178
– drei Regeln 166

O Outward Bound 132

P PAIS 52
Parameter 163, 171
Patton, George 261
Physiologie 139, 140
Pipeline 24, 45, 63, 65, 88, 93, 97, 105, 113–115, 119, 155, 156, 159, 183, 184, 217
Planungsmaßstab 160
Plateautechnik 147, 149, 150, 232, 239
Positionserläuterung 235
Präsenz
– hundertprozentige 208
Projektion 203
Prospecting 24, 82, 95, 114, 265, 275, 277
Provision 23, 25, 37, 80, 81, 92, 106, 129, 152, 159, 163, 201, 226, 245, 251, 257
Prozess, dualer 201, 202, 205, 206, 213

Q Qualifikationsmatrix 115–117, 119, 120
Qualifikationsmerkmale
– Analyse 171
– Kongruenz 117
– Stakeholder 117
– technische 117

R Rabattabstufungen 249
Reaktanz, psychologische 228
Relevanz 97, 181, 247, 265, 270
– Wettrennen um 270, 271
Repetitionstechnik 87, 233, 234
RMBO 76, 77
Rope-a-Dope 47
Rope-a-Dope-Taktiken 47, 199

S Sales Gravy 27, 65, 113, 117, 273, 275–277
Schuldgefühle 224, 225
SCORE-Rahmenwerk 108
Selbstinvestition 22
Selbstkontrolle 125, 131, 132, 160, 202, 217
Selbstkontrolle, emotionale 129
Selbstoffenbarungsschleife 210–213, 230
Selbsttäuschung 37, 94, 101, 110, 126, 130, 133, 159, 161, 172, 266
Selbstvertrauen 24, 48, 52, 88, 97, 107, 125, 126, 129, 132, 133, 135, 139, 141, 143–146, 149, 155, 159, 166, 167, 183, 184, 188, 197–199, 206, 222, 232, 258, 268
Selbstwahrnehmung 105, 126, 130–132
Sena, Joe de 132
Sicherheitsneigung 102, 103, 111
Situationsanalyse 51, 56, 69, 73, 82, 86, 89, 91, 92, 95, 99–101, 104–108, 110, 114, 118, 120, 175, 212, 217, 218, 221, 222, 238, 245
SNM 246

Social Proof 67, 75–78
Spielgeld 165
»Spielgeld« 179, 180, 232, 245, 248
Stakeholder 18
- analytische 194, 195
- dirigistische 197, 198
- energetisierende 196, 197
- konsensorientierte 194, 195
- Verhandlungsliste 169
- Verhandlungsprofil 169
Stakeholder-Gruppen 18
Stakeholder
- BATNA-Ranking 169
Status quo 33, 54, 96, 102–105, 111
Stille 190, 257

T TCO 238
TEA 100
Testimonials 76, 77
Trigger, emotionale 73, 144

U Übereinkunft 37, 45, 49, 75, 76, 79–81, 96, 152, 165, 175, 181, 183, 193, 197–199, 201, 209, 213, 214, 218, 219, 221, 223, 228–231, 235, 239, 245, 246, 248, 249, 250, 252, 254, 258, 259

V Verhalten
- komplementär 187
- nichtkomplementär 188
Verhandlungen
- auf Unternehmensebene 57
- komplexe Verkaufsvorgänge 56
- mehrwertorientierte Verkaufsvorgänge 55
Verhandlungsbefugnisse
- der Stakeholder 169
Verhandlungshebel 28, 51, 160, 227, 245
Verhandlungskommunikation 187
Verhandlungslandkarte 178, 223, 245, 246
Verhandlungsliste 72–75, 81, 84, 160, 169, 176, 180, 183, 230, 245
Verhandlungsparameter 58, 160, 176, 180, 245
- Analyse 175

Verhandlungsplaner 143, 184
Verhandlungsplanung
- zehn Elemente 160
Verhandlungsprofil 109, 160, 171
Verhandlungsplaner 183, 184
Verhandlungstisch 18
Verhandlungstraining 21, 22, 218, 257
Verhandlungsvorbereitung 159
Verkauf, transaktionaler 38
Verkaufs-EQ 32
Verkaufspipeline 24, 95, 253, 265
Verkaufsprozess 93
Verknappungseffekt 258
Vertragsabschluss 165, 261, 263
Vertrauen 104
Verwundbarkeit 135, 136
Viertelsekunde, magische 149
Visualisierung 145, 146
VOC 32
Vorbereitung 104, 143, 144, 169, 176, 208, 218, 223
- sorgfältige 208

W Wahl zum Voc 49
Wertebrücke 98, 165, 219, 239, 240, 245, 251
Wertetausch 81, 175, 235, 236, 243
Wiederholungskäufe 56
Willenskraft 151
Win-win 32, 37, 43, 126, 201

Z Zahlen, präzise 248, 249
Zahlenkenntnis 200, 240
Zeitdruck 34, 88, 97
Ziel- und Grenzzone 160, 178
Zielzone 178, 181, 245, 246, 248–250
Zuckerbrot-Taktik 225
Zuhören 207
- aktives 209
- aufmerksames 72, 207, 209, 210, 213, 230, 231
- effektives 207
- sieben Schlüsselelemente 207
- tiefgründiges 209